Forschungsreihe der FH Münster

Die Fachhochschule Münster zeichnet jährlich hervorragende Abschlussarbeiten aus allen Fachbereichen der Hochschule aus. Unter dem Dach der vier Säulen Ingenieurwesen, Soziales, Gestaltung und Wirtschaft bietet die Fachhochschule Münster eine enorme Breite an fachspezifischen Arbeitsgebieten. Die in der Reihe publizierten Masterarbeiten bilden dabei die umfassende, thematische Vielfalt sowie die Expertise der Nachwuchswissenschaftler dieses Hochschulstandortes ab.

Christoph Hamar · Wiebke Hartmann

Das exemplarische Prinzip in der Pflegeausbildung

Konzeption eines
Handlungsleitfadens
für Lehrende

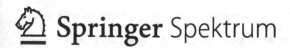

Christoph Hamar
Geesthacht, Deutschland

Wiebke Hartmann
Hamburg, Deutschland

ISSN 2570-3307 ISSN 2570-3315 (electronic)
Forschungsreihe der FH Münster
ISBN 978-3-658-38340-4 ISBN 978-3-658-38341-1 (eBook)
https://doi.org/10.1007/978-3-658-38341-1

Die Deutsche Nationalbibliothek verzeichnet diese Publikation in der Deutschen Nationalbibliografie; detaillierte bibliografische Daten sind im Internet über http://dnb.d-nb.de abrufbar.

Planung/Lektorat: Marija Kojic
Springer Spektrum ist ein Imprint der eingetragenen Gesellschaft Springer Fachmedien Wiesbaden GmbH und ist ein Teil von Springer Nature.
Die Anschrift der Gesellschaft ist: Abraham-Lincoln-Str. 46, 65189 Wiesbaden, Germany

Inhaltsverzeichnis

Abbildungsverzeichnis

Tabellenverzeichnis

Abkürzungsverzeichnis

Hinweis

Soweit in der vorliegenden Masterthesis personenbezogene Bezeichnungen im Maskulinum stehen, wird diese Form verallgemeinernd verwendet und bezieht sich auf alle Geschlechter.

1 Einleitung

Nachdem die Einführung einer generalistischen Pflegeausbildung in Deutschland bereits seit den 1970er Jahren Gegenstand des pflegepädagogischen, pflegewissenschaftlichen und politischen Diskurses war (Ammende, 2016, S. 3, 4, 5, 6), wurde Anfang des Jahres 2020 mit dem Pflegeberufegesetz (PflBG) eine generalistische Pflegeausbildung etabliert. Diese führt die bis dahin gültigen Ausbildungen in der Gesundheits- und Kinderkrankenpflege, Gesundheits- und Krankenpflege und Altenpflege unter der neuen Berufsbezeichnung „Pflegefachfrau/-mann" zusammen (§ 1 PflBG). Vor diesem Hintergrund sind Lehrende in der Pflegeausbildung angehalten, bei den Lernenden die (Weiter-)Entwicklung der beruflichen Handlungskompetenz im Kontext einer generalistischen Pflege anzubahnen (§ 5 PflBG). Dies stellt eine enorme pädagogische Herausforderung sowohl auf curricularer als auch auf unterrichtlicher Ebene dar, denn die thematischen Schwerpunkte speisen sich aus Inhalten, die bis Ende 2019 in drei separaten Ausbildungen vermittelt wurden. Verschärfend kommt hinzu, dass für die neue Ausbildung mit 2.100 Stunden derselbe Umfang vorgesehen ist (vgl. § 1 Abs. 2 der Ausbildungs- und Prüfungsverordnung für die Pflegeberufe, PflAPrV), wie für eine einzelne dieser bis 2019 geltenden Ausbildungen. Damit hat sich die Stofffülle sowohl für die Lehrenden als auch für die Lernenden erheblich erhöht, ohne dass das zur Verfügung stehende Zeitkontingent entsprechend angepasst wurde. Eine weitere Zuspitzung erfährt diese Problematik durch die immer schnelleren (Weiter-)Entwicklungen der modernen Wissens- und Informationsgesellschaft, die dazu führen, dass die Fülle an verfügbarem Wissen exponentiell anwächst (Nolda, 2001, S. 97; Welsch, 2001, S. 7, 8, 11; Helmrich & Leppelmeier, 2020, S. 10). Da dies im Besonderen auch auf den Gegenstandsbereich der Pflege zutrifft (Chinn & Kramer, 2018, S. 53, 62, 63), sehen sich Lehrende in der Pflegeausbildung daher in doppelter Hinsicht mit einer exponentiellen Zunahme der Stofffülle konfrontiert.

Eine Möglichkeit, dieser Herausforderung didaktisch zu begegnen, ist die Umsetzung des exemplarischen Prinzips, das aus dem pädagogischen Diskurs der 1950er bis 1980er Jahre hervorgegangen ist (Wagenschein, 1951; Derbolav, 1957; Wagenschein, 1959b, 1959a; Gerner, 1968b). Es trägt dazu bei, die Stofffülle zu reduzieren und gleichzeitig bildende Prozesse bei den Lernenden anzustoßen, die auf Verstehen, Selbstbestimmung und Nachhaltigkeit ausgerichtet sind (Flitner, 1955; Klafki, 2007, S. 145, 146; Köhnlein, 2012, S. 68). Von Lehrenden in der Pflegeausbildung wird die Umsetzung des exemplarischen Prinzips explizit in den Rahmenlehrplänen für den theoretischen und praktischen Unterricht der Fachkommission nach § 53 PflBG gefordert (Fachkommission, 2020b, S. 15; 2020a, S. 15, 16). Verschiedene pflegedidaktische Arbeiten greifen das exemplarische Prinzip auf (siehe

z. B. Bäuml-Roßnagl & Bäuml, 1981, S. 32; Schewior-Popp, 1998, S. 34, 74, 75; Darmann, 2005, S. 333; Greb & Fuhlendorf, 2013, S. 116, 117; Walter, 2013, S. 132, 133), stellen den Lehrenden jedoch weder zielführende und praktikable Kriterien zur Gewinnung von geeigneten Inhalten noch eine strukturierte Vorgehensweise zur Umsetzung zur Verfügung.

Lehrende in der Pflegeausbildung stehen damit vor der grundlegenden Herausforderung, das exemplarische Prinzip aufgrund der Stofffülle der neuen Pflegeausbildung und aufgrund der Forderungen der Rahmenlehrpläne umsetzen zu müssen, jedoch ohne dabei über pflegedidaktische Konzepte dafür zu verfügen. Die zentrale Zielsetzung der vorliegenden Arbeit ist es daher, dieser Diskrepanz zu begegnen, indem sie die Konzeption eines Handlungsleitfadens für Lehrende in der Pflegausbildung zur Umsetzung des exemplarischen Prinzips fokussiert. Die Basis dafür wird im theoretischen Teil gelegt, indem in einem ersten Zugriff die Charakteristika des exemplarischen Prinzips (siehe **Kapitel 2**, S. 9) und der damit untrennbar verbundene Transfer (siehe **Kapitel 3**, S. 20) dargestellt werden. Im sich daran anschließenden konzeptionellen Teil werden darauf aufbauend zunächst Auswahlkriterien im Kontext des exemplarischen Prinzips aus der Literatur eruiert (siehe **Kapitel 4**, S. 26). Diese werden in einem nächsten Schritt im pflegedidaktischen Kontext beispielhaft angewendet und überprüft (siehe **Kapitel 5**, S. 37), um daraus Schlussfolgerungen (siehe **Kapitel 6**, S. 55) für die strukturelle, inhaltliche und didaktische Konzeption des Handlungsleitfadens (siehe **Kapitel 7**, S. 59) zu ziehen, die den Schwerpunkt der vorliegenden Arbeit bildet. Das abschließende Fazit (siehe **Kapitel 8**, S. 134) ist einerseits der Reflexion des Konzeptionsprozesses gewidmet und greift andererseits daraus abgeleitete Implikationen für weiterführende Forschungs- und Gestaltungsfragen auf.

I. Theoretischer Teil

2 Charakteristika des exemplarischen Prinzips

In diesem Kapitel werden die grundlegenden Charakteristika des exemplarischen Prinzips differenziert dargestellt, indem zunächst dessen Genese (siehe unten) und das ihm zugrundeliegende Bildungsverständnis beschrieben werden (siehe S. 10). Darauf aufbauend werden die dem exemplarischen Prinzip immanenten Grundgedanken expliziert (siehe S. 11), ehe die zentralen Begriffe „exemplarisch", „Exempel" und „das Wesentliche" umfassend dargelegt werden (siehe S. 12). Daran anschließend werden mögliche Varianten des exemplarischen Prinzips skizziert (siehe S. 18) und Überlegungen zur Stoffauswahl im Kontext des exemplarischen Prinzips angestellt (siehe S. 18). Abschließend werden auf Basis der Ausführungen in diesem Kapitel Desiderate für die Entwicklung eines Handlungsleitfadens (siehe S. 19) abgeleitet.

Genese des exemplarischen Prinzips

Eine zentrale pädagogische Herausforderung, mit der sich Lehrende zu allen Zeiten konfrontiert sahen und sehen, ist der Umgang mit der großen Stofffülle (Lehner, 2012, S. 33, 34), die vor allem in der modernen Wissens- und Informationsgesellschaft mit ihren immer schnelleren (Weiter-)Entwicklungen im technischen, sozio-ökonomischen und gesellschaftlichen Bereich exponentiell anwächst (Hauptmeier, Kell & Lipsmeier, 1975, S. 901; Welsch, 2001, S. 7, 8, 11). In den 1950er und 1960er Jahren wurde diese Problematik zu einem zentralen Bestandteil des pädagogischen Diskurses. Als problematisch wurde vor allem angesehen, dass das Bestreben, dem Anwachsen der Stofffülle Rechnung zu tragen, Lehrende dazu veranlasste, den Schwerpunkt des Unterrichts zunehmend auf Gedächtnisleistungen und weniger auf Leistungen des Verstehens und Durchdringens zu legen (Gerner, 1968a, S. IX). Dadurch, dass Unterricht „weitgehend einen verdünnten Abklatsch der modernen Forschungswissenschaften" (Derbolav, 1960, S. 5) darstelle, drohe „das geistige Leben [...] zu ersticken" (Wagenschein, 1951, S. 2) und der Anspruch einer kategorialen Bildung (Klafki, 1975, S. 44, 45) sei so nicht einzulösen.

Im Jahr 1951 wurden Reformvorschläge diskutiert, die in der sogenannten „Tübinger Resolution" mündeten (Wagenschein, 1951, S. 2). Darin wurde verankert, dass dem Verstehen und Durchdringen der zentralen Aspekte der einzelnen Unterrichtsfächer respektive Gegenstandsbereiche ein „unbedingter Vorrang" vor jeder Erweiterung und Ausdehnung des Unterrichtsstoffes zu gewähren sei. Durch eine solche „innere Reform des Unterrichts" sollten die „eigentlich bildenden Faktoren" der Unterrichtsinhalte zur Wirkung kommen (Flitner, 1955, S. 556).

© Der/die Autor(en), exklusiv lizenziert an
Springer Fachmedien Wiesbaden GmbH, ein Teil von Springer Nature 2022
C. Hamar und W. Hartmann, *Das exemplarische Prinzip in der Pflegeausbildung*,
Forschungsreihe der FH Münster, https://doi.org/10.1007/978-3-658-38341-1_2

Bildungsverständnis des exemplarischen Prinzips

Die Impulse, die die „Tübinger Resolution" gesetzt hatte, wurden auf der bildungstheoretischen Ebene – vor allem von Martin Wagenschein (1951, 1959a, 1959b, 1970a) und Wolfgang Klafki (1975, 2007) – aufgegriffen. Bildung sollte nicht mehr als ein auf Vollständigkeit ausgerichteter Prozess betrachtet werden, der dadurch gekennzeichnet ist, dass der gesamte „Kenntniskatalog" der jeweiligen Fachwissenschaft additiv und „gleichmäßig oberflächlich" durchlaufen wird (Wagenschein, 1951, S. 2; 1959a, S. 3). Da ein Großteil der Inhalte subsumierbar oder akkumulierbar sei, wurde gefordert, Abstand von solchen auf Vollständigkeit ausgerichteten Lehr-Lern-Prozessen zu nehmen. Addierende Prozesse erzeugen keinerlei Tiefe (Wagenschein, 1959a, S. 16) und seien nicht bildungswirksam, da Lehrende dabei die „Systematik des Stoffes mit Systematik des Denkens" (Wagenschein, 1959a, S. 3) verwechseln. Insbesondere Wagenschein plädierte dafür, dass Unterricht sich daher am exemplarischen Prinzip orientieren solle, das er, flankiert von z. B. Klafki (1975, 2007), Derbolav (1957, 1960, 1963), Scheuerl (1958) und Gerner (1968b), in seinem Werk beschrieb und auf theoretischer Ebene ausdifferenzierte. Die Grundlage dafür bilden *zwei Prämissen*, die miteinander verschränkt sind:

1. **Prämisse**

   Die *erste Prämisse* besagt, dass alle Gegenstandsbereiche (Fächer) durch eine bestimmte Anzahl von Grundeinsichten, Methoden und Verfahren gekennzeichnet sind (Wagenschein, 1959b, S. 396, 397; Klafki, 2007, S. 143).

   Eine einzelne dieser Grundeinsichten, Methoden oder Verfahren wird als „**Aspekt des Wesentlichen**" bezeichnet.

   Die Gesamtheit aller Aspekte des Wesentlichen wird daher als „**das Wesentliche**" bezeichnet (wie z. B. bei Wagenschein, 1959a, S. 30 ; Brüggemann, 1965, S. 49; Malsch, 1965, S. 67; Klafki, 2007, S. 143, 144).

2. **Prämisse**

   Die *zweite Prämisse* besagt, dass für alle Gegenstandsbereiche (Fächer) solche Inhalte identifiziert werden können, die dazu geeignet sind, das Wesentliche des jeweiligen Gegenstandsbereiches zu offenbaren (Wagenschein, 1959b, S. 396, 397).

   Diese Inhalte werden im Folgenden als „**Exempel**" bezeichnet[1].

---

[1] Dies ist der gängige Begriff, der von vielen Autoren aus unterschiedlichen (fach-)didaktischen Bereichen genutzt wird, vgl. z. B. Derbolav (1957, S. 12); Scheuerl (1958, S. 52); Wagenschein (1959a, S. 17); Klafki (2007, S. 143); Köhnlein (2012, S. 157); Pukas (2013, S. 18, 19); Forßbohm und Lau (2015, S. 8, 9).

Grundgedanken des exemplarischen Prinzips

Aus der Verschränkung dieser beiden Prämissen vor dem Hintergrund des aus der „Tübinger Resolution" abgeleiteten Bildungsverständnisses (siehe S. 10) lassen sich die zentralen Grundgedanken des exemplarischen Prinzips ableiten: Damit es den Lernenden möglich wird, sich das Wesentliche eines Gegenstandsbereiches zu erschließen, müssen Lehrende eine überschaubare Menge geeigneter Exempel gezielt auswählen, um bei ihnen im Unterricht zu „verweilen" (Wagenschein, 1959b, S. 393) und sie dabei differenziert zu behandeln („Tiefenbohrungen", Wagenschein, 1959a, S. 10). Dies bewahrt die Lernenden vor einer Überforderung durch eine unüberschaubare Stofffülle, die dazu führt, dass sie den im Unterricht fokussierten Gegenstand nur passiv betrachten (Wagenschein, 1959b, S. 393, 394). Stattdessen werden die Lernenden so in die Lage versetzt, das Exempel von Grund auf, intensiv und mit all seinen Nuancen und Facetten zu begreifen: Es wird ihnen möglich, das „Ergriffene" (das im Unterricht Kennengelernte) selbst zu „ergreifen" und es in seiner gesamten Tragweite zu erfassen und zu verstehen (Wagenschein, 1959b, S. 394). Wenn dies gelingt, erschließen sich die Lernenden auf diese Weise Aspekte des Wesentlichen bzw. das Wesentliche des jeweiligen Gegenstandsbereiches. Je tiefer die Lernenden den jeweiligen Gegenstandsbereich erfassen und durchdringen, desto mehr „lösen sich die Wände des Faches von selber auf und man erreicht die kommunizierende, humanisierende Tiefe, in welcher wir als ganze Menschen wurzeln, und so berührt, erschüttert, verwandelt und also gebildet werden" (Wagenschein, 1959b, S. 395, 396). Im Ergebnis sind die Lernenden handlungsfähig in Bezug auf ähnlich gelagerte Sachverhalte, denn das Wissen, das sie sich in einem Unterricht, der sich am exemplarischen Prinzip orientiert, angeeignet haben, ist durch „Substanz, Kohärenz und Dauerhaftigkeit" gekennzeichnet (Köhnlein, 2012, S. 68). Dies verdeutlicht, dass das exemplarische Prinzip untrennbar mit dem Transfer verbunden ist (Jahreiß, 2008, S. 27; Köck, 2008, S. 15). Erst wenn die am Exempel gewonnen Erkenntnisse in Bezug auf Aspekte des Wesentlichen bzw. das Wesentliche in andere Kontexte übertragen werden, kann das exemplarische Prinzip seinen Anspruch sowohl in Bezug auf die Reduktion der Stofffülle als auch in Bezug auf das Initiieren bildungswirksamer Prozesse einlösen.

Zusammenfassend verdeutlichen diese Ausführungen, dass die Anwendung des exemplarischen Prinzips einen Beitrag dazu leisten kann, die Stofffülle zu reduzieren und die Bildungswirksamkeit von Unterricht sicherzustellen bzw. zu erhöhen. Den „Mut zur Lücke", der mit der Beschränkung auf einige wenige ausgewählte Exempel einhergeht, möchte Wagenschein (1959a, S. 24) explizit als „Mut zur Gründlichkeit" und „Mut zum Ursprünglichen" verstanden wissen. Damit wird deutlich, dass das exemplarische Prinzip nicht nur ein „Reduktionsprinzip der Stoffauswahl" darstellt (Brüggemann, 1965, S. 49), sondern gleichzeitig auch ein „Erkenntnisprinzip" (Lisop, 1996, S. 164), das unter anderem die verwandten Prinzipien des Elementaren und des Fundamentalen so integriert, dass sie zeitgleich bildungswirksam zur Geltung gebracht werden können (Köhnlein, 2012, S. 125). Zugleich verschränkt das exemplarische Prinzip wissenschaftliche und pädagogische Prinzipien, die sich scheinbar diametral gegenüberstehen, auf der Ebene der Didaktik zu einem bildungswirksamen Lehr-Lern-Prozess (Brüggemann, 1965, S. 49). Damit stellt das exemplarische Prinzip auf die „Verknüpfung der Dialektik des Bündelns und Verschränkens einerseits und des Entwickelns und Entknotens andererseits" (Lisop, 1996, S. 163) ab.

Dies unterstreicht, dass das exemplarische Prinzip einer induktiven Logik folgt. Es ist abzugrenzen von einem didaktischen Vorgehen, bei dem ein theoretischer Sachverhalt für die Lernenden anhand von einem oder mehreren Beispielen illustriert und konkretisiert wird. Ein solches Vorgehen, dem eine deduktive Logik zugrunde liegt und das sehr legitim ist (Schneider & Hamar, 2020b, S. 54), entspricht nicht dem Grundgedanken des exemplarischen Prinzips. Damit wird darüber hinaus ersichtlich, dass im Zentrum des exemplarischen Prinzips die Beziehung des Exempels zu Aspekten des Wesentlichen bzw. dem Wesentlichen steht. Scheuerl (1958, S. 82) unterzieht diese Beziehung, die er als exemplarische Beziehung und als das Exemplarische bezeichnet, einer differenzierten Analyse. Ihm zufolge können unterschiedliche Inhalte „in exemplarische Beziehung rücken oder gerückt werden" (Scheuerl, 1958, S. 81, 82). Dabei ist das Exemplarische immer „doppelseitig", da es stets *für jemanden* und *für etwas* exemplarisch ist (Scheuerl, 1958, S. 82). Damit ist ein Exempel immer Element eines individuellen Lernzusammenhanges und zugleich Element des jeweiligen Sachzusammenhanges (Köhnlein, 1982, S. 9). Einerseits können Exempel vor dem Hintergrund der individuellen Biografie der Lernenden einen exemplarischen Wert aufweisen. Andererseits handelt es sich beim Exemplarischen um ein „objektives Verhältnis der Stellvertretung", bei dem ein Exempel einen Aspekt des Wesentlichen bzw. das Wesentliche repräsentiert und damit allgemeinen Strukturanalysen zugänglich ist (Scheuerl, 1958, S. 82).

Begriffsbestimmungen im Kontext des exemplarischen Prinzips

In der didaktischen Literatur werden verschiedene Facetten des exemplarischen Prinzips von unterschiedlichen Autoren analysiert, reflektiert und (weiter-)entwickelt. So fokussieren z. B. Wagenschein (1959a, 1959b) und Scheuerl (1958) das „exemplarische Lehren" bzw. die „exemplarische Lehre", während Derbolav (1963) sich dem „exemplarischen Lernen" widmet. Eine Verschränkung nehmen beispielsweise Klafki (2007) und Büthe (1968) vor, indem sie das „exemplarische Lehren und Lernen" respektive das „exemplarische Verfahren" reflektieren und ausdifferenzieren. Obwohl das exemplarische Prinzip vor allem in den

1950er bis 1980er Jahren diskutiert wurde, hat es bis heute nichts von seiner Aktualität und Dringlichkeit eingebüßt und findet seinen Niederschlag sowohl in aktuellen allgemeindidaktischen Leitlinien und Handreichungen (z. B. KMK, 2018, S. 11, 24, 42) als auch in aktuellen fachdidaktischen Leitlinien (z. B. im Bereich der Pflege bei Fachkommission, 2020a, 2020b).

In Bezug auf den Wortsinn ist der Begriff „**exemplarisch**" mit dem lateinischen Verb „*eximere*" verwandt, das ins Deutsche übersetzt „*herausgreifen*" bedeutet (Michelsen & Binstadt, 1987, S. 489). Formal betrachtet bezeichnet der Begriff demnach, dass etwas aus einer Menge herausgegriffen wird (Geibert, 1980, S. 367), ohne dass dabei deutlich wird, weswegen oder wozu. Wortgeschichtlich betrachtet hat sich mit dem Verständnis, das Herausgegriffene repräsentiere etwas „Musterhaft-Urbildliche[s]", eine „Zuspitzung des Sinnes" herausgebildet (Scheuerl, 1958, S. 44).

Daraus folgt, dass das Herausgegriffene, im Lateinischen „*exemplum*", im Deutschen „**Exempel**", für die Menge steht, aus der es herausgegriffen wird – es weist als „Spiegel des Ganzen" (Wagenschein, 1959a, S. 5) über sich hinaus (Scheuerl, 1958, S. 49), indem es in seiner Eigenart „stellvertretend, abbildend, repräsentativ, prägnant, Modellfall, mustergültig, beispielhaft, paradigmatisch" (Wagenschein, 1959a, S. 5) für diese Menge ist und in Bezug auf diese Menge über eine „aufschließende Kraft" verfügt (Lisop & Huisinga, 2004, S. 119, 120). Diese „aufschließende Kraft" bezieht sich sowohl auf die Vermittlung von Grunderfahrungen als auch auf das Grundlegen für anderes und damit auf das Potential des Exempels, den Lernenden eine „fundamentale Erfahrung" und „elementare Einsichten" zu ermöglichen (Wagenschein, 1959a, S. 14).

Neben diesen Aspekten, die nach Scheuerl (1958, S. 82) das objektive Verhältnis der Stellvertretung einlösen, muss ein Exempel gleichzeitig immer dazu geeignet sein, ein „ergriffenes Ergreifen" auf Seiten der Lernenden zu erzeugen (Wagenschein, 1959a, S. 11, 12, 13). Es muss daher immer einen Lebensweltbezug aufweisen (Köhnlein, 1982, S. 7). Büthe (1968, S. 77, 78) betont in diesem Zusammenhang, dass das Herausgegriffene eine substantivierte Passivform sei und ein Exempel daher nur aus sich herausweisen könne, wenn es von jemandem herausgegriffen wird. Genau darin sehen beispielsweise Scheuerl (1958, S. 49) und Derbolav (1957, S. 13) den Auftrag der Lehrenden. Ein solches Herausgreifen ist jedoch nur dann möglich, wenn eine „Strukturidentität" zwischen dem Exempel und der Menge, aus der es herausgegriffen wird, besteht (Michelsen & Binstadt, 1987, S. 489). Demnach kann „alles Nur-Einmalige, Nur-Singulare, Nur-Individuelle" nicht Exempel sein oder werden (Büthe, 1968, S. 78). Die beschriebene Strukturidentität, dies lässt sich aus den Ausführungen zur „aufschließenden Kraft" des Exempels ableiten, besteht in dem jeweiligen Aspekt des Wesentlichen bzw. dem jeweiligen Wesentlichen. Damit wird auch deutlich, warum Scheuerl (1958, S. 82) das Exemplarische als Relationsbegriff charakterisiert und die Beziehung zwischen Exempel und dem Wesentlichen als ein Verhältnis der Stellvertretung beschreibt.

Aus der oben beschriebenen induktiven Logik des exemplarischen Prinzips lässt sich in Bezug auf diese Beziehung darüber hinaus ableiten, dass die Exempel nicht direkt an Aspekten des Wesentlichen bzw. am Wesentlichen ansetzen dürfen, sondern vielmehr dazu geeignet sein müssen, induktiv zu den Aspekten des Wesentlichen bzw. zum Wesentlichen zu führen (Wagenschein, 1959b, S. 397, 398). Damit jedoch keine „Blindheit gegenüber ganzen Bereichen des geistigen Lebens" (Scheuerl, 1958, S. 83) entsteht, müssen Lehrende, die sich am exemplarischen Prinzip orientieren, dafür Sorge tragen, dass die von ihnen ausgewählten Exempel sowohl die inhaltliche Struktur des jeweiligen Aspektes des Wesentlichen bzw. des Wesentlichen als auch dessen Methodik widerspiegeln.

Das **Wesentliche** wird häufig mit den Begriffen des Elementaren und des Fundamentalen in Verbindung gebracht. Das Elementare meint dabei die grundlegenden Aussagen, Erkenntnisse oder Einsichten eines Gegenstandsbereiches (Berck & Graf, 2018, S. 113) und fokussiert damit das „Sach- und Sinnallgemeine" der fachlichen Zusammenhänge (Derbolav, 1968, S. 142). Das Fundamentale nimmt den Lebensbezug des Elementaren in den Blick (van Dyke, 2006, S. 128): Es handelt sich hierbei um die Erfahrungen, „auf denen das Selbstverständnis des Menschen in der Welt sich aufbaut" (Stenzel, 1968, S. 72) und die „die gemeinsame Basis des Menschen und der Sache [...] erzittern lassen" (Wagenschein, 1959a, S. 14, 15). Dazu zählen im Besonderen prägende Grunderfahrungen, die für die zentralen Dimensionen des Lebens erhellend sind (Derbolav, 1968, S. 143). Ausgehend von diesen beiden Begriffen beschreiben verschiedene Autoren das Wesentlichen, wobei ihnen allen gemeinsam ist, dass ihre Ausführungen auf einer übergeordneten Ebene angesiedelt sind.

Stenzel (1968, S. 69) identifiziert beim Repräsentationsverhältnis zwischen Exempel und Aspekten des Wesentlichen bzw. dem Wesentlichen vier Stufen, deren Unterschiede im Grad der Abstraktion dessen liegen, was durch das Exempel repräsentiert werden soll:

1. Stufe des exemplarisch erschlossenen Individuums
2. Stufe des exemplarisch erschlossenen Typus oder der exemplarisch erschlossenen Gattung
3. Stufe des exemplarisch begriffenen gesetzmäßigen und kategorialen Zusammenhangs

4. Stufe der exemplarisch gewonnen Erfahrung eines Welt- und Lebenszusammenhangs

Für Klafki (2007, S. 143, 144) ist das Wesentliche eines Gegenstandsbereiches durch verallgemeinerbare Kenntnisse, Fähigkeiten, Einsichten und Einstellungen gekennzeichnet, durch die es Lernenden möglich wird, eine Menge strukturähnlicher bzw. -gleicher Einzelphänomene und -probleme zu bewältigen. Als zentral erachtet Klafki (2007, S. 56, 154) in diesem Zusammenhang die Auseinandersetzung mit übergeordneten Problemen, die sich auf die Gegenwart und die Zukunft beziehen (sogenannte „Schlüsselprobleme").

Büthe (1968, S. 80, 81) konkretisiert Klafkis Bestimmung des Wesentlichen[2], indem er zwischen Folgendem differenziert:

- allgemeine abstrakte Begriffe
- allgemeine Wesenszüge und Charakteristika
- allgemeine Gesetzlichkeiten

- Regeln
- Formeln
- Arbeitsmethoden

Er verweist dabei darauf, dass die von ihm beschriebenen Aspekte nicht für jeden Gegenstandsbereich und jeden inhaltlichen Schwerpunkt vollständig zutreffen müssen.

Wagenschein (1970a, S. 232, 233, 237, 239) nähert sich der Begrifflichkeit des Wesentlichen, indem er so-

Abbildung 1:   Charakteristika des Wesentlichen eines Faches in Anlehnung an die Funktionsziele nach Wagenschein (1970a, S. 232, 233, 237, 239), Memmert (1975, S. 28), Knübel (1960b, S. 33, 34) und Rohlfes (1968, S. 239-246). Grafik eigene Erstellung

genannte Funktionsziele aufstellt, mit deren Hilfe er eine Konkretisierung der Aspekte des Wesentlichen bzw. des Wesentlichen der Physik anstrebt. Dieser Impuls wurde in weiteren Fachdidaktiken aufgegriffen, beispielsweise von Memmert (1975, S. 28) für den Gegenstandsbereich der Biologie, von Knübel (1960b, S. 33, 34) für den Gegenstandsbereich der Geografie und von Rohlfes (1968, S. 239-246) für den Gegenstandsbereich der Geschichte. Die jeweiligen Funktionsziele der genannten Autoren werden in Tabelle 1 (siehe S. 16) miteinander verglichen, um daraus verallgemeinerbare Charakteristika des Wesentlichen abzuleiten. Diese sind in Abbildung 1 dargestellt.

---

[2] Büthe (1968, S. 80) nutzt den Begriff „Allgemeines" anstelle von „Wesentliches".

Tabelle 1:   Vergleich der Funktionsziele in verschiedenen Fachdidaktiken

Fachdidaktiken Ausrichtungen der Funktionsziele	Physik (Wagenschein, 1970a, S. 232, 233, 237, 239)	Biologie (Memmert, 1975, S. 28)	Geografie (Knübel, 1960b, S. 33, 34)	Geschichte (Rohlfes, 1968, S. 239-246)
1. Natur des Faches	Erfahren, was in der exakten Naturwissenschaft heißt: verstehen, erklären, die Ursache finden.	Erfahren, was es in der Biologie als Naturwissenschaft heißt, eine Einzelerscheinung zu verstehen, zu erklären, eine Ursache zu finden.	Erfahren, daß[sic] sich alles in der Welt in den Kategorien Raum und Zeit vollzieht, dass die Geographie es mit der Kategorie des Raumes zu tun hat und jedem die Begriffe, Gesichtspunkte und Mittel an die Hand gibt, sich im Erdraum zurechtzufinden. Erfahren, was Standort, Lage, Ausdehnung und Verbreitung, Raumstruktur und Grenzen bedeuten und von welch großer Wichtigkeit sie in vielen Lebensgebieten sind.	<u>Universalhistorisches Funktionsziel</u> Auf den Geschichtsverlauf als ganzen bezogene Erkenntnisse. Dies umfasst: - Weltgeschichtliche Aspekte im engeren Sinne. Sich darüber klarwerden, was ein Kulturkreis ist. - Einsicht in die Zusammenhänge („leitende Ideen" oder „herrschende Tendenzen"). - Überblick über die universalgeschichtlichen Epochen. - Aufweisen des soziologischen Untergrundes der Geschichte. <u>Methodisches Funktionsziel</u> Quelleninterpretation, um/damit: - mit den Denkformen des historischen Erklärens, Verstehens und Deutens vertraut gemacht zu werden. - der Fundamentalsatz der historischen Erkenntnis – ein jedes geschichtliches Phänomen ist nur aus seiner Zeit heraus zu verstehen – geläufig ist. - sich dem Problem der Objektivität der geschichtlichen Erkenntnis bewusst zu werden. - sich mit dem Verhältnis von Einzelerscheinungen und Gesamtzusammenhang, von Individuellem und Allgemeinen zu beschäftigen.
2. Typische Vorgehensweisen des Faches	Erfahren, wie man ein Experiment, als eine Frage an die Natur, ausdenkt, ausführt, auswertet, und zwar ein messendes Experiment mit dem letzten Ziel der Mathematisierung.	Erfahren, wie man ein Experiment als eine Frage an die Natur ausdenkt, ausführt, auswertet und wie man daraus zu Regeln und Gesetzen vordringt.		
3. Teilgebiete des Faches	Erfahren, wie ein ganzes Teilgebiet der Physik sich mit einem anderen in Beziehung setzen und gleichsam darin auflösen läßt[sic].	Erfahren, wie ein Teilgebiet der Biologie mit anderen in Verbindung steht, wie ein Ordnungssystem entwickelt wird.	Erkennen, daß[sic] jeder Erdraum ein vielfältiges Gefüge von Erscheinungen ist, ein Zusammenklang von Landschaftselementen, ist ein Ausdruck zahlreicher hier wirksamer Kräfte sowohl der Natur wie menschlicher Art sind, daß[sic] jede Landschaft mithin ein komplexes Erscheinungs- und Wirkungsgefüge ist, das die geographische Wissenschaft dadurch erforscht, daß[sic] sie die Erscheinungen beschreibt, die Struktur des Gefüges klärt und die dahinterstehenden Kräfte und die Art ihres Wirkens aufweist.	
4. Theoriegebäude des Faches	Erfahren, was in der Physik ein „Modell" ist.	Einsicht gewinnen in das, was ein Modell ist.		
5. Forschungsverfahren des Faches	Erfahren, wie schließlich – aufbauend auf alles Vorangegangene - der physikalische Forschungsweg selber zum Gegenstand der Betrachtung wird, einer wissenschaftstheoretischen Betrachtung.	Erfahren, wie ein Forschungsverfahren der Biologie selber zum Gegenstand wissenschaftlicher Betrachtungen werden kann.		<u>Geschichtsphilosophisches Funktionsziel</u> Gemeint ist die Frage nach den Gestaltungskräften der Geschichte. <u>Politisches Funktionsziel</u> Erkennen, wie alle Geschichte hinstrebt auf Herrschaft und Unterordnung, wie jede geschichtliche Konstellation auf einen Gegensatz von Interessen handgreiflicher Art beruht, auf einem elementaren Spannungsverhältnis.

Fachdidaktiken Ausrichtungen Funktionsziele	Physik (Wagenschein, 1970a, S. 232, 233, 237, 239)	Biologie (Memmert, 1975, S. 28)	Geografie (Knübel, 1960b, S. 33, 34)	Geschichte (Rohlfes, 1968, S. 239-246)
6. Bedeutung des Faches	An einigen Begriffsbildungen erfahren, wie die physikalische Art, die Natur zu lichten, geistesgeschichtlich geworden ist.	An einigen Begriffsbildungen erfahren, wie biologische Denkweisen geistesgeschichtlich formend geworden sind. An einigen Beispielen Einsicht gewinnen in das geschichtliche Werden biologischer Auffassungen und ihrer Einflüsse auf kulturelle und zivilisatorische Entwicklung der Völker.	Erfahren, daß[sic] der menschlichen Landschaftsgestaltung in der Kulturlandschaft keine Gesetze zugrunde liegen, sondern hier der freie Gestaltungswille des Menschen sich äußert, der sich nach Zwecken, Motiven und vielfältigen Einflüssen richtet. An Beispielen soll der Schüler erkennen lernen, was den Menschen jeweils veranlaßt[sic] hat, so zu handeln, wie es sich in der Landschaft äußert, ob dieses Handeln erfolgreich, richtig und gut war, ob der Mensch auch anders handeln konnte oder anders hätte wirken sollen. Erfahren, wie groß die Aufgabe und Verantwortung ist, die der Mensch als denkendes und deshalb mächtigstes Wesen der Erde hat, und damit die Stellung des Menschen im Erdganzen erkennen. Erfahren, welch winziger und unbedeutender Teil die Erde im Weltall ist, und damit die Stellung des Menschen im Kosmos erfaßen[sic].	Anthropologisches Funktionsziel Anhand von konkreten Menschen oder Menschengruppen das Biographische sowie das umfassende Menschenbild aufleuchten lassen. Existenziales Funktionsziel Stellungnahme zu dem überkommenden geschichtlichen Erbe, das jede Generation annehmen oder verwerfen kann. Begegnung mit geschichtlichen Phänomenen. Die Begegnung mit der geschichtlichen Welt soll mich zu mir selbst in meinem Hier und Jetzt führen. Axiologisches Funktionsziel Die Grundfrage lautet: Gibt es absolute Maßstäbe für Recht und Unrecht in der Geschichte.
7. Denkmuster des Faches	Erfahren, wie sich das technische (das erfindende) Denken von dem entdeckenden Denken unterscheidet.			
8. Metastruktur des Faches	Erfahren, wie ohne verfrühte Mathematisierung und ohne Modellvorstellungen ein phänomenologischer (und „qualitativer") Zusammenhang herzustellen ist, der das ganze Grundgefüge der Physik gliedert und zusammenhält.	Erfahren, wie ohne verfrühte Mathematisierung, Physikalisierung oder Chemisierung ein phänomenologischer Zusammenhang herzustellen ist, der das ganze Grundgefüge der Biologie gliedert und zusammenhält.	Erkennen, daß[sic] der Natur der Erde eine bestimmte Gesetzmäßigkeit zugrunde liegt, nach der alle Vorgänge verlaufen. Diese Naturgesetze zu erforschen ist die Aufgabe der Naturwissenschaften, zu denen in Hinblick auf die Erforschung der Erde auch die Geographie gehört. Die Schüler sollen an Beispielen erfahren, wie die Geographie das Kausal- und Funktionsgefüge der Natur erforschen und mit exakten Mitteln messen und darstellen kann.	

Varianten des exemplarischen Prinzips

Die Umsetzung des exemplarischen Prinzips kann auf mehreren Ebenen erfolgen. Grundsätzlich lassen sich zwei Varianten unterscheiden (siehe Abbildung 2): Das *„exemplarische Prinzip im engeren Sinne"* (1.) und das *„exemp-*

larischen Prinzip im weiteren Sinne" (2.).

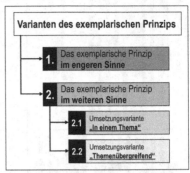

Das exemplarische Prinzip im engeren Sinne (1.) ist auf der Mikroebene angesiedelt und realisiert sich innerhalb einer einzelnen Lernsituation. Im Gegensatz dazu ist das exemplarische Prinzip im weiteren Sinne (2.) auf der Mesoebene angesiedelt und realisiert sich zwischen mehreren Lernsituationen. Diese Variante weist curriculare Bezüge auf. Im Zusammenhang mit dem exemplarischen Prinzip im

Abbildung 2:   Varianten des exemplarischen Prinzips. Grafik eigene Erstellung

weiteren Sinne sind darüber hinaus noch zwei Umsetzungsvarianten denkbar: Die Umsetzung kann einerseits in einem bestimmten Thema bzw. thematischen Strang (Schneider & Hamar, 2020c, S. 30, 31) erfolgen (2.1). Dabei sind die Lernsituationen, zwischen denen das exemplarische Prinzip zum Tragen kommt, unter einem übergeordneten thematischen Schwerpunkt gebündelt und weisen damit eine hohe Affinität zueinander auf. Andererseits kann die Umsetzung des exemplarischen Prinzips themenübergreifend angelegt werden (2.2).

Die genannten Varianten können von einzelnen Lehrenden umgesetzt werden, um die Stofffülle zu reduzieren und bildungswirksame Prozesse bei den Lernenden zu initiieren. In diesem Zusammenhang ist jedoch davon auszugehen, dass das Potential des exemplarischen Prinzips im weiteren Sinne (2.) als deutlich höher einzuschätzen ist als das Potential des exemplarischen Prinzips im engeren Sinne (1.). Die Wirksamkeit des exemplarischen Prinzips im weiteren Sinne (2.) kann zusätzlich gesteigert werden, indem es bereits auf curricularer Ebene im Entwicklungs- und Evaluationsprozess strukturelle und inhaltliche Berücksichtigung erfährt (Grammes, 2014, S. 251).

Stoffauswahl im Kontext des exemplarischen Prinzips

Unabhängig von der gewählten Variante lässt sich aus den bisherigen Ausführungen ableiten, dass die Ausrichtung am exemplarischen Prinzip direkte Konsequenzen für die Stoffauswahl hat. Wagenschein (1959a, S. 11) betont, es widerspreche dem Wesen des exemplarischen Prinzips, einen „allgemeingültigen ‚Katalog exemplarischer Stoffe'" zu entwickeln. Denn das Exemplarische ist, mit Scheuerl (1958, S. 82) gesprochen, „doppelseitig" (vgl. S.

12) – ein Katalog würde lediglich dem „objektiven Verhältnis der Stellvertretung" Rechnung tragen, jedoch bliebe der exemplarische Wert der Exempel vor dem Hintergrund der individuellen Biografie der Lernenden unberücksichtigt. Wagenscheins (1959a, S. 12, 13) Forderung nach einem „ergriffenen Ergreifen" auf Seiten der Lernenden kann damit nicht erfüllt werden.

Wenn Lehrende ein Exempel auswählen, verleihen sie ihm „normative Bedeutung", denn sie erheben es für die Lernenden zur „Richtschnur" für das Erschließen von Aspekten des Wesentlichen bzw. des Wesentlichen (Köhnlein, 1982, S. 8). Deswegen ist es unverzichtbar, dass diese Auswahl („Thematische Auslese" bei Derbolav, 1957, S. 55) durch die Lehrenden gleichermaßen systematisch wie transparent vollzogen wird. Dieser Forderung kann nur nachgekommen werden, wenn zielführende Kriterien sowohl für die Bestimmung des Wesentlichen als auch für die Auswahl eines Exempels vorliegen. Die bisherigen Ausführungen offenbaren jedoch, dass anstelle von Kriterien eher auf der Metaebene angesiedelte Beschreibungen von geeigneten Exempeln bzw. des Wesentlichen vorliegen.

Desiderate und Ausblick

Aus den Ausführungen in diesem Kapitel wird deutlich, dass eine Konkretisierung dieser Beschreibungen in Form von Kriterien für die Auswahl eines Exempels und in Form von Kriterien zur Bestimmung des Wesentlichen zwingend erforderlich ist (*Desiderat 1*). Nur so kann es gelingen, einen Handlungsleitfaden zur Umsetzung des exemplarischen Prinzips zu konzipieren, der ausreichend konkret und damit handlungsleitend für Lehrende in der Pflegeausbildung ist. Darüber hinaus ist anzumerken, dass der Diskurs zum exemplarischen Prinzip vor allem in (fach-)didaktischen Bereichen geführt wurde, die von fächersystematischen Strukturen geprägt sind. Es ist daher zu prüfen, ob und inwiefern sich die Erkenntnisse dieses Diskurses auf berufsbezogene Bereiche übertragen lassen, die von handlungssystematischen Strukturen gekennzeichnet sind (Pahl, 2020, S. 253) (*Desiderat 2*). Dies trifft im Besonderen auf den pflegerischen Bereich zu (Deutscher Bundestag, 2018, S. 2).

Die Bearbeitung dieser Desiderate erfolgt in Kapitel 4 (siehe S. 26) und Kapitel 5 (siehe S. 37). Zuvor wird jedoch im folgenden Kapitel 2 (siehe S. 20) der theoretische Hintergrund zum Transfer, der untrennbar mit dem exemplarischen Prinzip verbunden ist, näher beleuchtet.

3   Transfer im Kontext des exemplarischen Prinzips

Im Allgemeinen wird mit der Begrifflichkeit „Transfer" die Übertragung von Fähigkeiten und Fertigkeiten[3], die in einem bestimmten Kontext erlernt wurden (Lernkontext), auf einen anderen Kontext, den sogenannten Anwendungskontext, beschrieben (Seel & Hanke, 2010, S. 141; Klauer, 2011, S. 16). Somit steht die Anwendung von Fähigkeiten und Fertigkeiten in neuen Situationen im Mittelpunkt, deren spezifische Anforderungen bei der Aneignung der Fähigkeiten und Fertigkeiten noch nicht Gegenstand waren (Mähler & Stern, 2010, S. 859). Erst durch die Möglichkeit des Transfers und der damit einhergehenden Annahme, dass vorausgegangenes Lernen das nachfolgende Lernen positiv beeinflusst, kann vermieden werden, dass Lernende eine unendliche Anzahl spezifischer Fähigkeiten und Fertigkeiten in einem additiven Prozess erlernen müssen (Preiser, 2021, S. 88). Demzufolge steht das Erbringen von Transferleistungen der reinen Reproduktion von Wissen diametral gegenüber (Mersch & Pahl, 2013, S. 90).

Obwohl eine gewisse Verwandtschaft zwischen „Transfer" und „Üben" besteht, weist der Transfer „in vielerlei Hinsicht [jedoch] über das Üben hinaus", da es sich bei den zu übertragenden Fähigkeiten und Fertigkeiten nicht nur um deklaratives Wissen handelt, sondern um prozedurales Wissen (Mersch & Pahl, 2013, S. 90)[4]. Dies trifft im Besonderen auf den berufsbezogenen Bereich zu (Mersch & Pahl, 2013, S. 90), da berufliche Handlungssituationen, vor allem im pflegerischen Kontext, durch Einzigartigkeit und Individualität gekennzeichnet sind (Behrens & Langer, 2016, S. 25). Sie können nicht in dem gelernten, ursprünglichen Zustand transferiert werden, sondern müssen adaptiert werden. Solche Prozesse erfolgen nicht aus sich selbst heraus und automatisch, sondern müssen aktiv durch die Lehrenden gefördert und gestaltet werden (Nett & Götz, 2019, S. 82).

Die bisherigen Ausführungen legen analog zu dem überwiegenden Anteil der pädagogischen Literatur (Mähler & Stern, 2010, S. 859) ein Verständnis von „Transfer" mit positiver Konnotation zugrunde. Jedoch ist auch ein sogenannter „negativer" Transfer denkbar, bei dem vorangegangenes Lernen eine hemmende Wirkung auf nachfolgendes Lernen hat

---

[3] Mögliche Gegenstände sind: Wissensbeständen, Fertigkeiten, Handlungen, Gesetzmäßigkeiten, Strategien und Prinzipien sowie Aufgaben- und Problemstellungen (Klauer & Leutner, 2012, S. 88; Schneider, Mörschel, Wippich, Jäckle & Gecks, 2018, S. 5). Aus Gründen der Übersicht nutzen die Verfasser der vorliegenden Arbeit im Folgenden stets die Begriffskombination „Fähigkeiten und Fertigkeiten", beziehen dabei aber die genannten möglichen Gegenstände stets mit ein.

[4] Deklaratives Wissen beinhaltet Wissen über Sachverhalte und umfasst Faktenwissen und Wissen in Bezug auf komplexe Zusammenhänge. Prozedurales Wissen dagegen ist jenes Wissen, das „der Ausführung von Handlungen zugrunde liegt" (Kuckeland, 2020b, S. 70). Die von de Jong und Ferguson-Hessler (1996, S. 106, 107) ergänzten Wissensarten „Situational knowledge" und „Strategic knowledge" werden zwar von Mersch und Pahl (2013, S. 90) nicht explizit erwähnt, sind hier aber zu ergänzen.

© Der/die Autor(en), exklusiv lizenziert an
Springer Fachmedien Wiesbaden GmbH, ein Teil von Springer Nature 2022
C. Hamar und W. Hartmann, *Das exemplarische Prinzip in der Pflegeausbildung*,
Forschungsreihe der FH Münster, https://doi.org/10.1007/978-3-658-38341-1_3

(Schröder, 2001, S. 353). Im Zusammenhang mit dem positiven Transfer lassen sich weitere Arten von Transfer unterscheiden, die im Folgenden skizziert werden.

Zunächst lässt sich zwischen *horizontalem* und *vertikalem Transfer* unterscheiden. Diese Unterscheidung bezieht sich auf den <u>Grad der Ähnlichkeit</u> zwischen Lernkontext und Anwendungskontext. Wenn eine Übertragung von Wissen, Fertigkeiten oder Handlungen auf ähnliches Wissen, ähnliche Fertigkeiten oder ähnliche Handlungen bei gleichbleibender Komplexität erfolgt, so wird dies als *horizontaler* (auch: lateraler) *Transfer* bezeichnet. Werden dagegen Wissen, Fertigkeiten oder Handlungen auf unähnliches Wissen, unähnliche Fertigkeiten oder unähnliche Handlungen mit höherer Komplexität übertragen, findet ein *vertikaler Transfer* statt. (Mähler & Stern, 2010, S. 860; Schneider et al., 2018, S. 5, 6)

Des Weiteren können *spezifischer* und *unspezifischer Transfer* voneinander abgegrenzt werden. Hier wird neben dem Grad der Ähnlichkeit (vgl. horizontaler vs. vertikaler Transfer) auch noch der <u>Aspekt der Reichweite</u> berücksichtigt. Bei einem *spezifischen Transfer* werden gleiches Wissen, gleiche Fertigkeiten oder gleiche Handlungen auf neue bzw. andere Situationen angewendet. Beim *unspezifischen Transfer* erfolgt dagegen eine Übertragung von gleichen Strategien bzw. Prinzipien auf neue bzw. andere Situationen. (Mähler & Stern, 2010, S. 860; Schneider et al., 2018, S. 5, 6)

Darüber hinaus lässt sich eine Unterscheidung in *literalen* und *figuralen* Transfer vornehmen. Zentrales Unterscheidungskriterium ist hier die <u>Aufgaben- bzw. Problemstellung</u>. Bei einem *literalen Transfer* werden gleiches Wissen, gleiche Fertigkeiten oder gleiche Handlungen mit gleicher Komplexität auf andere Aufgabenstellungen übertragen. Dagegen erfolgt beim *figuralen Transfer* die Übertragung von gleichem Wissen, gleichen Fertigkeiten oder gleichen Handlungen auf andere Problemstellungen oder neue Situationen. (Mähler & Stern, 2010, S. 860; Schneider et al., 2018, S. 5, 6)

Auch wenn diese Unterscheidungen auf verschiedene Denktraditionen zurückzuführen sind, ist ihnen ihre dichotome Ausrichtung gemeinsam, mit der sie jeweils die Distanz zwischen dem Lernkontext und dem Anwendungskontext beschreiben. Diese sogenannte Transferdistanz ist beim horizontalen, spezifischen und literalen Transfer jeweils als geringer einzuschätzen als beim vertikalen, unspezifischen und figuralen Transfer (Mähler & Stern, 2010, S. 860). Der gemeinsame Grundgedanke, die Transferdistanz als Qualitätsmerkmal von Transfers zu verwenden, mündet in der Unterscheidung zwischen **„nahem Transfer"** (proximaler Transfer) und **„weitem Transfer"** (distaler Transfer) (Seel & Hanke, 2010, S. 143, 144). Bei einem **nahen Transfer** sind der Lernkontext, in dem die Fähigkeiten und Fertigkeiten erworben werden, und der Anwendungskontext, auf den die Fähigkeiten und Fertigkeiten übertragen werden, ähnlich. Unterscheiden sich Lern- und

Anwendungskontext deutlich voneinander, wird von einem **weiten Transfer** gesprochen. Die Transferleistung, und damit die Anforderungen an die Lernenden, sind bei einem weiten Transfer als höher einzustufen (Schneider et al., 2018, S. 6), wobei Melby-Lervåg und Hulme (2013, S. 282) konstatieren, dass das Gelingen von weiten Transfers eher selten nachzuweisen sei. Barnett und Ceci (2002) legen ein Rahmenmodell vor, mit dessen Hilfe eine Einschätzung auf dem Kontinuum zwischen nahem und weitem Transfer vorgenommen werden kann. Dabei unterscheiden sie zwischen der „Inhaltskomponente" (1.) (Barnett & Ceci, 2002, S. 621) und der „Kontextkomponente" (2.) (Barnett & Ceci, 2002, S. 623).

Die **Inhaltskomponente (1.)** beschreibt, was transferiert wird, d. h. welche Fähigkeiten und Fertigkeiten von dem Lernkontext in den Anwendungskontext transferiert werden sollen. Es werden drei Dimensionen unterschieden:

> **1.1. Spezifizität der zu übertragenden Fähigkeiten und Fertigkeiten** („Learned skill", Barnett & Ceci, 2002, S. 621)
>
> Werden eher spezifische und eng umschriebene Fähigkeiten und Fertigkeiten übertragen oder geht es eher um den Transfer genereller Fähigkeiten und Fertigkeiten (Mähler & Stern, 2010, S. 860)?
>
> **1.2. Grad der Veränderung der Fähigkeiten und Fertigkeiten bei der Übertragung** („Perfomance change", Barnett & Ceci, 2002, S. 622)
>
> Welche Veränderungen müssen an den Fähigkeiten und Fertigkeiten bei der Übertragung vorgenommen werden (Mähler & Stern, 2010, S. 861)?
>
> **1.3. Art der erforderlichen Gedächtnisoperationen bei der Übertragung** („Memory demands", Barnett & Ceci, 2002, S. 622)
>
> Ist es erforderlich, lediglich Ähnlichkeiten des Anwendungs- mit dem Lernkontext festzustellen oder sind Entscheidungen zwischen mehreren Handlungsalternativen erforderlich (Mähler & Stern, 2010, S. 861)?

Damit fokussiert die Inhaltskomponente (1.) vor allem die Übertragung der Fähigkeiten und Fertigkeiten auf andere, nicht im Lernkontext enthaltene Anforderungen („Anforderungs-transfer" bei Hager & Hasselhorn, 2000, S. 50). Dagegen nimmt die **Kontextkomponente** (2.) verschiedene Merkmale der Situationen, in denen die Fähigkeiten und Fertigkeiten erlernt bzw. angewendet werden, in den Blick. Hier unterscheiden Barnett und Ceci (2002, S. 621) sechs Dimensionen:

> **2.1. Wissensdomäne** („Knowledge domain", Barnett & Ceci, 2002, S. 623)
>
> Wie sehr ähneln sich die inhaltlichen Schwerpunkte des Lernkontextes (z. B. Menschen mit Demenz begleiten) und die inhaltlichen Schwerpunkte des Anwendungs-kotextes (z. B. Berufspolitisch handeln)?

2.2. Physikalischer Kontext („Physical context", Barnett & Ceci, 2002, S. 623)
Wie sehr ähneln sich der Ort des Lernkontextes (z. B. Klassenraum) und der Ort des Anwendungskontextes (z. B. Skills Lab)?

2.3. Zeitlicher Kontext („Temporal context", Barnett & Ceci, 2002, S. 623)
Wie groß ist der zeitliche Abstand zwischen Lern- und Anwendungskontext (z. B. ein Block)?

2.4. Funktionaler Kontext („Functional context", Barnett & Ceci, 2002, S. 623)
Wie sehr ähnelt das Setting des Lernkontextes (z. B. schulisches Setting) dem des Anwendungskontextes (z. B. praktisches Setting)?

2.5. Sozialer Kontext („Social context", Barnett & Ceci, 2002, S. 623)
Wie sehr ähneln sich die sozialen Aspekte des Lernkontextes (z. B. Einzelarbeit) und die sozialen Aspekte des Anwendungskontextes (z. B. Gruppenarbeit)?

2.6. Modalität der Wissens- und Informationsverarbeitung („Modality", Barnett & Ceci, 2002, S. 623)
Wie sehr ähnelt die Art und Weise, auf die sich die Lernenden die Fähigkeiten und Fertigkeiten im Lernkontext angeeignet haben (z. B. Schreiben), der Art und Weise, auf die sie diese anwenden sollen (z. B. Handeln in konkreten pflegerischen Situationen)?

Die Kontextkomponente (2.) fokussiert somit die zeitlichen und situativen Bedingungen des Transfers („zeitlicher Transfer" und „Situations-Transfer" bei Hager & Hasselhorn, 2000, S. 50). Anhand einer solchen „Taxonomie des Transfers" ist es möglich, die Transferdistanz anhand qualitativer Betrachtungen zu beurteilen, da die Bedingungen, unter denen ein Transfer stattfindet (bzw. stattfinden kann) systematisch beschrieben und entlang eines Kontinuums eingeschätzt werden können (Barnett & Ceci, 2002, S. 634; Mähler & Stern, 2010, S. 861).

Die bisherigen Ausführungen schließen den Kreis zum exemplarischen Prinzip, als dessen „Korrelat" (Köck, 2008, S. 15) und „komplementäre Idee" (Jahreiß, 2008, S. 27) der Transfer beschrieben wird. In einem Unterricht, der sich am exemplarischen Prinzip orientiert, werden Fähigkeiten und Fertigkeiten zunächst durch die differenzierte Bearbeitung eines Exempels erlernt und damit am Exempel „kontextualisiert erworben" (Leisen, 2016, S. 7). Dann werden sie aus diesem sogenannten Lernkontext herausgelöst („dekontextualisiert", Leisen, 2016, S. 7), indem die Lernenden dazu angeleitet werden, sich das Wesentliche zu erschließen. Damit sich einerseits das Potential des exemplarischen Prinzips sowohl in Bezug auf Bildung als auch in Bezug auf die Reduktion von Stofffülle entfalten kann (vgl. Kapitel 2, S. 9) und andererseits die vollständige Lernhandlung abgeschlossen werden kann

(Lipowsky, 2020, S. 71), muss eine „Rekontextualisierung" (Leisen, 2016, S. 7) des Wesentlichen – und damit ein Transfer – erfolgen. Dabei wird das am Exempel erschlossene Wesentliche auf inhaltliche Gegenstände mit gleicher oder ähnlicher Struktur übertragen. Dies unterstreicht, dass zwischen dem exemplarischen Prinzip und dem Transfer eine Interdependenz besteht. Auf der einen Seite profitiert der Transfer von der umfassenden Bearbeitung eines Exempels, denn je differenzierter sich Lernende Fähigkeiten und Fertigkeiten in Tiefe und Breite aneignen, desto eher gelingt es ihnen, diese auf andere Situationen zu transferieren (Perels et al., 2020, S. 59). Auf der anderen Seite profitiert das exemplarische Prinzip vom Transfer, denn dieser ermöglicht es, additive (und damit oberflächliche) Lernprozesse zu obsoleszieren und trägt gleichzeitig dazu bei, die Nachhaltigkeit von Bildung sicherzustellen (Edelmann & Wittmann, 2012, S. 229).

Die Ausführungen in diesem Kapitel bilden gemeinsam mit den Ausführungen zum exemplarischen Prinzip (siehe Kapitel 2, S. 9) das theoretische Grundgerüst für den sich anschließenden konzeptionellen Teil (siehe S. 25), dessen Schwerpunkt auf der Entwicklung eines Handlungsleitfadens für Lehrende in der Pflegeausbildung zur Umsetzung des exemplarischen Prinzips liegt. Dort wird zunächst dem in Kapitel 2 (siehe S. 9) abgeleiteten *ersten Desiderat* (siehe S. 19) nach einer Konkretisierung der Kriterien für die Bestimmung des Wesentlichen und für die Auswahl eines geeigneten Exempels Rechnung getragen. Dazu wird eine Literaturrecherche durchgeführt und deren Ergebnisse systematisch konsolidiert (siehe Kapitel 4, S. 26). Die so gewonnenen Erkenntnisse werden in Kapitel 5 (siehe S. 37) überprüft, indem sie im pflegedidaktischen Kontext angewendet werden. Auf diese Weise wird dem ebenfalls in Kapitel 2 (siehe S. 9) abgeleiteten *zweiten Desiderat* (siehe S. 19) Rechnung getragen. Daran anknüpfend werden Schlussfolgerungen (siehe Kapitel 6, S. 55) gezogen, die für die Konzeption des Handlungsleitfadens (siehe Kapitel 7, S. 59) maßgeblich sind.

II. Konzeptioneller Teil

4 Bestimmung von Kriterien im Kontext des exemplarischen Prinzips

Die in Kapitel 2 (siehe S. 9) dargelegten Ausführungen verdeutlichen, dass sowohl das Exempel als auch das daran zu verdeutlichende Wesentliche den zentralen Stellenwert im Kontext des exemplarischen Prinzips einnehmen. Beide stehen in einer Beziehung zueinander (Das Exemplarische als „Relationsbegriff", Scheuerl, 1958, S. 82). Die Qualität dieser Beziehung entscheidet darüber, ob, wie und inwieweit das exemplarische Prinzip sein Potential entfalten kann. Durch Auswahlentscheidungen, die sowohl das Exempel als auch das Wesentliche (bzw. seine Aspekte) betreffen, ist es Lehrenden im Rahmen ihrer Unterrichtsvorbereitung möglich, die Beziehung zwischen Exempel und Wesentlichem so zu gestalten, dass das exemplarische Prinzip seine Wirkung entfalten kann. Solche Auswahlentscheidungen dürfen nicht beliebig sein, sondern müssen kriteriengeleitet erfolgen (Derbolav, 1957, S. 55). Die im Folgenden dargestellte Literaturrecherche zielt daher darauf ab, solche Kriterien zu eruieren. Sie orientiert sich dazu an den folgenden Fragestellungen:

I.   Welche Kriterien greifen bei der Bestimmung von Aspekten des Wesentlichen?

II. Welche Kriterien greifen bei der Auswahl eines Exempels?

Als Ausgangspunkt und Basis der Recherche fungierte das „Fachportal Pädagogik[5]", da es wissenschaftliche Informationen für Bildungsforschung, Erziehungswissenschaft und (Fach-)Didaktik im deutschsprachigen Raum bündelt und diese kontinuierlich auf ihre wissenschaftliche Relevanz hin prüft (Kreusch, Kullik & Jäger-Dengler-Harles, 2017). Dort führten die Verfasser der vorliegenden Arbeit im Zeitraum vom 23. bis 25.05.2020 verschiedene Suchanfragen mit unterschiedlichen Schlüsselbegriffen durch („Exemplarisches Prinzip", „Exemplarisches Lehren", „Exemplarisches Lernen", „Exemplarisches Lehren und Lernen", „Exemplarisches Lernen und Lehren" und „Exemplarische Unterricht"). Die Ergebnisse wurden konsolidiert und hinsichtlich ihrer Eignung geprüft. Dabei wurde zuerst ein Screening der Titel und Abstracts (soweit verfügbar) mit dem Ziel durchgeführt, relevante Arbeiten in Bezug auf die Fragestellungen zu identifizieren. Daran anschließend wurde der Volltext der verbliebenen Arbeiten gesichtet. In diesem Zusammenhang erfolgte zusätzlich eine Analyse der Literaturverzeichnisse, um weitere, potentiell relevante Arbeiten zu identifizieren (Handrecherche). Insgesamt konnten so **129 Arbeiten** identifiziert werden, die verschiedenen (fach-)didaktischen Bereichen zugeordnet werden können (siehe Anhang A, S. 160). Im Rahmen der Volltext-Analyse stellte sich heraus, dass der Bezug zu den beiden Fragestellungen (siehe S. 26) bei vielen Arbeiten lediglich auf der Metaebene besteht.

---

[5] Vgl. https://www.fachportal-paedagogik.de [25.05.2020]

© Der/die Autor(en), exklusiv lizenziert an
Springer Fachmedien Wiesbaden GmbH, ein Teil von Springer Nature 2022
C. Hamar und W. Hartmann, *Das exemplarische Prinzip in der Pflegeausbildung*,
Forschungsreihe der FH Münster, https://doi.org/10.1007/978-3-658-38341-1_4

Daher wurden diese Arbeiten ausgeschlossen, sodass zur Beantwortung der beiden Fragestellungen insgesamt **33 Arbeiten** herangezogen werden konnten. Diese Arbeiten lassen sich den folgenden 13 (fach-)didaktischen Bereichen zuordnen (siehe auch Anhang B, S. 167), wobei die Anzahl der Arbeiten innerhalb der einzelnen (fach-)didaktischen Bereiche Variationen aufweist:

- Allgemeindidaktik   (*5 Arbeiten*)
- Fachdidaktik Biologie   (*6 Arbeiten*)
- Fachdidaktik Deutsch   (*1 Arbeit*)
- Fachdidaktik Ernährung/ Hauswirtschaft   (*2 Arbeiten*)
- Fachdidaktik Geografie   (*7 Arbeiten*)
- Fachdidaktik Geschichte   (*1 Arbeit*)
- Fachdidaktik Mathematik   (*1 Arbeit*)
- Fachdidaktik Musik   (*2 Arbeiten*)
- Fachdidaktik Pflege   (*1 Arbeit*)
- Fachdidaktik Physik   (*2 Arbeiten*)
- Fachdidaktik Sachunterricht   (*2 Arbeiten*)
- Fachdidaktik Technik   (*2 Arbeiten*)
- Fachdidaktik Wirtschaftslehre   (*1 Arbeit*)

Der Ablauf der Literaturrecherche ist in Abbildung 3 visualisiert.

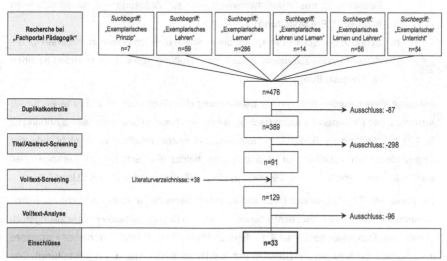

Abbildung 3:   Ablauf der Literaturrecherche als Flow-Chart. Grafik eigene Erstellung

Zur Beantwortung der beiden Fragestellungen konnte damit auf ein breites Spektrum von (fach-)didaktischen Bereichen zurückgegeriffen werden, wobei den Verfassern der vorliegenden Arbeit bewusst war, dass bei einigen Bereichen (Fachdidaktik Deutsch, Geschichte, Mathematik, Pflege und Wirtschaftslehre) lediglich eine Arbeit vorliegt. Sie entschieden, keine Ausschlüsse aufgrund der Quantität der Arbeiten vorzunehmen, damit das breite Spektrum der (fach-)didaktischen Bereiche als Basis für die Eruierung der Kriterien erhalten bleibt. Damit einher ging auch die Entscheidung, sich am qualitativen Forschungsparadigma (Flick, 2011, S. 36, 37; Nittel, 2018, S. 690, 691) zu orientieren und keine Gewichtung zwischen den (fach-)didaktischen Bereichen oder den einzelnen Arbeiten vorzunehmen. Die Beantwortung der Fragestellungen (siehe S. 26) erfolgte, indem für jeden (fach-)didaktischen Bereich zunächst die folgenden Schritte vollzogen wurden:

1. Analyse der einzelnen Arbeiten des jeweiligen (fach-)didaktischen Bereichs:
    a. Identifikation von Schlüsselbegriffen, die in einem direkten Bezug zu *Kriterien zur Bestimmung des Wesentlichen* stehen (**I. Fragestellung**)
    b. Identifikation von Schlüsselbegriffen, die in einem direkten Bezug zu *Kriterien für die Auswahl eines Exempels* stehen (**II. Fragestellung**)
2. Bestimmung von Kriterien durch die Zusammenführung der Analysen aller Arbeiten des jeweiligen (fach-)didaktischen Bereichs:
    a. Synopse der Schlüsselbegriffe, die in einem direkten Bezug zu *Kriterien zur Bestimmung des Wesentlichen* stehen, zur Ableitung von entsprechenden Kriterien (**I. Fragestellung**)
    b. Synopse der Schlüsselbegriffe, die in einem direkten Bezug zu *Kriterien für die Auswahl eines Exempels* stehen, zur Ableitung von entsprechenden Kriterien (**II. Fragestellung**)

Auf diese Weise wurden *Kriterien zur Bestimmung des Wesentlichen* und *Kriterien für die Auswahl eines Exempels* für jeden (fach-)didaktischen Bereich bestimmt (siehe Anhang C, S. 170 bis Anhang O, S. 204). In dem Prozess wurde deutlich, dass nicht jede der eingeschlossenen Arbeiten zur Beantwortung beider Fragestellungen herangezogen werden konnte. Tabelle 2 auf S. 29 bietet in diesem Zusammenhang einen Überblick.

Die jeweiligen Ergebnisse der (fach-)didaktischen Bereiche wurden im nächsten Schritt miteinander verschränkt, um übergreifende Kriterien in Bezug auf beide Fragestellungen zu extrahieren. Das folgende Kapitel 4.1 (siehe S. 30) stellt die Ergebnisse dieses Prozesses in Bezug auf die *Kriterien zur Bestimmung des Wesentlichen* dar (**I. Fragestellung**). Das sich daran anschließende Kapitel 4.2 (siehe S. 33) ist den Ergebnissen in Bezug auf *Kriterien für die Auswahl eines Exempels* gewidmet (**II. Fragestellung**).

Tabelle 2: Zur Beantwortung der beiden Fragestellungen herangezogene Arbeiten

(Fach-)didaktische Bereiche / Arbeiten	Fragestellung I Welche Kriterien greifen bei der Bestimmung des Wesentlichen eines Gegenstandsbereiches?	Fragestellung II Welche Kriterien können zur Auswahl eines Exempels herangezogen werden?
Allgemeindidaktik Derbolav (1957)	✓	✓
Scheuerl (1958)	✓	✓
Büthe (1968)	✓	✓
Wagenschein (1970a)	✓	✓
Klafki (2007)	✓	✓
Fachdidaktik Biologie Brüggemann (1965)		✓
Memmert (1975)		✓
Kuhn (1975b)		✓
Berck (1996)	✓	
Hiering, Killermann und Starosta (2016)	✓	✓
Berck und Graf (2018)	✓	
Fachdidaktik Deutsch Haerkötter (1966)	✓	✓
Fachdidaktik Ernährung/ Hauswirtschaft Drescher (1980)	✓	✓
Forßbohm und Lau (2015)		✓
Fachdidaktik Geografie Brucker und Hausmann (1972)		✓
Geibert (1980)		✓
Köck (1986c)		✓
Ringel (2000)		✓
Köck und Stonjek (2005)		✓
Köck (2008)	✓	✓
Jahreiß (2008)	✓	✓
Fachdidaktik Geschichte Nitsch (1967)	✓	✓
Fachdidaktik Mathematik Malsch (1965)	✓	✓
Fachdidaktik Musik Alt (1968)		✓
Kaiser und Nolte (1989)		✓
Fachdidaktik Pflege Bäuml-Roßnagl und Bäuml (1981)	✓	✓
Fachdidaktik Physik Köhnlein (1982)	✓	✓
Kircher (2015)	✓	✓
Fachdidaktik Sachunterricht Köhnlein (2012)	✓	✓
Lohrmann, Hartinger und Schwelle (2013)		✓
Fachdidaktik Technik Pukas (1979)	✓	
Pahl (2013)	✓	✓
Fachdidaktik Wirtschaftslehre Sievers (1982)		✓
	20	**31**

4.1 Kriterien zur Bestimmung des Wesentlichen

Mit Ausnahme der Fachdidaktik Musik und der Fachdidaktik Wirtschaftslehre ließen sich in allen 13 (fach-)didaktischen Bereichen Kriterien zur Bestimmung des Wesentlichen gewinnen (vgl. Fragestellung I, S. 26). Dazu trugen insgesamt 20 der 33 eingeschlossenen Arbeiten bei (siehe Tabelle 3 sowie Anhang C bis Anhang O auf S. 170 bis 204).

Die für die jeweiligen (fach-)didaktischen Bereiche eruierten Kriterien zur Bestimmung des Wesentlichen wurden in einem nächsten Schritt in einer übergreifenden Synopse miteinander verschränkt (siehe Tabelle 4, S. 31). Dabei wurden für ähnliche Kriterien Überbegriffe gebildet, die die gemeinsamen Charakteristika widerspiegeln. Dies war insbesondere deswegen notwendig, da einige Kriterien aufgrund ihrer fachdidaktischen Genese sehr spezifisch formuliert waren (z. B. „Aufsatztypen"). Im Ergebnis ließen sich acht Kriterien zur Bestimmung des Wesentlichen extrahieren (siehe Tabelle 4, S. 31 sowie Erläuterungen in Tabelle 5, S. 32), die aufgrund ihrer Fokussierung auf inhaltliche Aspekte im Folgenden in Anlehnung an Schneider und Hamar (2020b, S. 55) als „**inhaltliche Kriterien zur Bestimmung des Wesentlichen**" bezeichnet werden (siehe Abbildung 4). Erwähnenswert ist, dass sich die acht Kriterien jeweils über nahezu das gesamte Spektrum der 13 (fach-)didaktischen Bereiche erstrecken. Eine Ausnahme bildet das Kriterium „7. Analogien", das ausschließlich in zwei (fach-)didaktischen Bereichen diskutiert wird. Unter Bezugnahme auf das qualitative Forschungsparadigma (Flick, 2011, S. 36, 37; Nittel, 2018, S. 690, 691) entschieden die Verfasser der vorliegenden Arbeit, dieses Kriterium dennoch aufrechtzuerhalten, um damit ein möglichst breites Spektrum in Bezug auf die Aspekte des Wesentlichen abzubilden.

Tabelle 3:　Anzahl der Arbeiten aus den (fach-)didaktischen Bereichen, die Erkenntnisse in Hinblick auf die Kriterien zur Bestimmung des Wesentlichen liefern

(Fach-)didaktische Bereiche	Arbeiten
Allgemeindidaktik	5 / 5
Fachdidaktik Biologie	3 / 6
Fachdidaktik Deutsch	1 / 1
Fachdidaktik Ernährung/Hauswirtschaft	1 / 2
Fachdidaktik Geografie	2 / 7
Fachdidaktik Geschichte	1 / 1
Fachdidaktik Mathematik	1 / 1
Fachdidaktik Musik	0 / 2
Fachdidaktik Pflege	1 / 1
Fachdidaktik Physik	2 / 2
Fachdidaktik Sachunterricht	1 / 2
Fachdidaktik Technik	2 / 2
Fachdidaktik Wirtschaftslehre	0 / 1
Gesamt	**20 / 33**

Inhaltliche Kriterien zur Bestimmung des Wesentlichen

1. Typische Arbeitsweisen/Techniken

2. Allgemeine Regeln

3. Typische Phänomene

4. Zentrale Begriffe

5. Prinzipien

6. (Natur-)Gesetzliche Zusammenhänge

7. Analogien

8. Denk-/Verhaltensmodelle

Abbildung 4:　Inhaltliche Kriterien zu Bestimmung des Wesentlichen. Grafik eigene Erstellung

Tabelle 4: Synopse der Rechercheergebnisse zur Gewinnung von Kriterien zur Bestimmung des Wesentlichen (1. Fragestellung)

(Fach-)didaktische Bereiche / Kriterien	Allgemeindidaktik (Anhang C, S. 170)	Fachdidaktik Biologie (Anhang D, S. 176)	Fachdidaktik Deutsch (Anhang E, S. 181)	Fachdidaktik Ernährung/ Hauswirtschaft (Anhang F, S. 182)	Fachdidaktik Geografie (Anhang G, S. 184)	Fachdidaktik Geschichte (Anhang H, S. 191)	Fachdidaktik Mathematik (Anhang I, S. 192)	Fachdidaktik Musik (Anhang J, S. 194)	Fachdidaktik Pflege (Anhang K, S. 196)	Fachdidaktik Physik (Anhang L, S. 197)	Fachdidaktik Sachunterricht (Anhang M, S. 199)	Fachdidaktik Technik (Anhang N, S. 202)	Fachdidaktik Wirtschaftslehre (Anhang O, S. 204)
1. Typische Arbeitsweisen/Techniken	Typische Arbeitsweisen	Anwendung von Denk- und Arbeitsmethoden; Methoden	Aufsatztypen	Kunst und Technik		Beispielhafte Handlungen	Methoden; Verfahren	Es konnten keine Schlüsselbegriffe in Bezug auf die Bestimmung des Wesentlichen identifiziert werden.		Typische Arbeits- und Verfahrensweisen; Repräsentative Erkenntnismethoden; Methodische Struktur		Typische Verfahren und Vorgehensweisen	Es konnten keine Schlüsselbegriffe in Bezug auf die Bestimmung des Wesentlichen identifiziert werden.
2. Allgemeine Regeln	Regeln		Regeln		Regeln				Regeln		Allgemeine Regel	Regeln	
3. Typische Phänomene		Begegnung mit Phänomenen		Phänomene							Typisches Phänomen		
4. Zentrale Begriffe	Begriffe	Begriffe		Grundbegriffe	Begriffe		Begriffe; Begriffsbildung			Begriffliche Struktur	Zentraler Begriff	Grundbegriffe	
5. Prinzipien	Prinzipien						Beweisprinzipien					(Grund-)Prinzipien	
6. (Natur-)Gesetzliche Zusammenhänge	Gesetze; Zusammenhänge	Gesetzlichkeiten			Gesetzliches		Gesetze		Gesetzmäßigkeiten		(natur-)gesetzlicher Zusammenhang	Gesetzmäßigkeiten	
7. Analogien	Analogien			Analogie									
8. Denk-/Verhaltensmodelle	Modelle			Model		Modelle				Metastruktur	Denk-/Verhaltensmodell		

Tabelle 5:   Erläuterungen zu den inhaltlichen Kriterien zur Bestimmung des Wesentlichen. Inhaltlich angelehnt an
              Schneider und Hamar (2020b, S. 55)

1.   Typische Arbeitsweisen/Techniken

Hierbei handelt es sich um charakteristische Vorgehensweisen, die sich aus mehreren Handlungsschritten/Tätigkeiten
zusammensetzen.

2.   Allgemeine Regeln

Hierbei handelt es um Richtlinien, die als verbindlich betrachtet werden und die über Konventionen entstanden sind.
Sie strukturieren das Handeln und dienen dazu, ein einheitliches und adäquates Qualitätsniveau sicherzustellen. Pro-
fessionelles Handeln ist durch die Einhaltung dieser Richtlinien gekennzeichnet.

3.   Typische Phänomene

Hierbei handelt es sich um Ereignisse, Situationen oder Prozesse, mit denen Handelnde typischerweise konfrontiert
werden.

4.   Zentrale Begriffe

Hierbei handelt es sich um typische und für den jeweiligen Kontext mit einer spezifischen Bedeutung versehene Begrifflichkeiten, die eine übergeordnete und damit abstrakte Zusammenfassung mehrerer Aspekte bzw. Einzelaussagen
darstellen.

5.   Prinzipien

Hierbei handelt es sich um allgemeine Grundsätze, auf denen das Handeln basiert. Sie geben die Richtung des Handelns vor und sind dadurch gekennzeichnet, dass sie unabhängig von wechselnden Situationen gelten (Cavada, Krüger
& Schulz, 2003).

6.   (Natur-)Gesetzliche Zusammenhänge

Hierbei handelt es sich im Gegensatz zu „2. Allgemeine Regeln" um ein Konglomerat von Festsetzungen, die in jedem
Lebenskontext eine hohe Verbindlichkeit haben. Verstöße werden sanktioniert bzw. führen unmittelbar zu Konsequenzen. Naturgesetzliche Zusammenhänge werden als Regelmäßigkeiten in der Natur beschrieben.

7.   Analogien

Hierbei handelt es sich um Erkenntnisse, die durch Vergleiche oder das Herausstellen von Ähnlichkeiten zwischen zwei
oder mehreren inhaltlichen Gegenständen gewonnen werden und sich in Form von Relationen ausdrücken lassen
(Haider, 2010, S. 42), z. B.: Das Verhältnis von A zu B im Kontext des inhaltlichen Gegenstands X entspricht dem
Verhältnis von C zu D im Kontext des inhaltlichen Gegenstands Y.

8.   Denk-/Verhaltensmodelle

Hierbei handelt es sich um vereinfachende Abbildungen einer (komplexen) Realität bzw. von Teilausschnitten dieser
(komplexen) Realität. Sie fungieren als theoretischer Bezugsrahmen für das Handeln und dienen damit auch zu dessen
Legitimation.

Nachdem die Fragestellung I (vgl. S. 26) mit der Herleitung der inhaltlichen Kriterien zur
Bestimmung des Wesentlichen beantwortet wurde, steht im folgenden Kapitel die Bearbeitung der Fragestellung II (vgl. S. 26) im Mittelpunkt.

4.2 Kriterien zur Auswahl eines Exempels

Aus allen 13 (fach-)didaktischen Bereichen war es möglich, Kriterien zur Auswahl eines Exempels zu gewinnen (vgl. Fragestellung II, S. 26). Dazu trugen insgesamt 31 der 33 eingeschlossenen Arbeiten bei (siehe Tabelle 6 sowie Anhang C bis Anhang O auf S. 170 bis 204).

Die für die jeweiligen (fach-)didaktischen Bereiche eruierten Kriterien zur Auswahl eines Exempels wurden in einem nächsten Schritt – analog zu dem Vorgehen in Kapitel 4.1 (S. 30) – in einer übergreifenden Synopse miteinander verschränkt (siehe Tabelle 7, S. 34). Dabei wurden für ähnliche Kriterien ebenfalls Überbegriffe gebildet, die die gemeinsamen Charakteristika widerspiegeln. Dies war hier erneut insbesondere deswegen notwendig, da einige Kriterien aufgrund ihrer fachdidaktischen Genese sehr spezifisch formuliert waren (z. B. „Räumliche Streuung"). Im Ergebnis ließen sich fünf Kriterien zur Auswahl eines Exempels extrahieren (siehe Tabelle 7, S. 34, sowie Erläuterungen in Tabelle 8, S. 36), die aufgrund ihrer Fokussierung auf didaktische Aspekte im Folgenden in Anlehnung an Schneider und Hamar (2020b, S. 55) als „**didaktische Kriterien zur Auswahl eines Exempels**" bezeichnet werden (siehe Abbildung 5). Erwähnenswert ist, dass sich die fünf Kriterien jeweils über nahezu das gesamte Spektrum der 13 (fach-)didaktischen Bereiche erstrecken.

Tabelle 6: Anzahl der Arbeiten aus den (fach-)didaktischen Bereichen, die Erkenntnisse in Hinblick auf die Kriterien für die Auswahl eines geeigneten Exempels liefern

(Fach-)didaktische Bereiche	Arbeiten
Allgemeindidaktik	5 / 5
Fachdidaktik Biologie	4 / 6
Fachdidaktik Deutsch	1 / 1
Fachdidaktik Ernährung/Hauswirtschaft	2 / 2
Fachdidaktik Geografie	7 / 7
Fachdidaktik Geschichte	1 / 1
Fachdidaktik Mathematik	1 / 1
Fachdidaktik Musik	2 / 2
Fachdidaktik Pflege	1 / 1
Fachdidaktik Physik	2 / 2
Fachdidaktik Sachunterricht	2 / 2
Fachdidaktik Technik	2 / 2
Fachdidaktik Wirtschaftslehre	1 / 1
Gesamt	31 / 33

Didaktische Kriterien zur Auswahl eines Exempels

1. Zielrelevanz

2. Subjektrelevanz

3. Variationsmöglichkeiten

4. Transferfähigkeit

5. Prägnanz

Abbildung 5: Didaktische Kriterien zu Auswahl eines Exempels. Grafik eigene Erstellung

Tabelle 7:   Synopse der Rechercheergebnisse zur Gewinnung von Kriterien für die Auswahl eines Exempels (II. Fragestellung)

(Fach-)didaktische Bereiche / Kriterien	Allgemeindidaktik (Anhang C, S. 170)	Fachdidaktik Biologie (Anhang D, S. 176)	Fachdidaktik Deutsch (Anhang E, S. 181)	Fachdidaktik Ernährung/Hauswirtschaft (Anhang F, S. 182)	Fachdidaktik Geografie (Anhang G, S. 184)	Fachdidaktik Geschichte (Anhang H, S. 191)	Fachdidaktik Mathematik (Anhang I, S. 192)	Fachdidaktik Musik (Anhang J, S. 194)	Fachdidaktik Pflege (Anhang K, S. 196)	Fachdidaktik Physik (Anhang L, S. 197)	Fachdidaktik Sachunterricht (Anhang M, S. 199)	Fachdidaktik Technik (Anhang N, S. 202)	Fachdidaktik Wirtschaftslehre (Anhang O, S. 204)
1. Zielrelevanz													
	Persönlichkeitsentwicklung												
	Grundfragen der Wissenschaftsbereiche	Bedeutung für das Gesamtsystem			Inhaltlich-kategorialer Aspekt	Wesen der Geschichte		Übergreifende Sinn- und Formstrukturen			Dimensionen des Sachunterrichts	Fachwissenschaftliche Struktur	
	Schlüsselprobleme	Exemplarische Kraft									Zeitkriterium		
		Bedeutsamkeit	Welterhellende Kraft								Bedeutsamkeit	Relevanz	Objektive Bedeutsamkeit
				Qualifikationsanforderungen									Bewältigung beruflicher Anforderungen
				Zielsignifikanz	Zielsignifikanz						Sinnkriterium		
2. Subjektrelevanz													
	Greifbarkeit	Simplifizierbarkeit			Operationalisierbarkeit			Simplifizierbarkeit			Zugänglichkeit	Einfachheit	
	Gegenwartsbedeutung										Subjektive Bedeutsamkeit		Subjektive Bedeutsamkeit
	Zukunftsbedeutung	Subjektorientierung	Subjektbezug	Subjektadäquanz	Subjektadäquanz		Subjektbezug			Subjektorientierung			Subjektbezug
				Situative Voraussetzungen	Anthropologische Eigenschaft			Einsichtigkeit					
							Fruchtbar				Ergiebigkeit		
										Verständnis öffnend			

(Fach-)didaktische Bereiche / Kriterien	Allgemeindidaktik (Anhang C, S. 170)	Fachdidaktik Biologie (Anhang D, S. 176)	Fachdidaktik Deutsch (Anhang E, S. 181)	Fachdidaktik Ernährung/Hauswirtschaft (Anhang F, S. 182)	Fachdidaktik Geografie (Anhang G, S. 184)	Fachdidaktik Geschichte (Anhang H, S. 191)	Fachdidaktik Mathematik (Anhang I, S. 192)	Fachdidaktik Musik (Anhang J, S. 194)	Fachdidaktik Pflege (Anhang K, S. 196)	Fachdidaktik Physik (Anhang L, S. 197)	Fachdidaktik Sachunterricht (Anhang M, S. 199)	Fachdidaktik Technik (Anhang N, S. 202)	Fachdidaktik Wirtschaftslehre (Anhang O, S. 204)
3. Variationsmöglichkeiten	Variierbarkeit									Variationsmöglichkeiten	Variationsmöglichkeiten		
		Repräsentationsformen									Vertikalkriterium		
4. Transferfähigkeit	Transfer	Transferfähigkeit	Transfermöglichkeiten										
	Grundlegendes												
	Aufschließendes				Methodische Ergiebigkeit		Aufschließend						
	Erschließung				Räumliche Streuung						Horizontalkriterium		
					Problemgehalt								
5. Prägnanz	Prägnanz				Merkmalsprägnanz		Prägnant		Charakteristisch	Sichtbarkeit des zu Zeigenden	Deutlichkeit	Prägnanz	
	Repräsentativität	Repräsentanz			Repräsentativität		Repräsentativ	Repräsentatives				Repräsentatives	
	Modellfall						Modellfall		Paradigmatisch				
							Mustergültig						
	Vielschichtig				Wissenschaftsbezug								
				Typisches			Typisch	Typisches	Typisch				
							Ausstrahlend	Klassisches					
								Starker Eindruck				Markante Bildungselemente	

Tabelle 8:   Erläuterungen zu den didaktischen Kriterien zur Auswahl eines Exempels. Inhaltlich angelehnt an Schneider
und Hamar (2020b, S. 55)

Didaktische Kriterien zu Auswahl eines Exempels
1. Zielrelevanz Das Exempel trägt dazu bei, die übergeordnete Zielsetzung der Lernsituation bzw. des Bildungsganges zu erreichen.
2. Subjektrelevanz Das Exempel trägt dazu bei, bei den Lernenden Interesse und Neugier auszulösen, indem es deren Lernkompetenzen ebenso berücksichtigt wie ihre soziokulturellen und ausbildungsspezifischen Bedingungen und Möglichkeiten.
3. Variationsmöglichkeiten Das Exempel trägt dazu bei, den Lernenden ein „vergleichendes Erforschen" (Köhnlein, 2012, S. 127) seiner vielfältigen Erscheinungsformen zu ermöglichen.
4. Transferfähigkeit Das Exempel trägt dazu bei, den ausgewählten Aspekt des Wesentlichen auf viele weitere Situationen zu übertragen.
5. Prägnanz Das Exempel trägt dazu bei, sämtliche Charakteristika des Wesentlichen besonders präzise, greifbar und klar hervortreten zu lassen.

Die Liste der Aspekte, die das Wesentliche charakterisieren, und die Liste der potentiellen Exempel ist prinzipiell nicht abschließbar (Köhnlein, 2012, S. 67). Sowohl die in Kapitel 4.1 (siehe S. 30) eruierten *inhaltlichen Kriterien zur Bestimmung des Wesentlichen* als auch die in diesem Kapitel identifizierten *didaktischen Kriterien zur Auswahl eines Exempels* dienen dazu, bestimmte inhaltliche Entscheidungen zu qualifizieren und sie gegenüber anderen Möglichkeiten abzuwägen. Daher können die Kriterien zwar bei der Auswahl unterstützend wirken, ergeben jedoch keine zwingenden Notwendigkeiten (Köhnlein, 2012, S. 68). Stattdessen sind sie dazu geeignet, argumentative Abwägungen zu strukturieren und die Inhalte hinsichtlich ihrer Relevanz im Kontext des exemplarischen Prinzips zu prüfen.

Die Ausführungen in diesem Kapitel ermöglichen einen ersten Zugriff auf das *erste Desiderat* (siehe S. 19). Dabei ist zu konstatieren, dass der Ursprung der eruierten *inhaltlichen Kriterien zur Bestimmung des Wesentlichen* und der *didaktischen Kriterien zur Auswahl eines Exempels* überwiegend nicht in der Pflegedidaktik liegt. Stattdessen entstammen sie sowohl der Allgemeindidaktik als auch verschiedenen pflegefremden Fachdidaktiken, die vielfach dem allgemeinbildenden und nicht dem berufsbildenden Bereich zuzuordnen sind. Vor diesem Hintergrund gewinnt das *zweite Desiderat* (siehe S. 19) an Bedeutung. Daher werden im folgenden Kapitel die Übertragbarkeit und Anwendbarkeit der Kriterien im Kontext pflegedidaktischen Handelns kritisch überprüft.

5 Anwendung der eruierten Kriterien im pflegedidaktischen Kontext

Die einzelnen Verfahrensschritte, die bei der Anwendung der Rechercheergebnisse (siehe Kapitel 4.1, S. 30 und Kapitel 4.2, S. 33) zu deren Überprüfung im pflegedidaktischen Kontext durchlaufen wurden, sind in Abbildung 6 dargestellt und werden im Folgenden expliziert. Um ergiebige Erkenntnisse aus einer differenzierten Umsetzung des exemplarischen Prinzips zu generieren, entschieden die Verfasser der vorliegenden Arbeit, ausschließlich eine der möglichen Varianten (vgl. Kapitel 2, insbesondere S. 18) zu fokussieren. Die Entscheidung fiel auf die Anwendung des exemplarischen Prinzips im weiteren Sinne in der Umsetzungsvariante „In einem Thema", da diese curriculare Bezüge aufweist, wodurch die Potentiale in Hinblick auf die Reduktion der Stofffülle und die Bildungswirksamkeit am höchsten einzuschätzen sind (Grammes, 2014, S. 249, 255, 256).

Abbildung 6: Vorgehensweise bei der Anwendung der Rechercheergebnisse. Grafik eigene Erstellung

1. Auswahl der Lernsituation(en)

Vor dem Hintergrund der eigenen Expertise fiel die Entscheidung der Verfasser auf die Thematik der pflegerischen Begleitung von Menschen mit Demenz[6]. Diese ist der pflegerischen Kernaufgabe „Beziehungs- und bedürfnisorientiert handeln" zuzuordnen (in Anlehnung an Schneider, Kuckeland & Hatziliadis, 2019, S. 27; Schneider & Hamar, 2020a, S. 35). Daher gestalteten die Verfasser diesen thematischen Strang differenziert aus, indem sie sich an den

„Aspekten zur Komplexitätssteigerung im Verlauf der generalistischen Ausbildung" nach Schneider und Hamar (2020a, S. 30, 31) orientierten und diesem elf Lernsituationen zuordneten (siehe Abbildung 7 auf S. 38). Jede Lernsituation erhielt einen Titel, der den jeweiligen thematischen Schwerpunkt vorgibt, ein Stundenkontingent und wurde zeitlich innerhalb einer curricularen Struktur verortet, die im Ausbildungsverlauf insgesamt zehn Blöcke (vier

---

[6] Frau Hartmann unterrichtet die Thematik seit dem Jahr 2003 und ist weitergebildete Demenzexpertin. Herr Hamar ist Altenpfleger und unterrichtet die Thematik seit dem Jahr 2014. Beide Verfasser haben sich im Rahmen ihres Studiums vertieft mit verschiedenen Facetten des Themas beschäftigt.

im ersten Ausbildungsdrittel und jeweils drei im zweiten und dritten Ausbildungsdrittel) vorsieht. Aus diesem Strang griffen die Verfasser die fünf Lernsituationen heraus, die Menschen mit Demenz fokussieren, um daran die Rechercheergebnisse im Detail anzuwenden.

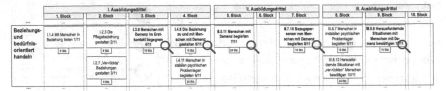

Abbildung 7:   Darstellung des thematischen Stranges „Beziehungs- und bedürfnisorientiert handeln" im Ausbildungsverlauf mit Hervorhebung der Lernsituationen, die Menschen mit Demenz fokussieren. Grafik eigene Erstellung

2. Inhaltsanalyse der Lernsituationen

Im nächsten Schritt war es erforderlich, die Inhalte der fünf ausgewählten Lernsituationen zu eruieren. Daher wurde für jede Lernsituationen eine Inhaltsanalyse durchgeführt, die inhaltlich von dem jeweiligen Titel der Lernsituation geleitet wurde. Alle konkreten Inhalte wurden aus der Literatur abgeleitet und entsprechend belegt. Im Ergebnis entstand pro Lernsituation eine Übersicht, in der die jeweils zugeordne-

ten Inhalte entlang des Pflegeprozesses nach Gordon (1994, zit. nach MDS, 2005, S. 12) gereiht dargestellt wurden (siehe Anhang P, S. 205 bis 241). Auf diese Weise wurde der Forderung nach Handlungsorientierung (Fachkommission, 2020b, S. 10) Rechnung getragen. Die einzelnen konkreten Inhalte wurden entweder anhand eines Kurztextes beschrieben (siehe beispielhaft in Abbildung 8, S. 39) oder in Form der „NNN-Taxonomie" (Doenges, Moorhouse & Murr, 2018, S. 1218), die die Pflegediagnosen nach NANDA-I (2019)[7] mit den Pflegeergebnissen der „Nursing Outcomes Classification" (NOC) nach Moorhead, Swanson, Johnson und Maas (2018) und den Pflegeinterventionen der „Nursing Interventions Classification" (NIC) nach Butcher, Bulechek, Dochterman und Wagner (2018) verschränkt (siehe beispielhaft in Abbildung 9, S. 39). In beiden Fällen wurde für die Inhalte zusätzlich eine zusammenfassende Überschrift in Form eines Kurzsatzes gefunden (beispielhaft grau unterlegt in Abbildung 8 und Abbildung 9 auf S. 39).

---

[7] „NANDA" stand früher für „North American Nursing Diagnosis Association". Heute wird die Abkürzung einem Markennamen gleich verwendet und um ein I, das für „International" steht, erweitert. (NANDA-I, 2019, S. 49)

Mit Bezugspersonen nach Zugängen zu und Ressourcen in der Welt des Menschen mit Demenz suchen
Menschen mit Demenz hängen zunehmend von dem eigenen Gefühl von Sicherheit ab – die damit einhergehende Suche nach Bindung muss von den Bezugspersonen adäquat beantwortet werden. Dazu ist mit den Bezugspersonen nach Zugängen zu und Ressourcen in der Welt des Menschen mit Demenz zu suchen (DNQP, 2018, S. 50).

Abbildung 8: Beispiel für einen Inhalt als Kurztext (entnommen aus der Lernsituation „II.7.10 Bezugspersonen von Menschen mit Demenz begleiten"). Grafik eigene Erstellung

Menschen mit beeinträchtigter verbaler Kommunikationsfähigkeit prozesshaft begleiten		
NANDA-I	NOC	NIC
Beeinträchtigte verbale Kommunikation (00051)	• Kommunikation (0902) • Kommunikation: expressive (0903) • Kommunikation: rezeptive (0904)	• Aktives Zuhören (4920) • Anwesendsein (5340) • Berührung (5460) • Kommunikationsverbesserung: Sprachbehinderung (4976)

Abbildung 9: Beispiel für einen Inhalt in der NNN-Taxonomie (entnommen aus der Lernsituation „I.3.9 Menschen mit Demenz im Erstkontakt begegnen"). Grafik eigene Erstellung

In Tabelle 9 ist ein Ausschnitt der Ergebnisse zur Lernsituation „I.4.8 Die Beziehung zu und mit Menschen mit Demenz gestalten 5/11" abgebildet. Diese Lernsituation ist aus Sicht der Verfasser zur Veranschaulichung der Vorgehensweise im Besonderen geeignet.

Tabelle 9: Darstellung der Inhaltsanalysen zu den ausgewählten Lernsituationen (Ausschnitt)

Schritte des Pflegeprozesses	Ausgewählte Inhalte		
	...		
1. Assessment	**BPSD vor dem Hintergrund der Bindungstheorie einschätzen** (DNQP, 2018, S. 73) Primäre Aufgabe von Bindung zu Bindungspersonen ist es, Sicherheit und Schutz bereitzustellen. Vor diesem Hintergrund nehmen Browne und Shlosberg (2006, S. 137) Bezug auf Miesen (1993, S. 148) und argumentieren, die Bindungstheorie sei ein angemessenes Rahmenmodell, um die (sozial-)emotionale Welt von Menschen mit Demenz zu verstehen, die geprägt ist von Erfahrungen von Verlust, Trennung von Bindungspersonen und Gefühlen der Unsicherheit, und damit von Auslösern für Attachment-Verhalten.		
	Da es sich bei der Demenz um eine chronisch-progrediente Erkrankung handelt, spricht sich Miesen (2006, S. 113) dafür aus, Menschen mit Demenz als Opfer eines chronischen Traumas zu betrachten. Vor diesem Hintergrund lassen sich viele der BPSD von Menschen mit Demenz als Attachment-Verhalten interpretieren.		
	Attachment-Verhalten bei Menschen mit Demenz		
	Kurze, nicht regelmäßige Wort- oder Blickwechsel #	Monitoring (Nachsehen, wo sich jemand aufhält) #	
	Sammeln, Horten oder Verstecken von Besitz ‡	Ausgangspunkt verlassen und wieder zurückgehen #	
	Sich der Bindungsperson zuwenden #	Weinen #	
	Helfen wollen ‡	Häufiges Wiederholen von Fragen ‡	
	Anklammern #	Jemanden kontinuierlich verfolgen #	
	Jemanden herbeiwinken #	Berührungen #	
	Lachen, Lächeln #	Nach jemandem greifen ‡	
	Ständiges Rufen von Namen ‡	„Parent fixation" (z.B. nach Eltern fragen) ‖	
	Inhalte aus: # Miesen (2006, S. 107, 108), ‡ Stuhlmann (2011, S. 85), ‖ Miesen (1992, S. 39)		
	Unter Bezugnahme auf die Bindungstheorie wird deutlich, dass diese Verhaltensweisen aus der Perspektive von Menschen mit Demenz und seiner (sozial-)emotionalen Welt einen tiefen Sinn und Zweck erfüllen. Perren, Schmid, Herrmann und Wettstein (2007, S. 164) konstatieren, dass Menschen mit Demenz Attachment-Verhalten zeigen, um bei Bindungspersonen gewünschtes Verhalten auszulösen, das für sie notwendig ist, um zu überleben. Vor dem Hintergrund dieser Argumentation und der Bindungstheorie werden Pflegende in dem Moment, in dem Menschen mit Demenz Attachment-Verhalten zeigen, zu Bindungspersonen. Damit sind sie in der Pflicht, den geäußerten Bindungsbedürfnisse nachzukommen.		
2. Diagnose/ 3. Planung/ 4. Implementation	**Menschen mit chronischer Verwirrtheit prozesshaft begleiten**		
	Pflegediagnosen (NANDA-I)	Pflegeergebnisse/-ziele (NOC)	Pflegeinterventionen/-maßnahmen (NIC)
	Chronische Verwirrtheit (00129)	• Kognition (0900) • Kognitive Orientierung (0901) • Gedächtnisleistung (0908) • Konzentration (0905) • Informationsverarbeitung (0907) • Identität / „Personal Identity" (1202) • Selbstkontrolle bei Denk-/Wahrnehmungsverzerrung (1403)	• Demenzpflege (6460) • Demenzpflege: Körperpflege (6462) • Emotionale Unterstützung (5270) • Realitätsorientierung (4820) • Validationstherapie (6670)
		...	

An die Identifikation der konkreten Inhalte in den Lernsituationen schloss sich die Anwendung der eruierten inhaltlichen Kriterien zur Bestimmung des Wesentlichen (siehe Kapitel 4.1, S. 30) an. Dieser Schritt ist im Folgenden dargestellt.

3. Anwendung der inhaltlichen Kriterien zur Bestimmung des Wesentlichen

Auf jeden der eruierten Inhalte wurden im nächsten Schritt die *inhaltlichen Kriterien zur Bestimmung des Wesentlichen* angewendet. Anhand dieser Kriterien war es möglich, die Aspekte zu identifizieren, die das Wesentliche in der jeweiligen Lernsituation widerspiegeln. Dabei wurde deutlich, dass pro Inhalt mehrere Kriterien gleichzeitig greifen können, unter denen ihrerseits mehrere Aspekte des Wesentlichen liegen können. In Abbildung 10 wird dies durch ein Beispiel veranschaulicht.

1. Auswahl der Lernsituation(en)
2. Inhaltsanalyse der Lernsituationen
3. Anwendung der inhaltlichen Kriterien zur Bestimmung des Wesentlichen auf die Inhalte der Lernsituationen
4. Analyse der Ergebnisse der Anwendung der inhaltlichen Kriterien zur Bestimmung des Wesentlichen
5. Entscheidung für Aspekte des Wesentlichen
6. Anwendung der didaktischen Kriterien zur Auswahl eines Exempels
7. Entscheidung für Transfermöglichkeiten

	Zutreffende inhaltliche Kriterien zur Bestimmung des Wesentlichen	Identifizierte Aspekte des Wesentlichen
Mit Bezugspersonen nach Zugängen zu und Ressourcen in der Welt des Menschen mit Demenz suchen Menschen mit Demenz hängen zunehmend von dem eigenen Gefühl von Sicherheit ab – die damit einhergehende Suche nach Bindung muss von den Bezugspersonen adäquat beantwortet werden. Dazu ist mit den Bezugspersonen nach Zugängen zu und Ressourcen in der Welt des Menschen mit Demenz zu suchen (DNQP, 2018, S. 50).	1. Typische Arbeitsweisen/Techniken	Beratungsprozesse gestalten
		Soziales Netzwerk einbeziehen
	2. Allgemeine Regeln	Für professionelles Pflegehandeln ist es unabdingbar, partnerschaftlich mit dem zu pflegenden Menschen und seinen Bezugspersonen zu agieren.

Abbildung 10: Beispiel für einen Inhalt, auf den mehrere inhaltliche Kriterien zur Bestimmung des Wesentlichen zutreffen, für die ein oder mehrere Aspekte des Wesentlichen identifiziert werden konnten (entnommen aus der Lernsituation „II.7.10 Bezugspersonen von Menschen mit Demenz begleiten"). Grafik eigene Erstellung

In Tabelle 10 auf S. 41 ist ein Ausschnitt der Ergebnisse der Anwendung der inhaltlichen Kriterien zur Bestimmung des Wesentlichen dargestellt. Wenn ein Aspekt des Wesentlichen eindeutig Erkenntnissen Dritter zuzuordnen ist, dann ist er mit der entsprechenden Literaturquelle belegt (z. B. das Pflegephänomen „Verwirrung" von Käppeli, 2000, S. 73). Die umfangreichen Ergebnisse für alle Lernsituationen können in Anhang P auf S. 205 bis 241 eingesehen werden.

Tabelle 10: Darstellung der identifizierten Aspekte des Wesentlichen nach Anwendung der inhaltlichen Kriterien zur Bestimmung des Wesentlichen (Ausschnitt)

Lernsituation	I.4.8 Beziehungs- und bedürfnisorientiert handeln – Die Beziehung zu und mit Menschen mit Demenz gestalten 5/11	Stunden	16	Ausbildungsdrittel	I	Block	4	Nummer im Block	8

Schritte des Pflegeprozesses	Ausgewählte Inhalte	Zutreffende inhaltliche Kriterien	Identifizierte Aspekte des Wesentlichen
1. Assessment	**BPSD vor dem Hintergrund der Bindungstheorie einschätzen (DNQP, 2018, S. 73)** Primäre Aufgabe von Bindung zu Bindungspersonen ist es, Sicherheit und Schutz bereitzustellen. Vor diesem Hintergrund nehmen Browne und Shlosberg (2006, S. 137) Bezug auf Miesen (1993, S. 148) und argumentieren, die Bindungstheorie sei ein angemessenes Rahmenmodell, um die (sozial-)emotionale Welt von Menschen mit Demenz zu verstehen, die geprägt ist von Erfahrungen von Verlust, Trennung von Bindungspersonen und Gefühlen der Unsicherheit, und damit von Auslösem für Attachment-Verhalten. Da es sich bei der Demenz um eine chronisch-progrediente Erkrankung handelt, spricht sich Miesen (2006, S. 113) dafür aus, Menschen mit Demenz als Opfer eines chronischen Traumas zu betrachten. Vor diesem Hintergrund lassen sich viele der BPSD von Menschen mit Demenz als Attachment-Verhalten interpretieren. **Attachment-Verhalten bei Menschen mit Demenz** Kurze, nicht regelmäßige Wort- oder Blickwechsel # Sammeln, Horten oder Verstecken von Besitz ‡ Sich der Bindungsperson zuwenden # Helfen wollen ‡ Anklammern # Jemanden herbeiwinken # Lachen, Lächeln ‡ Ständiges Rufen von Namen ‡ Monitoring (Nachsehen, wo sich jemand aufhält) # Ausgangspunkt verlassen und wieder zurückgehen # Weinen # Häufiges Wiederholen von Fragen ‡ Jemanden kontinuierlich verfolgen # Berührungen # Nach jemandem greifen ‡ "Parent fixation" (z.B. nach Eltern fragen) ‖ Inhalte aus: # Miesen (2006, S. 107, 108), ‡ Stuhlmann (2011, S. 85), ‖ Miesen (1992, S. 39) Unter Bezugnahme auf die Bindungstheorie wird deutlich, dass diese Verhaltensweisen aus der Perspektive von Menschen mit Demenz und seiner (sozial-)emotionalen Welt einen tiefen Sinn und Zweck erfüllen. Perren et al. (2007, S. 164) konstatieren, dass Menschen mit Demenz Attachment-Verhalten zeigen, um bei Bindungspersonen gewünschtes Verhalten auszulösen, das für sie notwendig ist, um zu überleben. Vor dem Hintergrund dieser Argumentation und der Bindungstheorie werden Pflegende in dem Moment, in dem Menschen mit Demenz Attachment-Verhalten zeigen, zu Bindungspersonen. Damit sind sie in der Pflicht, den geäußerten Bindungsbedürfnisse nachzukommen.	4. Zentrale Begriffe 5. Prinzipien	Bedürfnisorientierung Traumatisierung Bezugswissenschaften als Begründungswissen integrieren Ethisch handeln (Schneider & Hamar, 2020a, S. 35) Sicherheit gewährleisten (Schneider & Hamar, 2020a, S. 35) Wohlbefinden fördern

Lernsituation	I.4.8 Beziehungs- und bedürfnisorientiert handeln – Die Beziehung zu und mit Menschen mit Demenz gestalten 5/11		Stunden	16	Ausbildungsdrittel	I	Block	4	Nummer im Block	8
Schritte des Pflegeprozesses	**Ausgewählte Inhalte**		**Zutreffende inhaltliche Kriterien**			**Identifizierte Aspekte des Wesentlichen**				
2. Diagnose / 3. Planung / 4. Implementation	**Menschen mit chronischer Verwirrtheit prozesshaft begleiten**									

Schritte des Pflegeprozesses	Pflegediagnosen (NANDA-I)	Pflegeergebnisse-ziele (NOC)	Pflegeinterventionen/-maßnahmen (NIC)	Zutreffende inhaltliche Kriterien	Identifizierte Aspekte des Wesentlichen
2. Diagnose / 3. Planung / 4. Implementation	Chronische Verwirrtheit (00129) (NANDA-I, 2019, S. 307)	• Kognition (0900) (Moorhead, Johnson, Maas & Swanson, 2013, S. 445, 446; Moorhead et al., 2018, S. 157) *(Skala a [stark gefährdet-nicht gefährdet]/01 [severely compromised-not compromised])* • Kognitive Orientierung (0901) (Moorhead et al., 2013, S. 447, 448; Moorhead et al., 2018, S. 158) *(Skala a [stark gefährdet-nicht gefährdet]/01 [severely compromised-not compromised])* • Gedächtnisleistung (0908) (Moorhead et al., 2013, S. 458; Moorhead et al., 2018, S. 371) *(Skala a [stark gefährdet-nicht gefährdet]/01 [severely compromised-not compromised])* • Konzentration (0905) (Moorhead et al., 2013, S. 452, 453; Moorhead et al., 2018, S. 187) *(Skala a [stark gefährdet-nicht gefährdet]/01 [severely compromised-not compromised])* • Informationsverarbeitung (0907) (Moorhead et al., 2013, S. 456, 457; Moorhead et al., 2018, S. 275) *(Skala a [stark gefährdet-nicht gefährdet]/01 [severely compromised-not compromised])* • Identität / „Personal Identity" (1202) (Moorhead et al., 2013, S. 549, 550; Moorhead et al., 2018, S. 421, 422) *(Skala m [nie demonstriert-ständig demonstriert]/13 [never demonstrated-consistently demonstrated])* • Selbstkontrolle bei Denk-/Wahrnehmungsverzerrung (1403) (Moorhead et al., 2013, S. 599, 600; Moorhead et al., 2018, S. 203, 204) *(Skala m [nie demonstriert-ständig demonstriert]/13 [never demonstrated-consistently demonstrated])*	• Demenzpflege (6460) (Bulechek, Butcher, Dochterman & Wagner, 2016, S. 280, 281; Butcher et al., 2018, S. 132, 133) • Demenzpflege: Körperpflege (6462) (Bulechek et al., 2016, S. 282, 283; Butcher et al., 2018, S. 133, 134) • Emotionale Unterstützung (5270) (Bulechek et al., 2016, S. 359, 360; Butcher et al., 2018, S. 164) • Realitätsorientierung (4820) (Bulechek et al., 2016, S. 646, 647; Butcher et al., 2018, S. 319, 320) • Validationstherapie (6670) (Bulechek et al., 2016, S. 791; Butcher et al., 2018, S. 410)	1. Typische Arbeitsweisen/Techniken	Adressatengerecht kommunizieren Bei der Körperpflege unterstützen (Schneider & Hamar, 2020a, S. 35) Bewusstsein stimulieren Herausfordernde Situationen bewältigen Kriteriengeleitet Einschätzungen vornehmen Menschen in Krisen begleiten Menschen mit kognitiven Veränderungen begleiten Orientierung fördern Pflegediagnosen stellen Pflege prozesshaft gestalten (Schneider & Hamar, 2020a, S. 35) Pflegewissenschaftlich fundiert handeln
				2. Allgemeine Regeln	Wenn Pflegende partnerschaftlich mit dem zu pflegenden Menschen und seinen Bezugspersonen agieren, dann ist Pflegehandeln professionell
				3. Typische Phänomene	Verhaltensmuster Kognition und Perzeption (Gordon, 2001, S. 143, 144, 189) Verwirrung (Kappeli, 2000, S. 73)
				4. Zentrale Begriffe	Kognition Problemfokussierte Pflegediagnose (NANDA-I, 2019, S. 173)
				5. Prinzipien	Bedürfnisorientiert handeln Bewältigungsprozesse fördern Biografieorientiert handeln Lebensweltorientiert handeln Pflegekonzepte integrieren (Schneider & Hamar, 2020a, S. 35) Ressourcenorientiert handeln Sich am zu pflegenden Menschen orientieren Sicherheit gewährleisten (Schneider & Hamar, 2020a, S. 35) Wohlbefinden fördern
				8. Denk-/Verhaltensmodelle	Phänomene quantifizieren

Nachdem die Aspekte des Wesentlichen in den einzelnen Lernsituationen bestimmt wurden, schloss sich im Folgenden die Analyse der Ergebnisse an.

4. Analyse der Ergebnisse der Anwendung der inhaltlichen Kriterien zur Bestimmung des Wesentlichen

Die Analyse der Ergebnisse diente dazu, die in Kapitel 4.1 (siehe S. 30) eruierten Kriterien auf ihre Praktikabilität im pflegedidaktischen Kontext zu überprüfen. Dazu wurde zunächst die Häufigkeit bestimmt, mit der die *inhaltlichen Kriterien zur Bestimmung des Wesentlichen* in den einzelnen Lernsituationen zum Tragen gekommen sind. Dies ist in Tabelle 11 dargestellt.

1.	Auswahl der Lernsituation(en)
2.	Inhaltsanalyse der Lernsituationen
3.	Anwendung der inhaltlichen Kriterien zur Bestimmung des Wesentlichen auf die Inhalte der Lernsituationen
4.	Analyse der Ergebnisse der Anwendung der inhaltlichen Kriterien zur Bestimmung des Wesentlichen
5.	Entscheidung für Aspekte des Wesentlichen
6.	Anwendung der didaktischen Kriterien zur Auswahl eines Exempels
7.	Entscheidung für Transfermöglichkeiten

Tabelle 11: Häufigkeitsverteilung der inhaltlichen Kriterien zur Bestimmung des Wesentlichen in den ausgewählten Lernsituationen

Ausgewählte Lernsituationen des Stranges „Beziehungs- und bedürfnisorientiert handeln" / Inhaltliche Kriterien zur Bestimmung des Wesentlichen	I. Ausbildungsdrittel		II. Ausbildungsdrittel		III. Ausbildungsdrittel	Gesamt
	I.3.9 Beziehungs- und bedürfnisorientiert handeln – Menschen mit Demenz im Erstkontakt begegnen 4/11	I.4.8 Beziehungs- und bedürfnisorientiert handeln – Die Beziehung zu und mit Menschen mit Demenz gestalten 5/11	II.5.11 Beziehungs- und bedürfnisorientiert handeln – Menschen mit Demenz begleiten 7/11	II.7.10 Beziehungs- und bedürfnisorientiert handeln – Bezugspersonen von Menschen mit Demenz begleiten 8/11	III.9.9 Beziehungs- und bedürfnisorientiert handeln – Herausfordernde Situationen mit Menschen mit Demenz bewältigen 11/11	
	16 Stunden	16 Stunden	24 Stunden	16 Stunden	16 Stunden	
1. Typische Arbeitsweisen/Techniken	19	26	33	17	31	126
2. Allgemeine Regeln		5		11		16
3. Typische Phänomene	9	6	7	19	4	45
4. Zentrale Begriffe	6	12	15	9	4	46
5. Prinzipien	15	45	53	7	23	143
6. (Natur-)Gesetzliche Zusammenhänge			6	3	1	10
7. Analogien	1	1	1	1		4
8. Denk-/Verhaltensmodelle	2	3	4	2	3	14
Summen	52	98	119	69	66	404

Die Auswertung zeigt, dass alle inhaltlichen Kriterien zur Bestimmung des Wesentlichen in den verschiedenen Lernsituationen mit unterschiedlichen Häufigkeiten zum Tragen kommen. Dies könnte sowohl in der thematischen Ausrichtung der einzelnen Lernsituationen (bestimmte thematische Ausrichtungen sind inhaltlich ergiebiger als andere), als auch in dem jeweils zur Verfügung stehenden Stundenkontingent begründet liegen. Unabhängig davon wird ersichtlich, dass die *inhaltlichen Kriterien zur Bestimmung des Wesentlichen* in jeder Lernsituation eine Vielzahl von Ansatzpunkten (zwischen 52 und 119) für das exemplarische Prinzip offenbaren. Darüber hinaus wird aus Tabelle 11 weiterhin deutlich, dass Prinzipien (5.) und Typische Arbeitsweisen/Techniken (1.) überwiegen. Dies überrascht nicht, da professionelle Pflege als

Legende	++ außerordentlich	+ ziemlich	o mittelmäßig	- kaum

„praktische Kunstfertigkeit" (Orem, 1997, S. 7) gilt und das pflegerische Handeln in jeweils „einzigartig[en] und einmalig[en]" (Cavada et al., 2003, S. 52) Situationen stets flexibel und von Prinzipien gesteuert sein muss. Bemerkenswert ist weiterhin, dass sowohl (Natur-)Gesetzliche Zusammenhänge (6.) als auch Analogien (7.) deutlich seltener zum Tragen kommen. Dies könnte darauf zurückzuführen sein, dass im pflegedidaktischen Diskurs naturwissenschaftliches Wissen als Begründungswissen angesehen wird, das punktuell und situativ im pflegerischen Handeln benötigt wird (Schneider, 2005, S. 23, 24). Naturwissenschaftlichem Wissen, und hier insbesondere medizinischem Wissen, wird nicht mehr der zentrale Stellenwert zugesprochen, jedoch ohne dabei seine Bedeutung zu vernachlässigen (Fachkommission, 2020b, S. 23). Dies wird dadurch untermauert, dass die identifizierten Aspekte des Wesentlichen zum überwiegenden Anteil der Pflegewissenschaft und den Geisteswissenschaften zuzuordnen sind, und lediglich zu einem sehr geringen Anteil den Naturwissenschaften entspringt (siehe dazu Anhang Q, S. 243).

Aus den genannten Gründen erscheinen die eruierten *inhaltlichen Kriterien zur Bestimmung des Wesentlichen* für einen Zugriff im pflegedidaktischen Kontext als geeignet. Aufgrund der hohen Anzahl von insgesamt 404 Aspekten des Wesentlichen (vgl. Tabelle 11, S. 43) war es erforderlich, im nächsten Schritt eine Auswahlentscheidung zu treffen.

5. Entscheidung für Aspekte des Wesentlichen
Zunächst wurde für alle Aspekte des Wesentlichen die Häufigkeit bestimmt, mit der diese in den einzelnen Lernsituationen zum Tragen kommen. Dies ist in Tabelle 12 ausschnittsweise veranschaulicht. Die umfassende Übersicht kann in Anhang R auf S. 247 eingesehen werden.

1. Auswahl der Lernsituation(en)
2. Inhaltsanalyse der Lernsituationen
3. Anwendung der inhaltlichen Kriterien zur Bestimmung des Wesentlichen auf die Inhalte der Lernsituationen
4. Analyse der Ergebnisse der Anwendung der inhaltlichen Kriterien zur Bestimmung des Wesentlichen
5. Entscheidung für Aspekte des Wesentlichen
6. Anwendung der didaktischen Kriterien zur Auswahl eines Exempels
7. Entscheidung für Transfermöglichkeiten

Tabelle 12:   Häufigkeit, mit der die identifizierten Aspekte des Wesentlichen in den einzelnen Lernsituationen zum Tragen kommen (Ausschnitt)

Inhaltliche Kriterien zur Bestimmung des Wesentlichen	Identifizierte Aspekte des Wesentlichen	I. Ausbildungsdrittel		II. Ausbildungsdrittel		III. Ausbildungsdrittel	Gesamt
		3. Block	4. Block	5. Block	7. Block	9. Block	
		I.3.9 Beziehungs- und bedürfnisorientiert handeln -Menschen mit Demenz im Erstkontakt begegnen 4/11	I.4.8 Beziehungs- und bedürfnisorientiert handeln - Die Beziehung zu und mit Menschen mit Demenz gestalten 5/11	II.5.11 Beziehungs- und bedürfnisorientiert handeln - Menschen mit Demenz begleiten 7/11	II.7.10 Beziehungs- und bedürfnisorientiert handeln - Bezugspersonen von Menschen mit Demenz begleiten 8/11	III.9.9 Beziehungs- und bedürfnisorientiert handeln - Herausfordernde Situationen mit Menschen mit Demenz bewältigen 11/11	
1. Typische Arbeitsweisen/ Techniken	Adressatengerecht kommunizieren	1	1	2		1	5
	Bei der Ausscheidung unterstützen				1		1
	Bei der Kommunikation unterstützen	2					2
...							

Legende	++ außerordentlich	+ ziemlich	o mittelmäßig	- kaum

Da die Grundvoraussetzung für die Umsetzung des exemplarischen Prinzips das Vorliegen „einer Klasse von Lehrinhalten mit strukturidentischen Merkmalen" (Michelsen & Binstadt, 1987, S. 493) ist, wurde im nächsten Schritt geprüft, in wie vielen Lernsituationen die einzelnen Aspekte des Wesentlichen Gegenstand sind. Dies ist in Tabelle 13 ausschnittsweise dargestellt. Die umfassende Übersicht kann in Anhang S auf S. 252 eingesehen werden.

Tabelle 13: Anzahl der Lernsituationen, in denen die identifizierten Aspekte des Wesentlichen zum Tragen kommen (Ausschnitt)

Ausgewählte Lernsituationen		Anzahl der Lernsituationen	I. Ausbildungsdrittel		II. Ausbildungsdrittel		III. Ausbildungsdrittel
			3. Block	4. Block	5. Block	7. Block	9. Block
Identifizierte Aspekte des Wesentlichen			I.3.9 Beziehungs- und bedürfnisorientiert handeln - Menschen mit Demenz im Erstkontakt begegnen 4/11	I.4.8 Beziehungs- und bedürfnisorientiert handeln - Die Beziehung zu und mit Menschen mit Demenz gestalten 5/11	II.5.11 Beziehungs- und bedürfnisorientiert handeln - Menschen mit Demenz begleiten 7/11	II.7.10 Beziehungs- und bedürfnisorientiert handeln - Bezugspersonen von Menschen mit Demenz begleiten 8/11	III.9.9 Beziehungs- und bedürfnisorientiert handeln - Herausfordernde Situationen mit Menschen mit Demenz bewältigen 11/11
Kriteriengeleitet Einschätzungen vornehmen	1. Typische Arbeitsweisen/Techniken	5	✓	✓	✓	✓	✓
Pflegediagnosen stellen			✓	✓	✓	✓	✓
Pflege prozesshaft gestalten			✓	✓	✓	✓	✓
Pflegewissenschaftlich fundiert handeln			✓	✓	✓	✓	✓
Problemfokussierte Pflegediagnose	4. Zentrale Begriffe		✓	✓	✓	✓	✓
Sicherheit gewährleisten	5. Prinzipien		✓	✓	✓	✓	✓
Phänomene quantifizieren	8. Denk-/Verhaltensmodelle		✓	✓	✓	✓	✓
...							
Ressourcenorientiert handeln	5. Prinzipien	4	✓	✓	✓		✓
...							
Herausforderndes Verhalten	3. Typische Phänomene	3	✓			✓	✓
...							
Wenn Pflegende partnerschaftlich mit dem zu pflegenden Menschen und seinen Bezugspersonen agieren, dann ist Pflegehandeln professionell	2. Allgemeine Regeln	2		✓		✓	
...							
(Pflege-)Qualität	4. Zentrale Begriffe	1		✓			
...							

Grundsätzlich ist es möglich, für die Umsetzung des exemplarischen Prinzips im weiteren Sinne auf alle Aspekte des Wesentlichen zurückzugreifen, die in mehr als einer Lernsituation zum Tragen kommen. Im vorliegenden Fall erfüllen diesen Anspruch insgesamt 41 Aspekte des Wesentlichen. Da es weder realistisch noch zielführend ist, alle 41 Möglichkeiten umzusetzen, ist es notwendig, eine Auswahl zu treffen. Für diesen Auswahlprozess können aus Sicht der Verfasser die in Tabelle 14 (siehe S. 46) dargestellten Kriterien hilfreich sein.

Legende	++ außerordentlich	+ ziemlich	o mittelmäßig	- kaum

Tabelle 14: Mögliche Kriterien zur Auswahl eines Aspektes des Wesentlichen

	Ausgewählte Fragen zur Entscheidungsfindung	Erläuterungen
1. Inhaltliche Ebene	1.1 Wie häufig kommt der Aspekt des Wesentlichen in dem Thema vor?	Ein Aspekt des Wesentlichen, der in vielen Lernsituationen des Themas zum Tragen kommt, hat ein hohes Transferpotential und bietet gleichzeitig vielfältige Potentiale zur Reduktion von Stofffülle. Darüber hinaus ergibt sich in den verschiedenen Lernsituationen eine große Bandbreite an möglichen Exempeln.
	1.2 Wie affin ist der Aspekt des Wesentlichen zu dem Thema?	Ein Aspekt des Wesentlichen, der eine hohe Affinität zum Thema aufweist, spiegelt dessen Kern im Besonderen wider. Damit geht einerseits ein hohes Transferpotential einher. Andererseits wird für die Lernenden nachvollziehbar(er), warum gerade dieser Aspekt des Wesentlichen vertieft im Unterricht bearbeitet wird.
	...	
2. Gesetzliche Ebene	2.1 Welchen Stellenwert hat der Aspekt des Wesentlichen im Hinblick auf die Vorgaben der Ausbildungs- und Prüfungsverordnung?	Wenn sich ein Aspekt des Wesentlichen über die zugrundeliegende Ausbildungs- und Prüfungsverordnung bzw. über die Rahmenrichtlinien legitimieren lässt (z. B. durch die Kompetenzen, die in der PflAPrV hinterlegt sind oder die Curricularen Einheiten, die in den Rahmenlehrplänen für den theoretischen und praktischen Unterricht in der Pflegeausbildung vorgesehen sind), dann ist er im Besonderen zur vertieften Bearbeitung geeignet. Darüber hinaus ist davon auszugehen, dass eine große Bandbreite an möglichen Exempeln gefunden werden kann.
	2.2 Welchen Stellenwert hat der Aspekt des Wesentlichen im Hinblick auf die Rahmenrichtlinien?	
	...	
3. Subjektive Ebene	3.1 Wie ausgeprägt ist die fachliche Expertise der Lehrenden in Bezug auf den Aspekt des Wesentlichen?	Für die Umsetzung des exemplarischen Prinzips ist eine differenzierte Inhaltsanalyse des Aspektes des Wesentlichen erforderlich. Dies zeigt im Besonderen die in diesem Kapitel vorgestellte beispielhafte Anwendung der eruierten Kriterien.
	3.2 Welche Bedarfe haben die Lernenden geäußert?	Wenn der Aspekt des Wesentlichen an den Erkenntnissen und Erlebnissen der Lernenden aus der praktischen Ausbildung oder ihrer Lebenswelt orientiert, wird an individuellen Lerninteressen angeknüpft. Dadurch steigt einerseits die Motivation der Lernenden und andererseits das Transferpotential.
	...	
4. Organisatorische Ebene	4.1 Wann werden die Lernsituationen, in denen der Aspekt des Wesentlichen vorkommt, unterrichtet?	Je geringer der Zeitabstand zwischen den einzelnen Lernsituationen ist, die den Aspekt des Wesentlichen enthalten, desto höher ist das Transferpotential.
	4.2 Welche Möglichkeiten bieten die organisatorischen Rahmenbedingungen vor Ort in Bezug auf den Aspekt des Wesentlichen?	Wenn die Rahmenbedingungen vor Ort vielfältige Möglichkeiten zur (Weiter-)Verarbeitung des Aspektes des Wesentlichen bieten (z. B. Skills Lab, Zeitpunkte und Schwerpunkte der praktischen Einsätze), desto höher ist das Transferpotential.
	...	

Die Verfasser entschieden, zugunsten einer vielschichtigen und tiefgehenden Bearbeitung auf die Auswahl von mehreren Aspekten des Wesentlichen zu verzichten. Stattdessen fokussierten sie ausschließlich den Aspekt des Wesentlichen „**Sicherheit gewährleisten**" (5. Prinzipien), um durch dessen differenzierte Bearbeitung in den weiteren Schritten Erkenntnisse in Bezug auf die Entwicklung des Handlungsleitfadens abzuleiten. Die Entscheidung fiel auf das Prinzip „Sicherheit gewährleisten", da ...

- es in allen fünf Lernsituationen vorkommt (1.1),
- es hochgradig affin zur Begleitung von Menschen mit Demenz ist (1.2),
- es explizit in der Curricularen Einheit 11 ausgewiesen ist (Fachkommission, 2020b, S. 186) (2.2),
- die Verfasser dazu eine hohe fachlichen Expertise besitzen (3.1) und
- die Lernenden Menschen mit Demenz in allen Versorgungsbereichen und Settings begegnen und ihnen bereits im Erleben Sicherheit geben müssen (3.2).

Legende	++ außerordentlich	+ ziemlich	o mittelmäßig	- kaum

Nachdem ein Aspekt des Wesentlichen ausgewählt wurde, erfolgte die Anwendung der didaktischen Kriterien zur Auswahl eines Exempels (siehe Kapitel 4.2, S. 33). Dies ist im Folgenden dargestellt.

Legende   ++ außerordentlich   + ziemlich   o mittelmäßig   - kaum

6. Anwendung der didaktischen Kriterien zur Auswahl eines Exempels

Um die Anwendung der *didaktischen Kriterien zur Auswahl eines Exempels* vorzubereiten, wurden zunächst alle potentiellen Exempel identifiziert. Dazu wurden die 16 in den Inhaltsanalysen eruierten Inhalte, denen der Aspekt des Wesentlichen „Sicherheit gewährleisten" (5. Prinzipien) zugeordnet worden war (vgl. Schritt 3, S. 40), nach den jeweiligen Lernsituationen sortiert aufgelistet (siehe Tabelle 15).

1. Auswahl der Lernsituation(en)
2. Inhaltsanalyse der Lernsituationen
3. Anwendung der inhaltlichen Kriterien zur Bestimmung des Wesentlichen auf die Inhalte der Lernsituationen
4. Analyse der Ergebnisse der Anwendung der inhaltlichen Kriterien zur Bestimmung des Wesentlichen
5. Entscheidung für Aspekte des Wesentlichen
6. Anwendung der didaktischen Kriterien zur Auswahl eines Exempels
7. Entscheidung für Transfermöglichkeiten

Tabelle 15:   Potentielle Exempel für den Aspekt des Wesentlichen „Sicherheit gewährleisten"

Aspekt des Wesentlichen	Sicherheit gewährleisten (5. Prinzipien)
Anzahl der Lernsituationen, in denen der Aspekt des Wesentlichen zum Tragen kommt	5 von 5 Lernsituationen
Häufigkeit, mit der der Aspekt des Wesentlichen im thematischen Strang vorkommt	16

Ausbildungsdrittel	Blöcke	Lernsituationen	Potentielle Exempel
I.	3.	I.3.9 Menschen mit Demenz im Erstkontakt begegnen 4/11	Menschen mit beeinträchtigter verbaler Kommunikationsfähigkeit prozesshaft begleiten (vgl. S. 206)
			Menschen mit beeinträchtigter Gedächtnisleistung prozesshaft begleiten (vgl. S. 207)
			Die drei A für den Auftakt: Ansprechen mit dem Namen – Ansehen – Atmen (vgl. S. 208)
			Kommunikationsregeln mit Menschen mit Demenz (vgl. S. 208)
	4.	I.4.8 Die Beziehung zu und mit Menschen mit Demenz gestalten 5/11	BPSD vor dem Hintergrund der Bindungstheorie einschätzen (vgl. S. 211)
			Menschen mit chronischer Verwirrtheit prozesshaft begleiten (vgl. S. 212)
			Menschen mit Angst prozesshaft begleiten (vgl. S. 214)
II.	5.	II.5.11 Menschen mit Demenz begleiten 7/11	Auswirkungen von Demenz auf die Lebensgestaltung (vgl. S. 218)
			Menschen mit abnehmender Fähigkeit, sich vor Gefahren zu schützen prozesshaft begleiten (vgl. S. 218)
			Menschen mit Relokalisationsstresssyndrom prozesshaft begleiten (vgl. S. 219)
			Menschen mit dem Risiko eines Relokalisationsstresssyndroms prozesshaft begleiten (vgl. S. 220)
			Snoezelen (vgl. S. 223)
			Umwelt- und Umgebungsgestaltung in der Pflege von Menschen mit Demenz (vgl. S. 224)
	7.	II.7.10 Bezugspersonen von Menschen mit Demenz begleiten 8/11	Pflegende Bezugspersonen mit Rollenüberlastung prozesshaft begleiten (vgl. S. 231)
III.	9.	III.9.9 Herausfordernde Situationen mit Menschen mit Demenz bewältigen 11/11	Menschen mit Hinlauftendenz prozesshaft begleiten (vgl. S. 238)
			Menschen mit labiler emotionaler Kontrolle prozesshaft begleiten (vgl. S. 238)

Daran anschließend wurden alle potentiellen Exempel anhand der *didaktischen Kriterien zur Auswahl eines Exempels* auf ihre Eignung hin geprüft. Dazu fertigten die Verfasser qualitative Beschreibungen für jedes der fünf Kriterien in Bezug auf jedes potentielle Exempel an. Dies ist beispielhaft in Tabelle 16 auf Seite 49 abgebildet.

Legende	++ außerordentlich	+ ziemlich	o mittelmäßig	- kaum

Tabelle 16: Beispielhafte qualitative Beschreibungen der didaktischen Kriterien zur Auswahl eines Exempels für den ausgewählten Inhalt „Menschen mit beeinträchtigter Gedächtnisleistung prozesshaft begleiten"

Aspekt des Wesentlichen:	Sicherheit gewährleisten (5. Prinzipien)	Thematischer Strang:	Beziehungs- und bedürfnisorientiert handeln		
Ausgewählter Inhalt:	Menschen mit beeinträchtigter Gedächtnisleistung prozesshaft begleiten (vgl. S. 207)	Lernsituation:	I.3.9 Menschen mit Demenz im Erstkontakt begegnen 4/11		
		Ausbildungsdrittel:	I	Block: 3	Nummer im Block: 9

Didaktische Kriterien	Begründungen
1. Zielrelevanz	Menschen mit beeinträchtigter Gedächtnisleistung sind unter anderem durch eine andauernde Vergesslichkeit und anhaltende Einschränkungen der Fähigkeiten, bereits Gelerntes auszuführen bzw. Neues zu erlernen, gekennzeichnet. Dies zeigt sich vor allem in Schwierigkeiten, neue Informationen im Gedächtnis zu behalten und sich an Bekanntes bzw. an bereits durchgeführte Handlungen zu erinnern respektive deren Abläufe abrufen zu können (NANDA-I, 2019, S. 304). Dies ist im besonderen Maße typisch für Menschen mit Demenz (Schaub & Freyberger, 2017, S. 88). Dieses Krankheitsbild bzw. -syndrom findet als einziges Krankheitsbild bzw. -syndrom explizite Erwähnung in den Kompetenzbereichen, -schwerpunkten und Kompetenzen, die in den Anlagen 1 bis 5 der PflAPrV festgeschrieben und damit für die Ausbildung in den Pflegeberufen maßgeblich sind. Aus diesem Grund ist die Zielrelevanz des ausgewählten Inhaltes im Hinblick auf die Zielsetzung des Bildungsganges zur Pflegefachfrau/zum Pflegefachmann (vgl. auch § 5 Abs. PflBG sowie § 1 Abs. 1 PflAPrV) als **sehr hoch** einzustufen.
2. Subjektrelevanz	Die Lernenden befinden sich zu dem Zeitpunkt, an dem der ausgewählte Inhalt im Unterricht zum Gegenstand wird, im dritten Ausbildungsblock. Sie haben demnach in jedem Fall den Orientierungseinsatz und voraussichtlich bereits einen Teil des ersten Pflichteinsatzes (vgl. Anlage 7 der PflAPrV) absolviert. Es kann daher antizipiert werden, dass der überwiegende Anteil der Lernenden in mindestens zwei verschiedenen Versorgungsbereichen eingesetzt war. Menschen mit Demenz, und damit Menschen mit beeinträchtigter Gedächtnisleistung, werden zu steigenden Anteilen in allen Versorgungsbereichen gepflegt. Daher ist davon auszugehen, dass die Lernenden bereits im Rahmen ihrer Ausbildung (und ggf. im privaten Kontext) mit Menschen mit beeinträchtigter Gedächtnisleistung konfrontiert wurden und daher ein Lerninteresse ausgebildet haben. Aus diesem Grund ist die Subjektrelevanz des ausgewählten Inhalts als **hoch** einzustufen.
3. Variationsmöglichkeiten	Die dem ausgewählten Inhalt zugrunde liegende Pflegediagnose (Beeinträchtigte Gedächtnisleistung, 00131) weist mit insgesamt elf bestimmenden Merkmalen ein hohes Variationspotential auf (NANDA-I, 2019, S. 304). Zudem sind die zwei zugeordneten Interventionen, Gedächtnistraining (4760) und Realitätsorientierung (4820), mit 16 respektive 34 Teilinterventionen (Bulechek et al., 2016, S. 427, 646, 647; Butcher et al., 2018, S. 262, 319, 320) ebenfalls durch ein hohes Variationspotential charakterisiert. Aus diesen Gründen sind die Variationsmöglichkeiten des ausgewählten Inhalts als **sehr hoch** einzustufen.
4. Transferfähigkeit	Der ausgewählte Inhalt ist in Bezug auf beziehungs- und bedürfnisorientiertes (Pflege-)Handeln, insbesondere im Kontext der Versorgung von Menschen mit Demenz, elementar. Die Beeinträchtigungen des Gedächtnisses und der professionelle pflegerische Umgang damit sind bestimmend für alle Facetten der Versorgung dieser Population. Damit ist „Menschen mit beeinträchtigter Gedächtnisleistung begleiten" von aufschließendem Charakter für die Begleitung von Menschen mit Demenz und ist daher im Besonderen dazu geeignet, das Verständnis der Lernenden zu eröffnen. Darüber hinaus ist der ausgewählte Inhalt in der ersten von insgesamt fünf Lernsituationen zur Begleitung von Menschen mit Demenz angesiedelt, sodass viele Transfermöglichkeiten in verschiedene Lernsituationen bestehen. Aus diesen Gründen ist die Transferfähigkeit des ausgewählten Inhalts als **sehr hoch** einzustufen.
5. Prägnanz	Menschen mit einer beeinträchtigten Gedächtnisleistung erleben den Alltag als verunsichernd und fremd. Ihr Handeln ist dadurch bestimmt, diesen Verlust von Sicherheit auszugleichen (Miesen, 1999, S. 58, 59), was ihnen jedoch nicht oder nur in Teilen gelingt bzw. gelingen kann. Grundlegend für jedes professionelle pflegerische Handeln im Zusammenhang mit Menschen mit beeinträchtigter Gedächtnisleistung ist daher, das Streben nach Sicherheit sowohl auf physischer als auch psychischer und sozial-emotionaler Ebene, zu unterstützen und zu fördern. Aus diesem Grund ist die Prägnanz des ausgewählten Inhalts als **sehr hoch** einzustufen.

Schnell wurde bei dieser Bearbeitung deutlich, dass qualitative Beschreibungen für jedes der 16 potentiellen Exempel aufgrund des großen Umfanges nicht zielführend sind (insgesamt wären 80 qualitative Beschreibungen erforderlich[8]). Um den im Kontext der

---

[8] Für jedes der 16 potentiellen Exempel wären jeweils fünf Kriterien qualitativ zu beschreiben.

Legende	++ außerordentlich	+ ziemlich	o mittelmäßig	- kaum

Anwendung der *didaktischen Kriterien zur Auswahl eines Exempels* erforderlichen argumentativen Abwägungsprozess dennoch zu strukturieren und zu systematisieren, entschieden die Verfasser, in einem weiteren Zugriff eine verbale Rating-Skala anzuwenden. Mit Hilfe einer solchen Rating-Skala lassen sich die Ausprägungen der Kriterien anhand einer Anzahl eindeutig angeordneter Kategorien strukturiert und zeiteffizient erfassen (Döring & Bortz, 2016, S. 245). Um die Äquidistanz zwischen den Kategorien zu gewährleisten, wurde auf eine etablierte verbale Skala zur Messung von Intensität zurückgegriffen (Greving, 2007, S. 69):

außerordentlich (++)	ziemlich (+)	mittelmäßig (o)	kaum (-)

Mit der Entscheidung für eine vierstufige Skala wurde darüber hinaus dem Phänomen „Tendenz zur Mitte" Rechnung getragen (Döring & Bortz, 2016, S. 249). In Tabelle 17 (siehe S. 51) ist die Anwendung der *didaktischen Kriterien zur Auswahl eines Exempels* auf die 16 potentiellen Exempel anhand der oben beschriebenen Skala dargestellt.

Legende	++ außerordentlich	+ ziemlich	o mittelmäßig	- kaum

Tabelle 17: Anwendung der didaktischen Kriterien zur Auswahl eines Exempels auf alle potentiellen Exempel

Aspekt des Wesentlichen	Sicherheit gewährleisten (5. Prinzipien)	Strang	Beziehungs- und bedürfnisorientiert handeln

Lernsituationen		Potentielle Exempel	Didaktische Kriterien	1. Zielrelevanz	2. Subjektrelevanz	3. Variationsmöglichkeiten	4. Transferfähigkeit	5. Prägnanz
I. Ausbildungsdrittel	3. Block	I.3.9 Menschen mit Demenz im Erstkontakt begegnen 4/11	Menschen mit beeinträchtigter verbaler Kommunikationsfähigkeit prozesshaft begleiten (vgl. S. 206)	+ +	+	o	+ +	o
			Menschen mit beeinträchtigter Gedächtnisleistung prozesshaft begleiten (vgl. S. 207)	+ +	+	+ +	+ +	+ +
			Die drei A für den Auftakt: Ansprechen mit dem Namen – Ansehen – Atmen (vgl. S. 208)	-	o	-	+ +	o
	4. Block	I.4.8 Die Beziehung zu und mit Menschen mit Demenz gestalten 5/11	Kommunikationsregeln mit Menschen mit Demenz (vgl. S. 208)	+	+	+	+ +	+
			BPSD vor dem Hintergrund der Bindungstheorie einschätzen (vgl. S. 211)	+	+ +	+ +	+	+ +
			Menschen mit chronischer Verwirrtheit prozesshaft begleiten (vgl. S. 212)	+ +	+	+ +	+	+
			Menschen mit Angst prozesshaft begleiten (vgl. S. 214)	+	+	o	+	+ +
II. Ausbildungsdrittel	5. Block	II.5.11 Menschen mit Demenz begleiten 7/11	Auswirkungen von Demenz auf die Lebensgestaltung (vgl. S. 218)	+	+	+	+	o
			Menschen mit abnehmender Fähigkeit, sich vor Gefahren zu schützen prozesshaft begleiten (vgl. S. 218)	+ +	o	+ +	o	+ +
			Menschen mit Relokalisationsstresssyndrom prozesshaft begleiten (vgl. S. 219)	o	o	o	o	+
			Menschen mit dem Risiko eines Relokalisationsstresssyndroms prozesshaft begleiten (vgl. S. 220)	o	-	o	o	-
			Snoezelen (vgl. S. 223)	o	+	o	o	o
			Umwelt- und Umgebungsgestaltung in der Pflege von Menschen mit Demenz (vgl. S. 224)	+	o	+	o	+
	7. Block	II.7.10 Bezugspersonen von Menschen mit Demenz begleiten 8/11	Pflegende Bezugspersonen mit Rollenüberlastung prozesshaft begleiten (vgl. S. 231)	+ +	o	o	-	-
III. Ausbildungsdrittel	9. Block	III.9.9 Herausfordernde Situationen mit Menschen mit Demenz bewältigen 11/11	Menschen mit Hinlauftendenz prozesshaft begleiten (vgl. S. 238)	+	+ +	o	-	+ +
			Menschen mit labiler emotionaler Kontrolle prozesshaft begleiten (vgl. S. 238)	+	+	+	-	+

Legende	++ außerordentlich	+ ziemlich	o mittelmäßig	- kaum

Die Entscheidung fiel auf „**Menschen mit beeinträchtigter Gedächtnisleistung prozesshaft begleiten**" (vgl. S. 207), da es über alle Kriterien hinweg den höchsten Ausprägungs-
grad aufweist (viermal ++ und einmal +)[9]. Aufgrund der komplementären Beziehung zwischen dem exemplarischen Prinzip und dem Transfer (siehe Kapitel 3, S. 20) schloss sich
im letzten Schritt die Entscheidung für Transfermöglichkeiten an.

7. Entscheidung für Transfermöglichkeiten

Damit sich das volle Potential des exemplarischen Prinzips
entfalten kann, war es erforderlich, eine oder mehrere
Transfermöglichkeiten für den Aspekt des Wesentlichen „Sicherheit gewährleisten" (5. Prinzipien) auszuwählen und zu
gestalten. Damit diese Entscheidung getroffen werden
konnte, wurden zunächst alle Transfermöglichkeiten über-
sichtlich dargestellt, indem die Lernsituationen aufgelistet
wurden und diejenige Lernsituation gekennzeichnet wurde,
in der das Exempel „Menschen mit beeinträchtigter Gedächtnisleistung prozesshaft begleiten" (vgl. S. 207) verortet ist. Dies ist in Tabelle 18 dargestellt.

Tabelle 18:   Übersicht der Transfermöglichkeiten für „Sicherheit gewährleisten"

Aspekt des Wesentlichen		Sicherheit gewährleisten (5. Prinzipien)		
Thematischer Strang		Beziehungs- und bedürfnisorientiert handeln		
Ausgewähltes Exempel		Menschen mit beeinträchtigter Gedächtnisleistung prozesshaft begleiten (vgl. S. 207)		
Ausbildungsdrittel	**Blöcke**	**Lernsituationen**	**Stunden**	**Exempel**
I	3	I.3.9 Menschen mit Demenz im Erstkontakt begegnen **4/11**	16	✓
	4	I.4.8 Die Beziehung zu und mit Menschen mit Demenz gestalten **5/11**	16	
II	5	II.5.11 Menschen mit Demenz begleiten **7/11**	24	
	7	II.7.10 Bezugspersonen von Menschen mit Demenz begleiten **8/11**	16	
III	10	III.9.9 Herausfordernde Situationen mit Menschen mit Demenz bewältigen **11/11**	16	

Aus Tabelle 18 geht hervor, dass für den Aspekt des Wesentlichen „Sicherheit gewährlei-
ten" (5. Prinzipien) insgesamt vier Transfermöglichkeiten existieren:

1. Möglichkeit: I.4.8 Die Beziehung zu und mit Menschen mit Demenz gestalten 5/11
2. Möglichkeit: II.5.11 Menschen mit Demenz begleiten 7/11
3. Möglichkeit: II.7.10 Bezugspersonen von Menschen mit Demenz begleiten 8/11
4. Möglichkeit: III.9.9 Herausfordernde Situationen mit Menschen mit Demenz bewältigen 11/11

Die vier Transfermöglichkeiten wurden mit Hilfe der Taxonomie für den Transfer nach
Barnett und Ceci (2002) analysiert (siehe Tabelle 19, S. 53).

---

[9] Der Einsatz der Skala ist ein Vorschlag der Verfasser, der sich in der beispielhaften Anwendung bewährt hat. In weiteren
Zugriffen ist prüfen, inwieweit sie die Kriterien der Objektivität, Validität und Reliabilität erfüllt (Schwarz & Stegmann, 2013).

Tabelle 19:   Anwendung der Dimensionen nach Barnett und Ceci (2002) zur Entscheidung für Transfermöglichkeiten

Transfermöglichkeiten / Dimensionen nach Barnett und Ceci (2002)	1 I.4.8 Die Beziehung zu und mit Menschen mit Demenz gestalten 5/11	2 II.5.11 Menschen mit Demenz begleiten 7/11	3 II.7.10 Bezugspersonen von Menschen mit Demenz begleiten 8/11	4 III.9.9 Herausfordernde Situationen mit Menschen mit Demenz bewältigen 11/11
1. Inhaltskomponente				
1.1. Spezifitäten der zu übertragenden Fähigkeiten und Fertigkeiten	Sicherheit gewährleisten ist ein Prinzip, das daher zwar per se auf einer übergeordnete(re)n Ebene angesiedelt ist; nichtsdestotrotz ist es dabei sehr klar umrissen.			
1.2. Grade der Veränderung der Fähigkeiten und Fertigkeiten bei der Übertragung	Geringfügige Anpassungen sind erforderlich (Vom Erstkontakt mit Menschen mit Demenz zur komplexeren Gestaltung der Beziehung zu und mit Menschen mit Demenz).	Anpassungen sind erforderlich (Vom Erstkontakt mit Menschen mit Demenz zur deutlich komplexeren umfassenden Begleitung von Menschen mit Demenz).	Große Anpassungen sind erforderlich (Vom Erstkontakt mit Menschen mit Demenz zur deutlich komplexeren Begleitung von Bezugspersonen von Menschen mit Demenz).	Große Anpassungen sind erforderlich (Vom Erstkontakt mit Menschen mit Demenz zur hochgradig komplexen Bewältigung von herausfordernden Situationen).
1.3. Arten der erforderlichen Gedächtnisoperationen bei der Übertragung	Es müssen überwiegend Ähnlichkeiten festgestellt und Entscheidungen bezüglich der Adaption getroffen werden.		Es müssen Handlungsalternativen vor dem Hintergrund divergierender Interessenslagen abgewogen werden.	Es müssen Handlungsalternativen unter der Berücksichtigung des Ausbalancierens ethischer Prinzipien abgewogen werden.
2. Kontextkomponente				
2.1. Wissensdomänen	Die übergeordnete Wissensdomäne (Menschen mit Demenz begleiten) ist identisch.			
	Die Beziehungsgestaltung zu und mit Menschen mit Demenz ist umfassender und etwas komplexer.	Die Begleitung von Menschen mit Demenz ist deutlich umfassender und komplexer.	Die Begleitung von Bezugspersonen von Menschen mit Demenz ist deutlich umfassender und komplexer.	Die Bewältigung von herausfordernden Situationen ist wesentlich umfassender und komplexer.
2.2. Physikalische Kontexte	Identisch (Klassenraum)	Abweichung (Skills Lab)	Identisch (Klassenraum)	
2.3. Zeitliche Kontexte	1 Block	2 Blöcke	4 Blöcke	7 Blöcke
2.4. Funktionale Kontexte	Lernort Schule	Lernort Skills Lab	Lernort Schule	
2.5. Soziale Kontexte	Aussagen zur Sozialform des Lernkontextes und des Anwendungskontextes können an dieser Stelle nicht getroffen werden.			
2.6. Modalitäten der Wissens- und Informationsverarbeitung	Aussagen zu den Lerntechniken, die im Lernkontext und im Anwendungskontext eingesetzt werden, können an dieser Stelle nicht getroffen werden.			
Einschätzungen der Transferdistanz	nah —✕———— weit	nah ———✕—— weit	nah ———✕—— weit	nah ————✕— weit

Aus den in Tabelle 19 (siehe S. 53) dargestellten Ergebnissen lassen sich annähernd vergleichbare Aussagen zur Transferdistanz der vier Transfermöglichkeiten ableiten. Die Entscheidung fiel auf die **Transfermöglichkeit 1** (siehe Abbildung 11). Dies ist darauf zurückzuführen, dass diese Transfermöglichkeit die geringste Transferdistanz aufweist, da sowohl auf der Ebene der Inhaltskomponente als auch auf der Ebene der Kontextkomponente eine hohe Ähnlichkeit zur Lernsituation, in der das Exempel liegt, besteht (vgl. Tabelle 19, S. 53). Darüber hinaus ist diese Lernsituation sehr früh in der Ausbildung verortet. Es ist somit davon auszugehen, dass die Lernkompetenz der Lernenden noch nicht ausreichend ausgeprägt ist, um einen weiten Transfer erfolgreich zu gestalten. Daher erschien es den Verfassern als zielführend, die Komplexität der von den Lernenden abverlangten Transferleistungen in der Ausbildung sukzessive zu steigern und zunächst mit eher nahen Transfers zu beginnen. Weiterhin spricht für Transfermöglichkeit 1, dass die dort verorteten Inhalte eine hohe Prägnanz für „Sicherheit gewährleisten" aufweisen (zweimal ++, einmal +; siehe

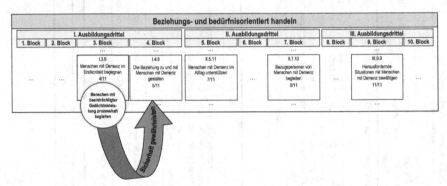

Abbildung 11: Transfer von „Sicherheit gewährleisten" von der Lernsituation „I.3.9 Menschen mit Demenz im Erstkontakt begegnen 4/11" in die Lernsituation „I.4.8 Die Beziehung zu und mit Menschen mit Demenz gestalten 5/11". Grafik eigene Erstellung

Nachdem die Rechercheergebnisse beispielhaft im pflegedidaktischen Kontext angewendet wurden, überführen die Verfasser der vorliegenden Arbeit ihre dabei generierten Erfahrungen und Erkenntnisse, indem sie im Folgenden Schlussfolgerungen für die Konzeption des Handlungsleitfadens ableiten.

6 Schlussfolgerungen für die Entwicklung des Handlungsleitfadens

Die Schlussfolgerungen aus der vorangegangenen beispielhaften Anwendung der Rechercheergebnisse lassen sich auf der strukturellen, inhaltlichen und didaktischen Ebene einordnen. Sie werden daher entlang dieser Ebenen im Folgenden expliziert.

Schlussfolgerungen auf struktureller Ebene

Da sich die Vorgehensweise bei der beispielhaften Umsetzung (siehe Kapitel 5, S. 37) aus Sicht der Verfasser bewährt hat, orientiert sich der Handlungsleitfaden an dieser. Zur Erhöhung der Übersichtlichkeit und Transparenz werden die einzelnen Handlungsschritte *verschiedenen Ebenen* zugeordnet: Ebene der Vorbereitung, Ebene des Wesentlichen, Ebene der Aspekte des Wesentlichen, Ebene der Exempel und Ebene des Transfers. Es ist davon auszugehen, dass die Expertise der Verfasser in Bezug auf das exemplarische Prinzip aufgrund der vorliegenden Arbeit ausgeprägter ist als die der Anwender des Handlungsleitfadens. Daher werden die einzelnen Handlungsschritte stets *aus der Perspektive von Lehrenden*, die sich nicht intensiv mit dem exemplarischen Prinzip auseinandergesetzt haben, heraus gestaltet. Dabei wird insbesondere darauf Augenmerk gelegt, die einzelnen Handlungsschritte *kleinschrittig* auszugestalten, damit sie unmittelbar handlungsleitend wirksam werden können. Durch die in Kapitel 5 (siehe S. 37) beschriebene Anwendung der Rechercheergebnisse wurde zudem ersichtlich, dass konkrete Beispiele im Besonderen dazu geeignet sind, die komplexen Zusammenhänge der einzelnen Handlungsschritte zu verdeutlichen. Daher wird jedem Handlungsschritt *eine beispielhafte Umsetzung vorangestellt*, um so eine höchstmögliche Nachvollziehbarkeit für die Anwender zu gewährleisten. Aus pragmatischen Gründen entscheiden die Verfasser, für die beispielhafte Umsetzung ebenfalls den thematischen Schwerpunkt auf „Menschen mit Demenz begleiten" zu legen. Die Nachvollziehbarkeit wird darüber hinaus dadurch erhöht, dass jedem Handlungsschritt *passend zugeschnittene Hintergrundinformationen* beigefügt werden. Diese vermitteln den Anwendern einerseits das notwendige Fachwissen und verdeutlichen ihnen andererseits die Relevanz des jeweiligen Handlungsschrittes für die Umsetzung des exemplarischen Prinzips. Des Weiteren wurde den Verfassern bei der Anwendung der Rechercheergebnisse deutlich, dass die Anwender für die jeweiligen Handlungsschritte Übersichtstabellen von hoher Komplexität benötigen. Aus diesem Grund werden den einzelnen Handlungsschritten *Blanko-Formulare* beigefügt, deren Nutzung anhand von *Bearbeitungshinweisen* detailliert beschrieben wird.

© Der/die Autor(en), exklusiv lizenziert an
Springer Fachmedien Wiesbaden GmbH, ein Teil von Springer Nature 2022
C. Hamar und W. Hartmann, *Das exemplarische Prinzip in der Pflegeausbildung*,
Forschungsreihe der FH Münster, https://doi.org/10.1007/978-3-658-38341-1_6

Schlussfolgerungen auf inhaltlicher Ebene

In der beispielhaften Anwendung (siehe Kapitel 5, S. 37) haben sich sowohl die inhaltlichen Kriterien zur Bestimmung des Wesentlichen als auch die didaktischen Kriterien zur Auswahl eines Exempels bewährt. Mit ihrer Hilfe war es möglich, in den fünf Lernsituationen eine Vielzahl von Ansatzpunkten für das exemplarische Prinzip zu bestimmen und entsprechende Exempel zu eruieren. Daher werden sie in den Handlungsleitfaden integriert. Die Entscheidung der Verfasser, sich bei der Anwendung der Rechercheergebnisse auf eine (Umsetzungs-)Variante des exemplarischen Prinzips (exemplarisches Prinzip im weiteren Sinne in der Umsetzungsvariante „In einem Thema") zu fokussieren, hat sich bewährt. Dabei wurden die Charakteristika des exemplarischen Prinzips in der Umsetzung deutlich. Diese lassen sich generalisieren und prinzipiell auf die anderen (Umsetzungs-)Varianten übertragen. Daher basiert die Konzeption des Handlungsleitfadens ebenfalls auf dem *exemplarischen Prinzip im weiteren Sinne in der Umsetzungsvariante „In einem Thema".* Die differenzierte und äußerst umfassende Anwendung der Rechercheergebnisse stellt eine gute Basis für den Handlungsleitfaden dar, da sie ihn einerseits legitimiert und andererseits eine flexible quantitative didaktische Reduktion auf unterschiedlichen Graden der Komplexität und Kompliziertheit (Kirschner, 1984, S. 196, 197, 201) bei der Konzeption ermöglicht. Um einen möglichst *pragmatischen Handlungsleitfaden* zu konzipieren, sehen die Verfasser von Handlungsschritten ab, die eine differenzierte Inhaltsanalyse vorschalten, und entscheiden, stattdessen auf das *bereits vorhandene Unterrichtsmaterial* und die *inhaltliche Expertise* der Anwender zurückzugreifen. Dies hat zur Konsequenz, dass sich die beispielhaften Umsetzungen im Handlungsleitfaden punktuell sowohl inhaltlich als auch sprachlich von der Umsetzung in Kapitel 5 (siehe S. 37) unterscheiden. Ebenfalls aus pragmatischen Gründen sehen die Verfasser bei der Konzeption des Handlungsleitfadens davon ab, auf das Rahmenmodell nach Barnett und Ceci (2002) als Grundlage für die Auswahl von Transfermöglichkeiten zu rekurrieren. Stattdessen werden den Lehrenden folgende Fragen als Orientierung präsentiert, die sich im weitesten Sinne aus dem Rahmenmodell von Barnett und Ceci (2002) ableiten lassen:

- Wie prägnant ist die Lernsituation für den ausgewählten Aspekt des Wesentlichen?
- Wie viel Zeit liegt zwischen der Lernsituation, die das Exempel enthält, und der Lernsituationen, in die der Transfer erfolgen könnte?
- Wie groß ist das Stundenkontingent der Lernsituation, in die der Transfer erfolgen könnte?
- Wie hoch ist die Lernkompetenz der Lernenden ausgeprägt?

Die Anwendung der Rechercheergebnisse zeigte darüber hinaus, dass für die Umsetzung des exemplarischen Prinzips ein gewisses Maß an theoretischem Verständnis unabdingbar ist. Um die Nachvollziehbarkeit und Verständlichkeit des Handlungsleitfadens für die Anwender zu gewährleisten und gleichzeitig dessen Praktikabilität sicherzustellen, entscheiden die Verfasser, systematisch dort *pointierte und verständliche Wissensinputs* zu integrieren, wo sie unverzichtbar sind. Dabei ist stets das Prinzip *„so wenig wie möglich, so viel wie nötig"* handlungsleitend.

Schlussfolgerungen auf didaktischer Ebene

Die Anwendung der Rechercheergebnisse (siehe Kapitel 5, S. 37) machte die Komplexität deutlich, aus der sich Schlussfolgerungen für die didaktische Gestaltung des Handlungsleitfadens ableiten lassen. Ergänzend hinzu kommen die Schlussfolgerungen auf struktureller und inhaltlicher Ebene, die ebenfalls Konsequenzen für die didaktische Gestaltung mit sich bringen. So wird deutlich, dass der Handlungsleitfaden ein hohes Maß an *Übersichtlichkeit* bieten muss. Für die Anwender muss stets *transparent* sein, in welchem Handlungsschritt sie sich befinden und wie dieser in das Gesamtgefüge eingebettet ist. Daher entscheiden die Verfasser, die einzelnen Handlungsschritte des Handlungsleitfadens in einer *wiederkehrenden Struktur* zu konzipieren. Jeder Handlungsschritt beinhaltet eine beispielhafte Umsetzung, Hintergrundinformationen, Bearbeitungshinweise sowie ein Blanko-Formular. Diese vier Dokumente werden stets in dieser Reihenfolge abgedruckt und heben sich durch ihre *farbliche Gestaltung* deutlich voneinander ab, sodass sie stets schnell zu identifizieren sind. Dieses wird zusätzlich durch den *Einsatz von Symbolen* unterstützt, die die Intention des jeweiligen Dokumentes visualisieren (ausgefülltes Klemmbrett für die beispielhaften Umsetzungen, Informationssymbol für die Hintergrundinformationen, zwei Zahnräder für die Bearbeitungshinweise und ein leeres Klemmbrett für die Blanko-Formulare). Eine Übersicht der vier Dokumente mit Informationen zu deren visuellen und inhaltlichen Gestaltung bietet die Tabelle 20 (siehe S. 58).

Tabelle 20:   Übersicht über die einzelnen Dokumente innerhalb der Handlungsschritte

Merkmale \ Dokumente	Beispielhafte Umsetzungen	Hintergrund-informationen	Bearbeitungs-hinweise	Blanko-Formulare
Reihenfolge	1 ➡	2 ➡	3 ➡	4
Seitenränder und Symbole				
Kopfzeile	Kopfzeile mit Benennung des Handlungsschrittes auf jeder Seite.			
Inhalte	Umfassen die Umsetzung der jeweiligen Handlungsschritte anhand des Themas „Menschen mit Demenz begleiten". Die konkrete Umsetzung wird durch eine andere Schriftart und -farbe hervorgehoben.	Umfassen ergänzende Informationen, die sowohl die Bearbeitung des jeweiligen Handlungsschrittes des Leitfadens als auch das Verständnis erleichtern sollen, indem sie z. B. Begrifflichkeiten erklären, pädagogisches Fachwissen zum exemplarischen Prinzip vermitteln oder Literaturhinweise enthalten	Umfassen Hinweise zur Bearbeitung der jeweiligen Handlungsschritte, indem sie anhand des Blanko-Formulars die Vorgehensweise erläutern und z. B. Anmerkungen zum Ausfüllen oder Anregungen zur Handhabung des Formulars beinhalten.	Umfassen Dokumentenvorlagen, die für die eigene Bearbeitung zur konkreten Umsetzung der jeweiligen Handlungsschritte des Handlungsleitfadens genutzt werden können.

Die hier vorgestellten Erkenntnisse aus der Anwendung der Rechercheergebnisse bilden die Grundlage für die Konzeption des Handlungsleitfadens für Lehrende in der Pflegeausbildung zur Umsetzung des exemplarischen Prinzips, der im Folgenden vorgestellt wird.

7 Handlungsleitfaden zur Umsetzung des exemplarischen Prinzips

Auf den folgenden Seiten ist der Handlungsleitfaden für Lehrende in der Pflegeausbildung zur Umsetzung des exemplarischen Prinzips abgebildet. Er ist strukturell, inhaltlich und didaktisch so aufbereitet, dass er autark, d. h. unabhängig von den anderen Teilen der vorliegenden Arbeit, eingesetzt werden kann.

© Der/die Autor(en), exklusiv lizenziert an
Springer Fachmedien Wiesbaden GmbH, ein Teil von Springer Nature 2022
C. Hamar und W. Hartmann, *Das exemplarische Prinzip in der Pflegeausbildung*,
Forschungsreihe der FH Münster, https://doi.org/10.1007/978-3-658-38341-1_7

Handlungsleitfaden für Lehrende zur Umsetzung des exemplarischen Prinzips

Bevor die einzelnen Handlungsschritte im Detail dargelegt werden, werden zunächst die Zielsetzung des Handlungsleitfadens sowie sein Aufbau und seine Struktur beschrieben.

Zielsetzung des Handlungsleitfadens

Übergeordnetes Ziel des Handlungsleitfadens ist es, eine pragmatische Vorgehensweise zur Anwendung des exemplarischen Prinzips vorzustellen. Die einzelnen Handlungsschritte sind auf Praktikabilität ausgerichtet und knüpfen an der Realität von Lehrenden (an Pflegeschulen) an. Ihre Anwendung schafft die Voraussetzungen für die didaktische Umsetzung des exemplarischen Prinzips, dessen Grundgedanken sich anhand der folgenden zwei Aspekte beschreiben lassen:

- Reduktion der Stofffülle auf das Wesentliche anstelle einer Überfrachtung des Unterrichts mit Fakten
- Bildung im Sinne von Verstehen und Verknüpfen anstelle einer oberflächlichen Reproduktion von Fakten

Beide Aspekte gewinnen insbesondere vor dem Hintergrund der generalistischen Pflegeausbildung, die im Jahr 2020 mit dem Pflegeberufegesetz eingeführt wurde, an Aktualität. Mit Hilfe des exemplarischen Prinzips wird den Lernenden ermöglicht, sich das **Wesentliche** (der Pflege) zu erschließen. Dies gelingt, indem sie sich im Unterricht mit einem konkreten Inhalt (dem sogenannten **Exempel**) umfassend auseinandersetzen, der das Wesentliche besonders genau abbildet. Diese Erkenntnisse können die Lernenden dann auf weitere Inhalte übertragen (**Transfer**). Dreh- und Angelpunkt des exemplarischen Prinzips ist somit das Exempel, dessen Auswahl nicht beliebig sein darf, sondern kriteriengeleitet erfolgen muss. Der vorliegende Handlungsleitfaden ermöglicht dies, indem er folgende Elemente miteinander verbindet:

- Die strukturierte Bestimmung des Wesentlichen in den Lernsituationen
- Die kriteriengeleitete Auswahl eines geeigneten Exempels
- Die begründete Entscheidung für Transfermöglichkeiten

Für die Umsetzung des exemplarischen Prinzips sind mehrere Varianten denkbar (siehe Abbildung rechts), die im Folgenden beschrieben werden:

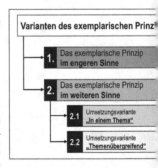

1.	Das exemplarische Prinzip **im engeren Sinne**

2.	Das exemplarische Prinzip **im weiteren Sinne**

Das **exemplarische Prinzip im engeren Sinne (1)** wird innerhalb einer einzelnen Lernsituation angewendet (siehe Abbildung unten). Im Gegensatz dazu werden bei der Anwendung des **exemplarischen Prinzips im weiteren Sinne (2)** zwei oder mehrere Lernsituationen einbezogen (siehe Abbildung unten). Dies bedeutet, dass es eine „Ausgangslernsituation" gibt, in der das Exempel bearbeitet wird, und eine oder mehrere Lernsituationen, in die der Transfer erfolgt.

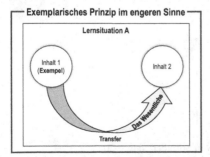

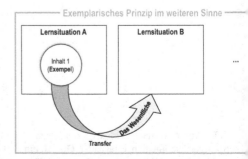

Im Zusammenhang mit dem **exemplarischen Prinzip im weiteren Sinne (2)** gibt es folgende Umsetzungsvarianten:

2.1 Umsetzungsvariante „**In einem Thema**"

Die Lernsituationen sind einem übergeordneten Thema zugeordnet (Beispiel: Das Thema *„Menschen mit Demenz begleiten"* beinhaltet unter anderem die Lernsituationen *„Menschen mit Demenz im Erstkontakt begegnen"* und *„Die Beziehung zu und mit Menschen mit Demenz gestalten"*).

2.2 Umsetzungsvariante „**Themenübergreifend**"

Die Lernsituationen sind keinem übergeordneten Thema zugeordnet (Beispiel: Die Lernsituationen *„Beobachten"* und *„Berufspolitisch handeln"*).

Der vorliegenden Handlungsleitfaden fokussiert ausschließlich das **exemplarische Prinzip im weiteren Sinne in der Umsetzungsvariante „In einem Thema" (2.1)** (siehe Abbildung rechts). Diese ist einerseits im Besonderen dafür geeignet, die Potentiale des exemplarischen Prinzips in Bezug auf Reduktion der Stofffülle und Bildung auszuschöpfen. Andererseits setzt sie an der gängigen Praxis an Pflegeschulen an, in der einzelnen Lehrenden feste Themen zugeordnet werden, die sie kursübergreifend unterrichten. Somit knüpft der Handlungsleitfaden an der Expertise der Lehrenden an und ermöglicht ihnen, auf bereits vorhandenes Unterrichtsmaterial zurückzugreifen.

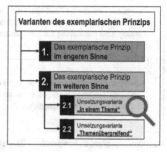

Varianten des exemplarischen Prinzips

Aufbau und Struktur des Handlungsleitfadens

Die einzelnen Handlungsschritte sind den folgenden Ebenen zugeordnet: Ebene der Vorbereitung, Ebene des Wesentlichen, Ebene der Aspekte des Wesentlichen, Ebene der Exempel und Ebene des Transfers. Dadurch ist für jeden Handlungsschritt ersichtlich, wie und wo dieser innerhalb der Umsetzung des exemplarischen Prinzips verortet ist. Um die Nachvollziehbarkeit weiter zu erhöhen und eine größtmögliche Flexibilität in der Anwendung zu gewährleisten, wird der Handlungsleitfaden darüber hinaus in verschiedenen Ausführungen dargeboten (siehe unten).

Handlungsleitfaden für Lehrende zur Umsetzung des exemplarischen Prinzips

- Übersicht des Handlungsleitfadens S. 63

- Detaillierte Darstellung des Handlungsleitfadens S. 64-128

- Komprimierte Darstellung des Handlungsleitfadens S. 129-133

In der **Übersicht** des Handlungsleitfadens (S. 63) werden die einzelnen Handlungsschritte mit Seitenverweisen auf beispielhafte Umsetzungen, Hintergrundinformationen, Bearbeitungshinweise und Blanko-Formulare aufgelistet. Daran schließt sich die **detaillierte Darstellung** des Handlungsleitfadens an (S. 64 bis 128), in der jeder Handlungsschritt anhand einer wiederkehrenden Systematik umfassend erläutert wird. Diese Systematik beinhaltet die folgenden Dokumente:

1. Beispielhafte Umsetzungen

Umfassen die Umsetzung der jeweiligen Handlungsschritte anhand des Themas „Menschen mit Demenz begleiten". Diese Dokumente sind blau umrandet und enthalten ein ausgefülltes Klemmbrettsymbol. Die konkreten Bearbeitungen sind durch Schriftart und -farbe hervorgehoben.

2. Hintergrundinformationen

Umfassen ergänzende Informationen, die sowohl die Bearbeitung des jeweiligen Handlungsschrittes als auch das Verständnis erleichtern sollen, indem sie z. B. Begrifflichkeiten erklären, pädagogisches Fachwissen zum exemplarischen Prinzip vermitteln oder Literaturhinweise enthalten. Diese Dokumente sind grün umrandet und enthalten ein Informationssymbol.

3. Bearbeitungshinweise

Umfassen Hinweise zur Bearbeitung der jeweiligen Handlungsschritte, indem sie anhand des Blanko-Formulars die Vorgehensweise erläutern und z. B. Anmerkungen zum Ausfüllen oder Anregungen zur Handhabung des Formulars beinhalten. Diese Dokumente sind rot umrandet und enthalten ein Zahnrädersymbol.

4. Blanko-Formulare

Umfassen Dokumentenvorlagen, die für die eigene Bearbeitung zur konkreten Umsetzung der jeweiligen Handlungsschritte genutzt werden können. Diese Dokumente sind grau umrandet und enthalten ein leeres Klemmbrettsymbol.

Den Abschluss bildet die **komprimierte Darstellung** des Handlungsleitfadens (S. 129 bis 133). Diese verknüpft eine Übersicht der Handlungsschritte mit Ausschnitten aus der beispielhaften Umsetzung auf zwei DIN A3 Seiten (je zwei nebeneinander liegende DIN A4 Seiten). Durch diesen Aufbau ergibt sich eine hohe Flexibilität in der Anwendung des Handlungsleitfadens. So ist es möglich, sich zunächst einen Überblick zu verschaffen (S. 63) und sich daran anschließend die Vorgehensweise sehr detailliert anzueignen (S. 64 bis 128). Für spätere Anwendungen kann dann, je nach Geübtheit und Erfahrung, auch auf die komprimierte Darstellung des Handlungsleitfadens (S. 129 bis 133) zurückgegriffen werden.

Übersicht des Handlungsleitfadens

Handlungsschritte		Verweise			
		Beispielhafte Umsetzungen	Hintergrund-informationen	Bearbei-tungshin-weise	Blanko-Formulare
Ebene der Vorbereitung	1. Listen Sie alle Themen auf, die Sie unterrichten.	S. 65	S. 66	S. 67	S. 68
	2. Ordnen Sie die Themen in den Ausbildungsverlauf ein, indem Sie die jeweiligen Lernsituationen mit ihren Stundenkontingenten den Ausbildungsdritteln und -blöcken zuordnen.	S. 69	S. 71	S. 73	S. 74
	3. Wählen Sie ein Thema aus, das mehr als eine Lernsituation beinhaltet.	S. 75	S. 77	S. 78	S. 79
Ebene des Wesentlichen	4. Bestimmen Sie in einem Brainstorming für alle Lernsituationen des ausgewählten Themas das darin jeweils enthaltene Wesentliche, indem Sie die „inhaltlichen Kriterien zur Bestimmung des Wesentlichen" zugrunde legen.	S. 80	S. 87	S. 91	S. 92
	5. Bestimmen Sie die Häufigkeit, mit der die identifizierten Aspekte des Wesentlichen im ausgewählten Thema vorkommen.	S. 93	S. 96	S. 97	S. 98
Ebene der Aspekte des Wesentlichen	6. Bestimmen Sie die Aspekte des Wesentlichen, die in mehr als einer Lernsituation enthalten sind.	S. 99	S. 101	S. 102	S. 103
	7. Wählen Sie einen Aspekt des Wesentlichen aus.	S. 104	S. 106	S. 108	S. 109
Ebene der Exempel	8. Bestimmen Sie für den ausgewählten Aspekt des Wesentlichen in einem Brainstorming die potentiellen Exempel in jeder Lernsituation.	S. 110	S. 115	S. 116	S. 117
	9. Wählen Sie ein geeignetes Exempel für den Aspekt des Wesentlichen aus, indem Sie die „didaktischen Kriterien zur Auswahl eines Exempels" zugrunde legen.	S. 118	S. 120	S. 122	S. 123
Ebene des Transfers	10. Wählen Sie Transfermöglichkeiten für den Aspekt des Wesentlichen aus.	S. 124	S. 125	S. 127	S. 128

Detaillierte Darstellung der einzelnen Handlungsschritte

1. Listen Sie alle Themen auf, die Sie unterrichten.

Übersicht der Themen
- Bei der Körperpflege begleiten
- Beobachten
- Menschen mit Demenz begleiten
- Bei der Infusionstherapie mitwirken

1. Listen Sie alle Themen auf, die Sie unterrichten.

◆ **Der Begriff „Thema"**

Im Rahmen der theoretischen Ausbildung zur Pflegefachfrau bzw. zum Pflegefachmann ist es gängige Praxis an Pflegeschulen, dass Lehrenden feste Themen zugeordnet sind, die kursübergreifend unterrichtet werden. Themen bündeln eine Vielzahl affiner Inhalte zu einem bestimmten Schwerpunkt (siehe Abbildung A rechts als Beispiel für das Thema „Menschen mit Demenz").

◆ **Bezug zum Handlungsleitfaden**

Um eine Basis für die Auswahlentscheidungen im Zusammenhang mit dem exemplarischen Prinzip zu schaffen, ist es sinnvoll, dass Sie in diesem Handlungsschritt zunächst alle Themen auflisten, die Sie unterrichten.

A   Thema: „Menschen mit Demenz begleiten"

1. Listen Sie alle Themen auf, die Sie unterrichten.

Übersicht der Themen
-
(a)
-
-

(a) Tragen Sie hier spiegelstrichartig alle Themen ein, die Sie unterrichten. Ergänzen Sie bei Bedarf weitere Zeilen.

1. Listen Sie alle Themen auf, die Sie unterrichten.

Übersicht der Themen
-
-
-
-
-

| 2. | Ordnen Sie die Themen in den Ausbildungsverlauf ein, indem Sie die jeweiligen Lernsituationen mit ihren Stundenkontingenten den Ausbildungsdritteln und -blöcken zuordnen. |

Ausbildungsverlauf / Themen	I. Ausbildungsdrittel				II. Ausbildungsdrittel			III. Ausbildungsdrittel		
	Block 1	Block 2	Block 3	Block 4	Block 5	Block 6	Block 7	Block 8	Block 9	Block 10
Bei der Körperpflege begleiten	I.1.5 Bei der Körperpflege assistieren 1/6 16 Std.	I.2.6 Bei der Körperpflege am Waschbecken unterstützen 2/6 24 Std.				II.6.11 Bezugspersonen zur Körperpflege anleiten 4/6 16 Std.		III.8.10 Herausfordernde Situationen bei der Körperpflege bewältigen 5/6 20 Std.		II.10.5 Menschen im Sterbeprozess bei der Körperpflege unterstützen 6/6 8 Std.
		I.2.12 Beim Duschen und Baden unterstützen 3/6 16 Std.								
Beobachten	I.1.4 Beobachten 12 Std.									
Menschen mit Demenz begleiten			I.3.9 Menschen mit Demenz im Erstkontakt begegnen 1/5 16 Std.	I.4.8 Die Beziehung zu und mit Menschen mit Demenz gestalten 2/5 16 Std.	II.5.11 Menschen mit Demenz im Alltag unterstützen 3/5 24 Std.	II.7.10 Bezugspersonen von Menschen mit Demenz begleiten 4/5 16 Std.		III.9.9 Herausfordernde Situationen mit Menschen mit Demenz bewältigen 5/5 16 Std.		

69

Ausbildungsverlauf / Themen	I. Ausbildungsdrittel				II. Ausbildungsdrittel			III. Ausbildungsdrittel		
	Block 1	Block 2	Block 3	Block 4	Block 5	Block 6	Block 7	Block 8	Block 9	Block 10
Bei der Infusions- und Transfusionstherapie mitwirken					II.5.7 Bei der Infusionstherapie mitwirken 1/2 16 Std.					
					II.5.10 Bei der Transfusionstherapie mitwirken 2/2 8 Std.					

> **2.** Ordnen Sie die Themen in den Ausbildungsverlauf ein, indem Sie die jeweiligen Lernsituationen mit ihren Stundenkontingenten den Ausbildungsdritteln und -blöcken zuordnen.

◆ **Der Begriff „Lernsituation"**

Lernsituationen konkretisieren die gesetzlichen Vorgaben eines Bildungsganges als didaktisch konstruierte thematische Einheiten (Bader, 2003, S. 213), die zwischen vier und ca. 40 Stunden Unterricht umfassen und eine berufliche Handlung zum Gegenstand haben. Eine Lernsituation umfasst mehrere Lehr-Lern-Arrangements (eine oder mehrere Unterrichtsstunden, die z. B. auf Basis eines didaktischen Ansatzes konzipiert werden). Die Reihenfolge, in der die einzelnen Lehr-Lern-Arrangements unterrichtet werden, folgt einer Handlungsstruktur, die affin für die berufliche Handlung ist, die im Mittelpunkt der Lernsituation steht (Muster-Wäbs, Ruppel & Schneider, 2005, S. 77, 78). Beispielsweise ist die Krankheitsverlaufskurve nach Corbin und Strauss (2004) als Handlungsstruktur im Besonderen geeignet für die Reihung der Lehr-Lern-Arrangements in Lernsituationen, die die Begleitung von Menschen mit chronischen Erkrankungen fokussieren. Handlungsstrukturen sind Konkretisierungen der vollständigen beruflichen Handlung (Informieren, Planen, Entscheiden, Durchführen, Kontrollieren, Bewerten) und können entweder aus der Pflegewissenschaft, wie z. B. der Pflegeprozess nach Gordon (1994, zit. n. MDS, 2005, S. 12) etc., oder aus den Bezugswissenschaften, wie z. B. der Reflexionszyklus nach Korthagen (1985) etc., abgeleitet werden. Beispiele für Lernsituationen können der Abbildung A entnommen werden.

A Beispiele für Lernsituationen

- Bei der Körperpflege assistieren
- Menschen mit Demenz im Alltag unterstützen
- Beobachten
- Bei der Infusionstherapie mitwirken
- ...

◆ **„Themen" und „Lernsituationen"**

Im Verständnis des vorliegenden Handlungsleitfadens liegen Lernsituationen hierarchisch unter den Themen (siehe dazu S. 66). Es gibt Themen, die **einmalig** in der Ausbildung unterrichtet werden, d. h. sie umfassen eine Lernsituation. Häufig ist die Bezeichnung der Lernsituation identisch mit der Bezeichnung des Themas. Ein Beispiel dafür findet sich in der untenstehenden Abbildung B: Hier ist für das Thema „Beobachten" eine einzige Lernsituation mit dem Titel „I.1.3 Beobachten" geplant (Informationen zu den Titeln von Lernsituationen finden Sie auf S. 72), die im ersten Block der Ausbildung verortet ist. Inhalte aus Themen, die lediglich eine Lernsituation enthalten, werden häufig im weiteren Verlauf der Ausbildung in andere Themen bzw. deren Lernsituationen integriert. In der untenstehenden Abbildung B wird deutlich, dass Inhalte aus dem Thema „Beobachten" z. B. in das Thema „Menschen mit Schmerzen begleiten" (hier beispielhaft die Lernsituation „I.4.6 Menschen mit Schmerzen begegnen 1/4") integriert werden (in diesem Beispiel ist aus Platzgründen lediglich das Thema „Menschen mit Schmerzen begleiten" aufgeführt – da das Thema „Beobachten" eine zentrale Kernaufgabe pflegerischen Handelns ist, vgl. dazu S. 27 bei Schneider, Kuckeland & Hatziliadis, 2019, ist davon auszugehen, dass es in eine Vielzahl von Themen integriert ist).

B Beispiel für Themen, die eine Lernsituation enthalten und im weiteren Verlauf integriert werden

Themen	I. Ausbildungsdrittel				II. Ausbildungsdrittel			III. Ausbildungsdrittel		
	1. Block	2. Block	3. Block	4. Block	5. Block	6. Block	7. Block	8. Block	9. Block	10. Block
Beobachten	I.1.3 Beobachten	...		I.4.6 Menschen mit Schmerzen begegnen 1/4		...				
...		...								

Andererseits gibt es Themen, die im Verlauf der Ausbildung **mehrfach** zu *unterschiedlichen Zeitpunkten*, mit *unterschiedlichen Schwerpunkten* und mit *unterschiedlichem Komplexitätsgrad* unterrichtet werden (Schneider & Hamar, 2020, S. 30, 31). Solche Themen, auch als thematische Stränge bezeichnet, enthalten *mehrere Lernsituationen* und werden von den Rahmenlehrplänen für den theoretischen und praktischen Unterricht (Fachkommission, 2020, S. 15, 16) im Besonderen gefordert. Ein Beispiel findet sich in der untenstehenden Abbildung C, in der das Thema „Menschen mit Demenz begleiten" im Verlauf der Ausbildung mit unterschiedlichen Schwerpunkten und in unterschiedlicher Komplexität visualisiert ist: Im dritten Block wird die erste Kontaktaufnahme mit Menschen mit Demenz unterrichtet (Lernsituation „I.3.9 Menschen mit Demenz im Erstkontakt begegnen 1/5"), ehe im vierten Block die professionelle pflegerische Beziehungsgestaltung zu und mit Menschen mit Demenz im Fokus steht (Lernsituation „I.4.8 Die Beziehung zu und mit Menschen mit Demenz gestalten 2/5"). Im fünften Block wird das Thema mit der Schwerpunktsetzung auf die Unterstützung von Menschen mit Demenz im Alltag aufgegriffen (Lernsituation „II.5.11 Menschen mit Demenz im Alltag unterstützen 3/5"), während im siebten Block die Bezugspersonen von Menschen mit Demenz in den Blick genommen werden (Lernsituation „II.7.10 Bezugspersonen von Menschen mit Demenz begleiten 4/5"). Den Abschluss des Themas „Menschen mit Demenz begleiten" bildet dann der neunte Block, in dem herausfordernde Situationen mit Menschen mit Demenz im Unterricht bearbeitet werden (Lernsituation „III.9.9 Herausfordernde Situationen mit Menschen mit Demenz bewältigen 5/5").

C Beispiel für Themen, die mehrere Lernsituationen enthalten

Ausbildungsverlauf / Themen	I. Ausbildungsdrittel				II. Ausbildungsdrittel			III. Ausbildungsdrittel		
	1. Block	2. Block	3. Block	4. Block	5. Block	6. Block	7. Block	8. Block	9. Block	10. Block
			...	...	...				...	
Menschen mit Demenz begleiten ...	...		I.3.9 Menschen mit Demenz im Erstkontakt begegnen 1/5	I.4.8 Die Beziehung zu und mit Menschen mit Demenz gestalten 2/5	II.5.11 Menschen mit Demenz im Alltag unterstützen 3/5	...	II.7.10 Bezugspersonen von Menschen mit Demenz begleiten 4/5	...	III.9.9 Herausfordernde Situationen mit Menschen mit Demenz bewältigen 5/5	...
			...	...	...				...	

◆ Titel von Lernsituationen

Um den Bezug zum beruflichen Handeln zu betonen, bietet es sich an, im Titel einer Lernsituation die **berufliche Handlung** zu integrieren, die sie fokussiert („Menschen mit Demenz im Alltag unterstützen" nebenstehende Abbildung D). Da (pflege-)berufliche Curricula häufig über 100 verschiedene Lernsituationen enthalten, empfiehlt es sich darüber hinaus bestimmte, weitere Konventionen bei der Benennung von Lernsituationen zu etablieren. Dazu gehört einerseits eine Systematik der Nummerierung, aus der

D Vorschlag für eine Systematisierung der Bezeichnung von Lernsituationen

Berufliche Handlung

II.5.11 **Menschen mit Demenz im Alltag unterstützen** 3/5

Zeitliche Verortung im Curriculum
II = Ausbildungsdrittel
5 = 5. Block
11 = Elfte Lernsituation innerhalb des 5. Blockes

Position in der Chronologie des Themas
(Dritte von insgesamt fünf Lernsituationen im Thema „Menschen mit Demenz begleiten")

sich die **zeitliche Verortung der Lernsituation** innerhalb des gesamten Curriculums ableiten lässt. Es ist beispielsweise möglich, diese vor den Titel der Lernsituation zu stellen (Beispiel: „II.5.11" in Abbildung D steht für eine Lernsituation im zweiten Ausbildungsdrittel [II], die innerhalb der chronologischen Reihenfolge des fünften Blocks [5] an elfter Stelle [11] unterrichtet wird). Ergänzend dazu bietet es sich bei Themen, die mehrere Lernsituationen umfassen, an, die einzelnen Lernsituationen zu nummerieren, um so die **Position der Lernsituation in der Chronologie des Themas** auf einen Blick zu erkennen (Beispiel: „3/5" in Abbildung D steht für die dritte von insgesamt fünf Lernsituationen im Thema). (Schneider & Hamar, 2020, S. 28)

◆ Bezug zum Handlungsleitfaden

Dieser Handlungsleitfaden fokussiert das exemplarische Prinzip im weiteren Sinne in der Umsetzungsvariante „In einem Thema" (siehe dazu S. 60). Dafür ist es wichtig, dass Sie sich in diesem Handlungsschritt einen Überblick zu Ihren Themen und den darunter liegenden Lernsituationen im Verlauf der Ausbildung verschaffen. Dies bildet die Grundlage für die Auswahl eines Themas, für das Sie das exemplarische Prinzip im weiteren Sinne umsetzen.

◆ Literatur

Bader, R. (2003). Lernfelder konstruieren – Lernsituationen entwickeln. Eine Handreichung zur Erarbeitung didaktischer Jahresplanungen für die Berufsschule. *Die berufsbildende Schule, 55* (7-8), 210-217.

Corbin, J. M. & Strauss, A. L. (2004). *Weiterleben lernen. Verlauf und Bewältigung chronischer Krankheit* (2., vollständig überarbeitete und erweiterte Ausgabe). (A. Hildebrand Übers.). Bern: Huber. (Original erschienen 1988: Unending Work and Care: Managing Chronic Illness at Home).

Fachkommission nach § 53 PflBG (2020). Rahmenpläne der Fachkommission nach § 53 PflBG. Rahmenlehrpläne für den theoretischen und praktischen Unterricht. Rahmenausbildungspläne für die praktische Ausbildung (2., überarbeitete Auflage) [PDF-File]. Verfügbar unter: https://www.bibb.de/dokumente/pdf/Rahmenplaene_BARRIEREFREI_FINAL.pdf [26.07.2020]

Korthagen, F. A. J. (1985). Reflective Teaching and Preservice Teacher Education in the Netherlands. *Journal of Teacher Education, 36* (5), 11-15.

MDS - Medizinischer Dienst des Spitzenverbandes Bund der Krankenkassen e. V. (Hrsg.) (Dezember 2005). Grundsatzstellungnahme Pflegeprozess und Dokumentation. Handlungsempfehlungen zur Professionalisierung und Qualitätssicherung in der Pflege. Verfügbar unter: https://www.mds-ev.de/fileadmin/dokumente/Publikationen/SPV/Grundsatzstellungnahmen/30_Pflegeprozess_Dok_2005.pdf [24.02.2019]

Muster-Wäbs, H., Ruppel, A. & Schneider, K. (2005). *Lernfeldkonzept verstehen und umsetzen*. Brake: Prodos.

Schneider, K. & Hamar, C. (2020). Meso- und Mikroebene: Allgemeiner Handlungsleitfaden zur Entwicklung von Curricula für die generalistische Pflegeausbildung. *Unterricht Pflege, 25* (2), 18-50.

Schneider, K., Kuckeland, H. & Hatziliadis, M. (2019). Berufsfeldanalyse in der Pflege. Ausgangspunkt für die curriculare Entwicklung einer generalistisch ausgerichteten Pflegeausbildung. *Zeitschrift für Berufs- und Wirtschaftspädagogik, 115* (1), 6-38.

2. Ordnen Sie die Themen in den Ausbildungsverlauf ein, indem Sie die jeweiligen Lernsituationen mit ihren Stundenkontingenten den Ausbildungsdritteln und -blöcken zuordnen.

Ausbildungsverlauf	I. Ausbildungsdrittel				II. Ausbildungsdrittel			III. Ausbildungsdrittel		
Themen	Block 1	Block 2	Block 3	Block 4	Block 5	Block 6	Block 7	Block 8	Block 9	Block 10

(a) ist bei "I. Ausbildungsdrittel", (b) bei "Themen", (c) im Tabellenbereich markiert.

(a) Passen Sie hier die Spalten an die Anzahl der Blöcke im Verlauf der Ausbildung an Ihrer Schule an.

(b) Tragen Sie hier die Themen ein, die Sie im ersten Handlungsschritt (siehe S. 65 bis 68) aufgelistet haben. Nutzen Sie für jedes Thema eine eigene Zeile.

(c) Tragen Sie hier den Themen im Ausbildungsverlauf zugeordneten Lernsituationen ein, indem Sie diese mit ihrem Stundenkontingent in die Spalte des jeweiligen Blockes eintragen.

2. Ordnen Sie die Themen in den Ausbildungsverlauf ein, indem Sie die jeweiligen Lernsituationen mit ihren Stundenkontingenten den Ausbildungsdritteln und -blöcken zuordnen.

Ausbildungsverlauf Themen	I. Ausbildungsdrittel				II. Ausbildungsdrittel			III. Ausbildungsdrittel		
	Block 1	Block 2	Block 3	Block 4	Block 5	Block 6	Block 7	Block 8	Block 9	Block 10

74

3. Wählen Sie ein Thema aus, das **mehr als eine** Lernsituation beinhaltet.

Ausbildungsverlauf / Themen	I. Ausbildungsdrittel				II. Ausbildungsdrittel			III. Ausbildungsdrittel		
	Block 1	Block 2	Block 3	Block 4	Block 5	Block 6	Block 7	Block 8	Block 9	Block 10
Bei der Körperpflege begleiten	I.1.5 Bei der Körperpflege assistieren 1/6 16 Std.	I.2.6 Bei der Körperpflege am Waschbecken unterstützen 2/6 24 Std.				II.6.11 Bezugspersonen zur Körperpflege anleiten 4/6 16 Std.		III.8.10 Herausfordernde Situationen bei der Körperpflege bewältigen 5/6 20 Std.		II.10.5 Menschen im Sterbeprozess bei der Körperpflege unterstützen 6/6 8 Std.
		I.2.12 Beim Duschen und Baden unterstützen 3/6 16 Std.								
Beobachten	I.1.4 Beobachten 12 Std.									
Menschen mit Demenz begleiten			I.3.9 Menschen mit Demenz im Erstkontakt begegnen 1/5 16 Std.	I.4.8 Die Beziehung zu und mit Menschen mit Demenz gestalten 2/5 16 Std.	II.5.11 Menschen mit Demenz im Alltag unterstützen 3/5 24 Std.		II.7.10 Bezugspersonen von Menschen mit Demenz begleiten 4/5 16 Std.		III.9.9 Herausfordernde Situationen mit Menschen mit Demenz bewältigen 5/5 16 Std.	

Ausbildungsverlauf / Themen	I. Ausbildungsdrittel				II. Ausbildungsdrittel			III. Ausbildungsdrittel		
	Block 1	Block 2	Block 3	Block 4	Block 5	Block 6	Block 7	Block 8	Block 9	Block 10
					II.5.7					

Ausbildungsverlauf / Themen	I. Ausbildungsdrittel				II. Ausbildungsdrittel			III. Ausbildungsdrittel		
	Block 1	Block 2	Block 3	Block 4	Block 5	Block 6	Block 7	Block 8	Block 9	Block 10
Bei der Infusions- und Transfusionstherapie mitwirken					Bei der Infusionstherapie mitwirken 1/2 16 Std.					
					II.5.10 Bei der Transfusionstherapie mitwirken 2/2 8 Std.					

76

3. Wählen Sie ein Thema aus, das **mehr als eine** Lernsituation beinhaltet.

◆ **Auswahl eines Themas**

Der vorliegende Handlungsleitfaden fokussiert das exemplarische Prinzip im weiteren Sinne in der Umsetzungsvariante „In einem Thema". Diese Umsetzungsvariante setzt voraus, dass das ausgewählte Thema **mindestens zwei Lernsituationen** umfasst. Nur dann ist es möglich, in einer Lernsituation mit dem exemplarischen Prinzip zu arbeiten und darauf aufbauend einen Transfer in eine andere Lernsituation durchzuführen. Da es bei der Umsetzung des exemplarischen Prinzips im Unterricht darum geht, ein Exempel vertieft und umfassend zu bearbeiten (Wagenschein, 1959, S. 395, 396) ist es darüber hinaus erforderlich, dass die (Ausgangs-)Lernsituationen innerhalb eines ausgewählten Themas über ausreichende Stundenkontingente verfügen (Empfehlung: **mindestens 16 Stunden**).

A **Auswahlkriterien für geeignete Themen**

Zwingende Kriterien

✓ Das Thema umfasst **mehr als eine** Lernsituationen.

✓ Die Lernsituationen umfassen **mindestens 16 Stunden**.

Ergänzende Kriterien

✓ Die eigene fachliche Expertise in dem Thema.

✓ Die eigene Affinität zu dem Thema.

✓ Das Thema muss zeitnah unterrichtet werden.

✓ Das Thema umfasst für viel Stoff zu wenig Stunden.

✓ ...

Neben diesen zwingenden Auswahlkriterien sind weitere, ergänzende Kriterien denkbar, die Ihnen bei der Auswahl helfen können, z. B. (siehe auch Abbildung A rechts):

- Sie haben eine hohe fachliche Expertise in dem Thema (insbesondere, wenn Sie diesen Handlungsleitfaden zum ersten Mal umsetzen).
- Sie haben eine hohe Affinität zu dem Thema.
- Sie müssen das Thema zeitnah unterrichten.
- Sie haben für das Thema viel Stoff und dafür ein verhältnismäßig geringes Stundenkontingent.
- ...

◆ **Bezug zum Handlungsleitfaden**

In der weiteren Bearbeitung dieses Handlungsleitfadens analysieren Sie die Lernsituationen eines Themas differenziert. Daher treffen Sie in diesem Handlungsschritt eine Auswahl. Für Erstanwender empfiehlt es sich zunächst lediglich ein Thema herauszugreifen, das dann entlang des Handlungsleitfadens bearbeitet wird. Anwender, die bereits Erfahrungen mit der Umsetzung des exemplarischen Prinzips gesammelt haben, können auch mehrere Themen auswählen und parallel entlang des Handlungsleitfadens bearbeiten. Die Ergebnisse aus dem ersten und zweiten Handlungsschritt (siehe S. 65 bis 68 sowie S. 69 bis 74) können dabei als Grundlage fungieren.

◆ **Literatur**

Wagenschein, M. (1959). Zur Klärung des Unterrichtsprinzips des exemplarischen Lehrens. Eine Auslese. *Die Deutsche Schule, 51* (9), 393-404.

3. Wählen Sie ein Thema aus, das **mehr als eine** Lernsituation beinhaltet.

Ausbildungsverlauf / Themen	I. Ausbildungsdrittel				II. Ausbildungsdrittel			III. Ausbildungsdrittel		
	Block 1	Block 2	Block 3	Block 4	Block 5	Block 6	Block 7	Block 8	Block 9	Block 10
Bei der Körperpflege begleiten	I.1.5 Bei der Körperpflege assistieren 1/6 — *16 Stunden*	I.2.6 Bei der Körperpflege am Waschbecken unterstützen 2/6 — *24 Stunden*				II.6.11 Bezugspersonen zur Körperpflege anleiten 4/6 — *16 Stunden*		III.8.10 Herausfordernde Situationen bei der Körperpflege bewältigen 5/6 — *20 Stunden*		II.10.5 Menschen im Sterbeprozess bei der Körperpflege unterstützen 6/6 — *8 Stunden*
		I.2.12 Beim Duschen und Baden unterstützen 3/6 — *16 Stunden*								
Beobachten	I.1.4 Beobachten — *12 Stunden*									
Menschen mit Demenz begleiten			I.3.9 Menschen mit Demenz im Erstkontakt begegnen 1/5 — *16 Stunden*	I.4.8 Die Beziehung zu und mit Menschen mit Demenz gestalten 2/5 — *16 Stunden*	II.5.11 Menschen mit Demenz im Alltag unterstützen 3/5 — *24 Stunden*		II.7.10 Bezugspersonen von Menschen mit Demenz begleiten 4/5 — *16 Stunden*		III.9.9 Herausfordernde Situationen mit Menschen mit Demenz bewältigen 5/5 — *16 Stunden*	
Bei der Infusions- und Transfusionstherapie mitwirken					II.5.7 Bei der Infusionstherapie mitwirken 1/2 — *8 Stunden*					
					II.5.10 Bei der Transfusionstherapie mitwirken 2/2 — *8 Stunden*					

(a) — Markierung bei „Menschen mit Demenz begleiten"

☞ Sie arbeiten mit dem Dokument aus dem zweiten Handlungsschritt (siehe S. 69 bis 74) weiter. ☜

(a) Machen Sie Ihre Auswahl kenntlich (hier: Menschen mit Demenz begleiten), indem Sie z. B. mit Umrandungen arbeiten.

3. Wählen Sie ein Thema aus, das **mehr als eine** Lernsituation beinhaltet.

☞ Es handelt sich hier um das gleiche Blanko-Formular, das bereits im zweiten Handlungsschritt (S. 74) zum Einsatz kam. ☜

Ausbildungsverlauf / Themen	I. Ausbildungsdrittel				II. Ausbildungsdrittel			III. Ausbildungsdrittel		
	Block 1	Block 2	Block 3	Block 4	Block 5	Block 6	Block 7	Block 8	Block 9	Block 10

4.	Bestimmen Sie in einem Brainstorming für alle Lernsituationen des ausgewählten Themas das darin jeweils enthaltene Wesentliche, indem Sie die inhaltlichen Kriterien zur Bestimmung des Wesentlichen zugrunde legen.

Menschen mit Demenz begleiten

I. Ausbildungsdrittel				II. Ausbildungsdrittel			III. Ausbildungsdrittel		
1. Block	2. Block	3. Block	4. Block	5. Block	6. Block	7. Block	8. Block	9. Block	10. Block
		I.3.9 Menschen mit Demenz im Erstkontakt begegnen 1/5	I.4.8 Die Beziehung zu und mit Menschen mit Demenz gestalten 2/5	II.5.11 Menschen mit Demenz im Alltag unterstützen 3/5		II.7.10 Bezugspersonen von Menschen mit Demenz begleiten 4/5		III.9.9 Herausfordernde Situationen mit Menschen mit Demenz bewältigen 5/5	

☞ Die beispielhafte Umsetzung dieses Handlungsschrittes umfasst die Seiten 80 bis 86. ☜

Thema	Menschen mit Demenz begleiten	**Ausbildungsdrittel**	I
Lernsituation	I.3.9 Menschen mit Demenz im Erstkontakt begegnen 1/5	**Block**	3
Stunden	16 Stunden	**Nummer im Block**	9

Inhaltlichen Kriterien zur Bestimmung des Wesentlichen	Aspekte des Wesentlichen
1. Typische Arbeitsweisen/Techniken	- Adressatengerecht kommunizieren - Gedächtnis fördern - Herausfordernde Situationen bewältigen - Instrumente zum Assessment anwenden - Menschen mit kognitiven Veränderungen begleiten - Orientierung fördern - Pflege prozesshaft gestalten
2. Allgemeine Regeln	nicht enthalten
3. Typische Phänomene	- Beeinträchtigung der verbalen Kommunikation - Herausforderndes Verhalten - Verwirrung
4. Zentrale Begriffe	- Kognition
5. Prinzipien	- Bedürfnisorientiert handeln - Bezugswissenschaften als Begründungswissen integrieren - Biografieorientiert handeln - Ressourcenorientiert handeln - Sicherheit gewährleisten
6. (Natur-)Gesetzliche Zusammenhänge	nicht enthalten
7. Analogien	- Interaktionsgestaltung als Schmiermittel für eine Beziehung
8. Denk-/Verhaltensmodelle	- Interaktionsmodelle

4. Bestimmen Sie in einem Brainstorming für alle Lernsituationen des ausgewählten Themas das darin jeweils enthaltene Wesentliche, indem Sie die inhaltlichen Kriterien zur Bestimmung des Wesentlichen zugrunde legen.

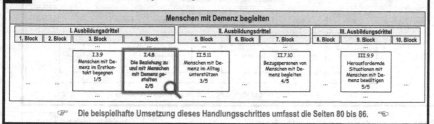

☞ Die beispielhafte Umsetzung dieses Handlungsschrittes umfasst die Seiten 80 bis 86. ☜

Thema	Menschen mit Demenz begleiten	Ausbildungsdrittel	I
Lernsituation	I.4.8 Die Beziehung zu und mit Menschen mit Demenz gestalten 2/5	Block	4
Stunden	16 Stunden	Nummer im Block	8

Inhaltlichen Kriterien zur Bestimmung des Wesentlichen	Aspekte des Wesentlichen
1. Typische Arbeitsweisen/Techniken	- Adressatengerecht kommunizieren - Bei der Ausscheidung unterstützen - Bei der Körperpflege unterstützen - Bei der Nahrungsaufnahme unterstützen - Beim An- und Auskleiden unterstützen - Berühren - Herausfordernde Situationen bewältigen - Instrumente zum Assessment anwenden - Menschen mit kognitiven Veränderungen begleiten - Pflege prozesshaft gestalten - Pflegewissenschaftlich fundiert handeln
2. Allgemeine Regeln	- Wenn Pflegende partnerschaftlich mit dem zu pflegenden Menschen und seinen Bezugspersonen agieren, dann ist Pflegehandeln professionell
3. Typische Phänomene	- Einsamkeit - Verwirrung
4. Zentrale Begriffe	- Expertenstandard - Kognition - Sozialpflege
5. Prinzipien	- Bedürfnisorientiert handeln - Biografieorientiert handeln - Ethisch handeln - Lebensweltorientiert handeln - Pflegekonzepte integrieren - Ressourcenorientiert handeln - Sicherheit gewährleisten - Wohlbefinden fördern

4. Bestimmen Sie in einem Brainstorming für alle Lernsituationen des ausgewählten Themas das darin jeweils enthaltene Wesentliche, indem Sie die inhaltlichen Kriterien zur Bestimmung des Wesentlichen zugrunde legen.

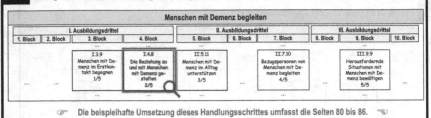

☞ Die beispielhafte Umsetzung dieses Handlungsschrittes umfasst die Seiten 80 bis 86. ☜

Thema	Menschen mit Demenz begleiten	Ausbildungsdrittel	I
Lernsituation	I.4.8 Die Beziehung zu und mit Menschen mit Demenz gestalten 2/5	Block	4
Stunden	16 Stunden	Nummer im Block	8

Inhaltlichen Kriterien zur Bestimmung des Wesentlichen	Aspekte des Wesentlichen
6. (Natur-)Gesetzliche Zusammenhänge	nicht enthalten
7. Analogien	- Die Beziehung zwischen zwei Menschen als ineinandergreifende Zahnräder
8. Denk-/Verhaltensmodelle	nicht enthalten

4. Bestimmen Sie in einem Brainstorming für alle Lernsituationen des ausgewählten Themas das darin jeweils enthaltene Wesentliche, indem Sie die inhaltlichen Kriterien zur Bestimmung des Wesentlichen zugrunde legen.

☞ Die beispielhafte Umsetzung dieses Handlungsschrittes umfasst die Seiten 80 bis 86. ☜

Thema	Menschen mit Demenz begleiten	Ausbildungsdrittel	II
Lernsituation	II.5.11 Menschen mit Demenz im Alltag unterstützen 3/5	Block	5
Stunden	24 Stunden	Nummer im Block	11

Inhaltlichen Kriterien zur Bestimmung des Wesentlichen	Aspekte des Wesentlichen
1. Typische Arbeitsweisen/Techniken	- Adressatengerecht kommunizieren - Bei der Ausscheidung unterstützen - Bei der Körperpflege unterstützen - Bei der Nahrungsaufnahme unterstützen - Bei der Wohnraumgestaltung mitwirken - Beim An- und Auskleiden unterstützen - Herausfordernde Situationen bewältigen - Instrumente zum Assessment anwenden - Menschen mit kognitiven Veränderungen begleiten - Orientierung fördern - Pflege prozesshaft gestalten
2. Allgemeine Regeln	nicht enthalten
3. Typische Phänomene	- Verwirrung
4. Zentrale Begriffe	- Chronische Progredienz - Kognition - Selbstbestimmung - Sozialverhalten
5. Prinzipien	- Bedürfnisorientiert handeln - Bezugswissenschaften als Begründungswissen integrieren - Biografieorientiert handeln - Gewaltfrei handeln - Lebensweltorientiert handeln - Prophylaktisch handeln - Ressourcenorientiert handeln - Sicherheit gewährleisten - Wohlbefinden fördern

4. Bestimmen Sie in einem Brainstorming für alle Lernsituationen des ausgewählten Themas das darin jeweils enthaltene Wesentliche, indem Sie die inhaltlichen Kriterien zur Bestimmung des Wesentlichen zugrunde legen.

☞ Die beispielhafte Umsetzung dieses Handlungsschrittes umfasst die Seiten 80 bis 86. ☜

Thema	Menschen mit Demenz begleiten	Ausbildungsdrittel	II
Lernsituation	II.5.11 Menschen mit Demenz im Alltag unterstützen 3/5	Block	5
Stunden	24 Stunden	Nummer im Block	11

Inhaltlichen Kriterien zur Bestimmung des Wesentlichen	Aspekte des Wesentlichen
6. (Natur-)Gesetzliche Zusammenhänge	- Infarkt - Physiologie des Gehirns - Reizweiterleitung
7. Analogien	- Interaktionsgestaltung als Schmiermittel für eine Beziehung
8. Denk-/Verhaltensmodelle	nicht enthalten

Beispielhafte Umsetzung

4. Bestimmen Sie in einem Brainstorming für alle Lernsituationen des ausgewählten Themas das darin jeweils enthaltene Wesentliche, indem Sie die inhaltlichen Kriterien zur Bestimmung des Wesentlichen zugrunde legen.

Die beispielhafte Umsetzung dieses Handlungsschrittes umfasst die Seiten 80 bis 86.

Thema	Menschen mit Demenz begleiten	Ausbildungsdrittel	II
Lernsituation	II.7.10 Bezugspersonen von Menschen mit Demenz begleiten 4/5	Block	7
Stunden	16 Stunden	Nummer im Block	10

Inhaltlichen Kriterien zur Bestimmung des Wesentlichen	Aspekte des Wesentlichen
1. Typische Arbeitsweisen/Techniken	- Beratungsprozesse gestalten - Herausfordernde Situationen bewältigen - Pflege prozesshaft gestalten - Soziales Netzwerk einbeziehen
2. Allgemeine Regeln	- Wenn Pflegende partnerschaftlich mit dem zu pflegenden Menschen und seinen Bezugspersonen agieren, dann ist Pflegehandeln professionell - Wenn Pflegende eine systematische Betrachtungsweise des zu pflegenden Menschen und seiner Situation vornehmen, dann ist Pflegehandeln professionell
3. Typische Phänomene	- Belastungen der Angehörigen - Krise - Schuld und Schuldgefühle
4. Zentrale Begriffe	- Familie - Gewalt - Lebensqualität - Rollenwechsel
5. Prinzipien	- Bewältigungsprozesse fördern - Sicherheit gewährleisten
6. (Natur-)Gesetzliche Zusammenhänge	- Grundrechte des Menschen - Rechtliche Betreuung
7. Analogien	- Die Beziehung zwischen zwei Menschen als ineinandergreifende Zahnräder
8. Denk-/Verhaltensmodelle	nicht enthalten

4. Bestimmen Sie in einem Brainstorming für alle Lernsituationen des ausgewählten Themas das darin jeweils enthaltene Wesentliche, indem Sie die inhaltlichen Kriterien zur Bestimmung des Wesentlichen zugrunde legen.

Die beispielhafte Umsetzung dieses Handlungsschrittes umfasst die Seiten 80 bis 86.

Thema	Menschen mit Demenz begleiten	Ausbildungsdrittel	III
Lernsituation	III.9.9 Herausfordernde Situationen mit Menschen mit Demenz bewältigen 5/5	**Block**	9
Stunden	16 Stunden	**Nummer im Block**	9

Inhaltlichen Kriterien zur Bestimmung des Wesentlichen	Aspekte des Wesentlichen
1. Typische Arbeitsweisen/Techniken	- Adressatengerecht kommunizieren - Herausfordernde Situationen bewältigen - Menschen in psychischen Problemlagen begleiten - Menschen mit kognitiven Veränderungen begleiten - Pflege prozesshaft gestalten
2. Allgemeine Regeln	nicht enthalten
3. Typische Phänomene	- Herausforderndes Verhalten - Verwirrung
4. Zentrale Begriffe	nicht enthalten
5. Prinzipien	- Ethisch handeln - Gewaltfrei handeln - Lebensweltorientiert handeln - Prophylaktisch handeln - Ressourcenorientiert handeln - Sicherheit gewährleisten - Wohlbefinden fördern
6. (Natur-)Gesetzliche Zusammenhänge	- Grundrechte des Menschen
7. Analogien	nicht enthalten
8. Denk-/Verhaltensmodelle	nicht enthalten

4. Bestimmen Sie in einem Brainstorming für alle Lernsituationen des ausgewählten Themas das darin jeweils enthaltene Wesentliche, indem Sie die inhaltlichen Kriterien zur Bestimmung des Wesentlichen zugrunde legen.

◆ **Inhaltliche Kriterien zur Bestimmung des Wesentlichen**

1. Typische Arbeitsweisen/Techniken	
Hierbei handelt es sich um für den (pflege-)beruflichen Kontext charakteristische Vorgehensweisen, die sich aus mehreren Handlungsschritten/Tätigkeiten zusammensetzen.	*Beispiel:* **Individuelle Pflegebedarfe erheben**

2. Allgemeine Regeln	
Hierbei handelt es um Richtlinien, die für den (pflege-)beruflichen Kontext von den Handelnden als verbindlich betrachtet werden und die über Konventionen entstanden sind. Sie strukturieren die Arbeit und dienen dazu, ein einheitliches und adäquates Qualitätsniveau sicherzustellen. Professionelles Handeln ist durch die Einhaltung dieser Richtlinien gekennzeichnet.	*Beispiel:* **Wenn Pflegende <u>partnerschaftlich</u> mit dem zu pflegenden Menschen und seinen Bezugspersonen agieren, dann ist Pflegehandeln professionell**

3. Typische Phänomene	
Hierbei handelt es sich um Ereignisse, Situationen oder Prozesse, mit denen Handelnde im (pflege-)beruflichen Kontext typischerweise konfrontiert werden (Käppeli, 1998, 1999, 2000).	*Beispiel:* **Verwirrtheit**

4. Zentrale Begriffe	
Hierbei handelt es sich um für den (pflege-)beruflichen Kontext typische und mit einer spezifischen Bedeutung versehene Begrifflichkeiten, die eine übergeordnete und damit abstrakte Zusammenfassung mehrerer Aspekte bzw. Einzelaussagen darstellen.	*Beispiel:* **Ganzheitlichkeit**

5. Prinzipien	
Hierbei handelt es sich um allgemeine Grundsätze, auf denen das Handeln im (pflege-)beruflichen Kontext basiert. Diese geben die Richtung des jeweiligen (pflegerischen) Handelns vor und sind dadurch gekennzeichnet, dass sie unabhängig von den individuellen und stets wechselnden (pflegerischen) Situationen gelten (Cavada et al., 2003).	*Beispiel:* **Sicherheit gewährleisten**

6. (Natur-)Gesetzliche Zusammenhänge	
Hierbei handelt es sich im Gegensatz zu „2. Allgemeine Regeln" um ein Konglomerat von Festsetzungen, die nicht nur im Kontext des (pflege-)beruflichen Handels, sondern in jedem Lebenskontext eine hohe Verbindlichkeit haben. Verstöße werden sanktioniert bzw. führen unmittelbar zu Konsequenzen. Naturgesetzliche Zusammenhänge, die im pflegeberuflichen Kontext vor allem von Relevanz sind, werden als Regelmäßigkeiten in der Natur beschrieben.	*Beispiel:* **Reizweiterleitung**

7. Analogien

Hierbei handelt es sich um Erkenntnisse durch Vergleiche oder Ähnlichkeiten zwischen zwei oder mehreren inhaltlichen Gegenständen, die sich in Form von Relationen ausdrücken lassen (Haider, 2010, S. 42), z. B.: Das Verhältnis von A zu B im Kontext des inhaltlichen Gegenstands X entspricht dem Verhältnis von C zu D im Kontext des inhaltlichen Gegenstands Y.

Beispiel
Interaktionsgestaltung als Schmiermittel[10] für eine Beziehung[11]

8. Denk-/Verhaltensmodelle

Hierbei handelt es sich um vereinfachende Abbildungen einer (komplexen) Realität bzw. von Teilausschnitten dieser (komplexen) Realität. Im (pflege-)beruflichen Kontext fungieren Denk-/Verhaltensmodelle als theoretischer Bezugsrahmen für das Handeln professioneller Akteure und dienen damit auch zu dessen Legitimation.

Beispiel
Interaktionsmodelle

◆ **Das „Wesentliche" und „Aspekte des Wesentlichen"**

Das „**Wesentliche**" des (pflege-)beruflichen Kontextes setzt sich aus den auf S. 87 dargestellten „inhaltlichen Kriterien zur Bestimmung des Wesentlichen" (Schneider & Hamar, 2020b, S. 55) zusammen (siehe Abbildung A rechts).

Durch die Anwendung dieser acht Kriterien ist es Ihnen möglich, das Wesentliche, z. B. einer Lernsituation, strukturiert und systematisch zu bestimmen. Dies erfolgt, indem Sie anhand der einzelnen Kriterien die zentralen Grundeinsichten (Wagenschein, 1959, S. 396, 397; Klafki, 2007, S. 143, 144) des (pflege-)beruflichen Kontextes, für die z. B. die Inhalte der Lernsituation stehen, identifizieren. Eine einzelne, auf diese Weise identifizierte Grundeinsicht wird im Folgenden als „**Aspekt des Wesentlichen**" bezeichnet (siehe Abbildung B rechts).

Bei der Anwendung der acht inhaltlichen Kriterien zur Bestimmung des Wesentlichen ist zu beachten, dass nicht jedes Kriterium erfüllt sein muss. Es ist nicht zu erwarten, dass Lernsituationen stets alle acht Kriterien aufweisen. Zudem kann es sich an manchen Stellen als schwierig erweisen, zu entscheiden, ob ein identifizierter Aspekt des Wesentlichen z. B. dem Kriterium „5. Prinzipien" oder doch eher dem Kriterium „1. Typische Arbeitsweisen/Techniken" zuzuordnen ist. Die hier möglicherweise nicht als ausreichend empfundene Trennschärfe kann in solchen Fällen vernachlässigt werden, da sie keine nachteiligen Konsequenzen für die Umsetzung des exemplarischen Prinzips hat. Wichtig ist jedoch, dass Sie eine begründete Entscheidung treffen und den Aspekt des Wesentlichen lediglich *einmal* und *nicht mehrfach* zuordnen.

In der untenstehenden Abbildung C ist beispielhaft das Wesentliche, das in der Lernsituation „II.5.11 Menschen mit Demenz im Alltag begleiten 3/5" enthalten ist, abgebildet, indem alle identifizierten Grundeinsichten den acht inhaltlichen Kriterien zur Bestimmung des Wesentlichen zugeordnet sind.

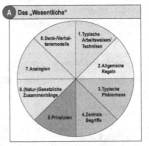

A Das „Wesentliche"

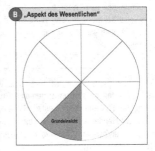

B „Aspekt des Wesentlichen"

---

[10] Zwei physikalische Strukturen (z. B. Zahnräder), die zum gemeinsamen Vorankommen in einem direkten Kontakt miteinander stehen, üben Reibungskräfte aufeinander aus. Diese Reibungskräfte wirken deren Vorankommen bzw. dem Bestreben, voranzukommen, entgegen. Schmiermittel trägt dazu bei, die Reibung zwischen beiden physikalischen Strukturen herabzusetzen, indem es einen Schmierfilm dazwischen ausbildet, der Reibung und damit Verschleiß unterbindet. (Stoffregen, 2012, S. 257; Kersten, Wagner, Tipler & Mosca, 2019b, S. 158)

[11] Das Verhältnis von „empathisch handeln" zur „professionellen Beziehungsgestaltung" im Kontext von „beziehungsorientiert handeln" entspricht dem Verhältnis von „Schmiermittel" zu „zwei ineinandergreifenden Zahnrädern" im Kontext der Kinematik – beides führt zu einem Reibungsverlust und sichert die Weiterentwicklung bzw. das Vorankommen. Übertragen werden kann dies z. B. auf das Verhältnis von „humorvoll handeln" zur „professionellen Beziehungsgestaltung".

C Alle Aspekte des Wesentlichen in der Lernsituation „II.5.11 Menschen mit Demenz im Alltag unterstützen 3/5"

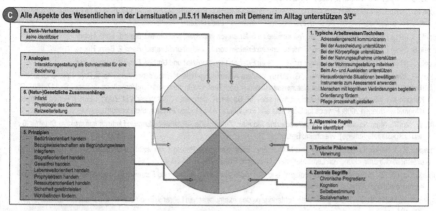

8. Denk-/Verhaltensmodelle
keine identifiziert

7. Analogien
– Interaktionsgestaltung als Schmiermittel für eine Beziehung

6. (Natur-)Gesetzliche Zusammenhänge
– Infarkt
– Physiologie des Gehirns
– Reizweiterleitung

5. Prinzipien
– Bedürfnisorientiert handeln
– Bezugswissenschaften als Begründungswissen integrieren
– Biografieorientiert handeln
– Gewaltfrei handeln
– Lebensweltorientiert handeln
– Prophylaktisch handeln
– Ressourcenorientiert handeln
– Sicherheit gewährleisten
– Wohlbefinden fördern

1. Typische Arbeitsweisen/Techniken
– Adressatengerecht kommunizieren
– Bei der Ausscheidung unterstützen
– Bei der Körperpflege unterstützen
– Bei der Nahrungsaufnahme unterstützen
– Bei der Wohnraumgestaltung mitwirken
– Beim An- und Auskleiden unterstützen
– Herausfordernde Situationen bewältigen
– Instrumente zum Assessment anwenden
– Menschen mit kognitiven Veränderungen begleiten
– Orientierung fördern
– Pflege prozesshaft gestalten

2. Allgemeine Regeln
keine identifiziert

3. Typische Phänomene
– Verwirrung

4. Zentrale Begriffe
– Chronische Progredienz
– Kognition
– Selbstbestimmung
– Sozialverhalten

◆ **Bezug zum Handlungsleitfaden**

Sie wenden in diesem Handlungsschritt die acht inhaltlichen Kriterien zur Bestimmung des Wesentlichen (siehe S. 87) an, indem Sie alle Lernsituationen des ausgewählten Themas jeweils aus der Perspektive bzw. „durch die Brille" der acht inhaltlichen Kriterien zur Bestimmung des Wesentlichen betrachten. Es bietet sich an, dass sich die Charakteristika der acht inhaltlichen Kriterien zu Bestimmung des Wesentlichen sprachlich in den Formulierungen wiederfinden. Die untenstehende Tabelle können Sie verwenden, um Anregungen für Formulierungen zu bekommen.

Aspekte des Wesentlichen	Anregungen für die Formulierung	Beispiele
1. Typische Arbeitsweisen/ Techniken	Hier bietet es sich an, **aktive Handlungen** zu formulieren.	Individuelle Pflegebedarfe erheben
2. Allgemeine Regeln	Hier bietet es sich an, **Wenn-Dann-Sätze** zu formulieren.	Wenn Pflegende <u>partnerschaftlich</u> mit dem zu pflegenden Menschen und seinen Bezugspersonen agieren, dann ist Pflegehandeln professionell
3. Typische Phänomene	Hier bietet es sich an, **Schlüsselbegriffe** (Substantive) zu benennen.	Verwirrtheit
4. Zentrale Begriffe	Hier bietet es sich an, **Schlüsselbegriffe** (Substantive) zu benennen.	Ganzheitlichkeit
5. Prinzipien	Hier bietet es sich an, **aktive Handlungen** zu formulieren.	Sicherheit gewährleisten
6. (Natur-)Gesetzliche Zusammenhänge	Hier bietet es sich an, **Schlüsselbegriffe** (Substantive) zu benennen.	Reizweiterleitung
7. Analogien	Hier bietet es sich an, **Vergleiche** bzw. **Verhältnisse** zu formulieren.	Interaktionsgestaltung als Schmiermittel[10 auf S. 88] für eine Beziehung[11 auf S. 88]
8. Denk-/Verhaltensmodelle	Hier bietet es sich an, **Schlüsselbegriffe** (Substantive) zu benennen.	Interaktionsmodelle

Im Ergebnis erhalten Sie eine Übersicht über die Aspekte des Wesentlichen in Ihren Lernsituationen. Diese Übersicht bildet die Grundlage für die weitere Arbeit mit dem Handlungsleitfaden

◆ **Literatur**

Cavada, S., Krüger, A. & Schulz, D. (2003). *PPS-Pflegepraxis. Phänomene, Prinzipien, Strategien.* Berlin: Springer.

Haider, M. (2010). *Der Stellenwert von Analogien für den Erwerb naturwissenschaftlicher Erkenntnisse. Eine Untersuchung im Sachunterricht der Grundschule am Beispiel „Elektrischer Stromkreis".* Bad Heilbrunn: Klinkhardt.

Käppeli, S. (Hrsg.). (1998). *Pflegekonzepte. Phänomene im Erleben von Krankheit und Umfeld. Band 1.* Bern: Huber.

Käppeli, S. (Hrsg.). (1999). *Pflegekonzepte. Phänomene im Erleben von Krankheit und Umfeld. Band 2.* Bern: Huber.

Käppeli, S. (Hrsg.). (2000). *Pflegekonzepte. Phänomene im Erleben von Krankheit und Umfeld. Band 3.* Bern: Huber.

Kersten, P., Wagner, J., Tipler, P. A. & Mosca, G. (2019). Weitere Anwendungen der Newton´schen Axionme. In P. A. Tipler & G. Mosca (Hrsg.), *Physik für Studierende der Naturwissenschaften und Technik* (8., korrigierte und erweiterte Auflage, S. 117-166). P. Kersten & J. Wagner (Hrsg. der deutschen Ausgabe) (M. Basler, R. Dohmen, A. Schleitzer & M. Zillgitt Übers.). Berlin: Springer. (Original erschienen 2008: Physics for Scientists and Engineers. With Modern Physics. Sixth Edition).

Klafki, W. (2007). *Neue Studien zur Bildungstheorie und Didaktik. Zeitgemäße Allgemeinbildung und kritisch-konstruktive Didaktik* (6., neu ausgestattete Auflage). Weinheim: Beltz.

Schneider, K. & Hamar, C. (2020). Meso- und Mikroebene: Exemplarisches Prinzip – ein wichtiger Baustein für die curriculare und unterrichtliche Entwicklung von Lernsituationen. *Unterricht Pflege, 25* (3), 54-60.

Stoffregen, J. (2012). *Motorradtechnik. Grundlagen und Konzepte von Motor, Antrieb und Fahrwerk* (8., vollständig überarbeitete und ergänzte Auflage). Wiesbaden: Springer.

Wagenschein, M. (1959). Zur Klärung des Unterrichtsprinzips des exemplarischen Lehrens. Eine Auslese. *Die Deutsche Schule, 51* (9), 393-404.

4. Bestimmen Sie in einem Brainstorming für alle Lernsituationen des ausgewählten Themas das darin jeweils enthaltene Wesentliche, indem Sie die inhaltlichen Kriterien zur Bestimmung des Wesentlichen zugrunde legen.

Thema	ⓐ	Ausbildungsdrittel	
Lernsituation		Block	
Stunden		Nummer im Block	

Inhaltlichen Kriterien zur Bestimmung des Wesentlichen	Aspekte des Wesentlichen ⓑ
1. Typische Arbeitsweisen/Techniken	
2. Allgemeine Regeln	
3. Typische Phänomene	
4. Zentrale Begriffe	
5. Prinzipien	
6. (Natur-)Gesetzliche Zusammenhänge	
7. Analogien	
8. Denk-/Verhaltensmodelle	

☞ Dieses Dokument ist für jede Lernsituation des Themas auszufüllen. ☜

ⓐ Tragen Sie hier das Thema und die Lernsituation ein, für die Sie die Aspekte des Wesentlichen bestimmen.

ⓑ Führen Sie ein Brainstorming zu den Aspekten des Wesentlichen durch, die in der Lernsituationen enthalten sind. Orientieren Sie sich dafür an den inhaltlichen Kriterien zur Bestimmung des Wesentlichen (weiterführende Informationen diesbezüglich finden Sie auf S. 87). Tragen Sie Ihre Ergebnisse hier in die Tabelle ein.

4. Bestimmen Sie in einem Brainstorming für alle Lernsituationen des ausgewählten Themas das darin jeweils enthaltene Wesentliche, indem Sie die inhaltlichen Kriterien zur Bestimmung des Wesentlichen zugrunde legen.

Thema		Ausbildungsdrittel	
Lernsituation		Block	
Stunden		Nummer im Block	

Inhaltlichen Kriterien zur Bestimmung des Wesentlichen	Aspekte des Wesentlichen
1. Typische Arbeitsweisen/Techniken	
2. Allgemeine Regeln	
3. Typische Phänomene	
4. Zentrale Begriffe	
5. Prinzipien	
6. (Natur-)Gesetzliche Zusammen-hänge	
7. Analogien	
8. Denk-/Verhaltensmodelle	

5. Bestimmen Sie die Häufigkeit, mit der die identifizierten Aspekte des Wesentlichen im ausgewählten Thema vorkommen.

☞ Die beispielhafte Umsetzung dieses Handlungsschrittes umfasst die Seiten 93 bis 95. ☜

| Thema | Menschen mit Demenz begleiten | | | | | **Anzahl der Lernsituationen** | **5** |

Ausbildungsdrittel	I		II		III	
Blöcke	3	4	5	7	9	
Lernsituationen des Themas	I.3.9 Menschen mit Demenz im Erstkontakt begegnen 1/5	I.4.8 Die Beziehung zu und mit Menschen mit Demenz gestalten 2/5	II.5.11 Menschen mit Demenz im Alltag unterstützen 3/5	II.7.10 Bezugspersonen von Menschen mit Demenz begleiten 4/5	III.9.9 Herausfordernde Situationen mit Menschen mit Demenz bewältigen 5/5	Häufigkeiten
1. Typische Arbeitsweisen/Techniken — Adressatengerecht kommunizieren	X	X	X		X	4
Bei der Ausscheidung unterstützen		X	X			2
Bei der Körperpflege unterstützen		X	X			2
Bei der Nahrungsaufnahme unterstützen		X	X			2
Bei der Wohnraumgestaltung mitwirken			X			1
Beim An- und Auskleiden unterstützen		X	X			2
Beratungsprozesse gestalten				X		1
Berühren		X				1
Gedächtnis fördern	X					1
Herausfordernde Situationen bewältigen	X	X	X	X	X	5
Instrumente zum Assessment anwenden	X	X	X			3
Menschen in psychischen Problemlagen begleiten					X	1
Menschen mit kognitiven Veränderungen begleiten	X	X	X		X	4
Orientierung fördern	X		X			2
Pflege prozesshaft gestalten	X	X	X	X	X	5
Pflegewissenschaftlich fundiert handeln		X				1
Soziales Netzwerk einbeziehen				X		1

Identifizierte Aspekte des Wesentlichen

5. Bestimmen Sie die Häufigkeit, mit der die identifizierten Aspekte des Wesentlichen im ausgewählten Thema vorkommen.

☞ Die beispielhafte Umsetzung dieses Handlungsschrittes umfasst die Seiten 93 bis 95. ☜

| Thema | Menschen mit Demenz begleiten | | | | | | Anzahl der Lernsituationen | 5 |

Ausbildungsdrittel	I		II		III	
Blöcke	3	4	5	7	9	Häufigkeiten
Lernsituationen des Themas → / Identifizierte Aspekte des Wesentlichen ↓	I.3.9 Menschen mit Demenz im Erstkontakt begegnen 1/5	I.4.8 Die Beziehung zu und mit Menschen mit Demenz gestalten 2/5	II.5.11 Menschen mit Demenz im Alltag unterstützen 3/5	II.7.10 Bezugspersonen von Menschen mit Demenz begleiten 4/5	III.9.9 Herausfordernde Situationen mit Menschen mit Demenz bewältigen 5/5	
2. Allgemeine Regeln — Für professionelles Pflegehandeln ist es unabdingbar, partnerschaftlich mit dem zu pflegenden Menschen und seinen Bezugspersonen zu agieren		X		X		2
Für professionelles Pflegehandeln ist es unabdingbar, eine systemische Betrachtungsweise des zu pflegenden Menschen und seiner Situation vorzunehmen				X		1
3. Typische Phänomene — Beeinträchtigung der verbalen Kommunikation	X					1
Belastungen der Angehörigen				X		1
Einsamkeit		X				1
Herausforderndes Verhalten	X				X	2
Krise				X		1
Schuld und Schuldgefühle				X		1
Verwirrung	X	X	X		X	4
4. Zentrale Begriffe — Chronische Progredienz			X			1
Expertenstandard		X				1
Familie				X		1
Gewalt				X		1
Kognition	X	X	X			3
Lebensqualität				X		1
Rollenwechsel				X		1
Selbstbestimmung			X			1
Sozialpflege		X				1
Sozialverhalten			X			1

5. Bestimmen Sie die Häufigkeit, mit der die identifizierten Aspekte des Wesentlichen im ausgewählten Thema vorkommen.

☞ Die beispielhafte Umsetzung dieses Handlungsschrittes umfasst die Seiten 93 bis 95. ☜

| Thema | Menschen mit Demenz begleiten | | | | | **Anzahl der Lernsituationen** | 5 |

Ausbildungsdrittel	I		II		III	
Blöcke	3	4	5	7	9	
Lernsituationen des Themas / Identifizierte Aspekte des Wesentlichen	I.3.9 Menschen mit Demenz im Erstkontakt begegnen 1/5	I.4.8 Die Beziehung zu und mit Menschen mit Demenz gestalten 2/5	II.5.11 Menschen mit Demenz im Alltag unterstützen 3/5	II.7.10 Bezugspersonen von Menschen mit Demenz begleiten 4/5	III.9.9 Herausfordernde Situationen mit Menschen mit Demenz bewältigen 5/5	Häufigkeiten
5. Prinzipien Bedürfnisorientiert handeln	X	X	X			3
Bewältigungsprozesse fördern				X		1
Bezugswissenschaften als Begründungswissen integrieren	X		X			2
Biografieorientiert handeln	X	X	X			3
Ethisch handeln		X			X	2
Gewaltfrei handeln			X		X	2
Lebensweltorientiert handeln		X	X		X	3
Pflegekonzepte integrieren		X				1
Prophylaktisch handeln			X		X	2
Ressourcenorientiert handeln	X	X	X		X	4
Sicherheit gewährleisten	X	X	X	X	X	5
Wohlbefinden fördern		X	X		X	3
6. (Natur-)Gesetzliche Zusammenhänge Infarkt			X			1
Grundrechte des Menschen				X	X	2
Physiologie des Gehirns			X			1
Rechtliche Betreuung				X		1
Reizweiterleitung			X			1
7. Analogien Interaktionsgestaltung als Schmiermittel für eine Beziehung	X		X			2
Die Beziehung zwischen zwei Menschen als ineinandergreifende Zahnräder		X		X		2
8. Denk-/Verhaltensmodelle Interaktionsmodelle	X					1

> **5.** Bestimmen Sie die Häufigkeit, mit der die identifizierten Aspekte des Wesentlichen im ausgewählten Thema vorkommen.

◆ **Bezug zum Handlungsleitfaden**

Vor dem Hintergrund des exemplarischen Prinzips im weiteren Sinne in der Umsetzungsvariante „In einem Thema" (siehe S. 60), das von diesem Handlungsleitfaden fokussiert wird, ist es von Bedeutung, dass Sie sich einen Überblick über die von Ihnen identifizierten Aspekte des Wesentlichen im gesamten Thema verschaffen. Mit Hilfe der in diesem Handlungsschritt entwickelten Übersicht können Sie die folgenden Fragen beantworten:

- Welche Aspekte des Wesentlichen sind in dem gesamten Thema enthalten?

- Welche Aspekte des Wesentlichen sind in welchen Lernsituationen enthalten?

- Welche Aspekte des Wesentlichen sind in lediglich <u>einer Lernsituationen</u> des Themas enthalten?

- Welche Aspekte des Wesentlichen sind in <u>mehreren Lernsituationen</u> des Themas enthalten?

Die Antworten auf diese Fragen bilden in der weiteren Bearbeitung des Handlungsleitfadens die Basis für die Auswahl eines Aspektes des Wesentlichen.

5. Bestimmen Sie die Häufigkeit, mit der die identifizierten Aspekte des Wesentlichen im ausgewählten Thema vorkommen.

Thema	ⓐ	Anzahl der Lernsituationen	

Ausbildungsdrittel

Blöcke

Lernsituationen des Themas

ⓑ

Identifizierte Aspekte des Wesentlichen   ⓒ

Häufigkeiten

1. Typische Arbeitsweisen/ Techniken				ⓓ			
2. Allgemeine Regeln							
3. Typische Phänomene							
4. Zentrale Begriffe							
5. Prinzipien							ⓔ
6. (Natur-)Gesetzliche Zu- sammenhänge							
7. Analogien							
8. Denk-/Verhaltensmodelle							

ⓐ Tragen Sie hier das Thema und die Anzahl der Lernsituationen, die es umfasst, ein.

ⓑ Tragen Sie hier die einzelnen Lernsituationen des Themas mit den jeweiligen Blöcken und Ausbildungsdritteln ein. Bei Bedarf können Sie die Anzahl der Spalten erhöhen oder reduzieren.

ⓒ Ordnen Sie hier alle von Ihnen im vierten Handlungsschritt (siehe S. 80 bis 92) identifizierten Aspekte des Wesentlichen den inhaltlichen Kriterien zur Bestimmung des Wesentlichen zu. Fügen Sie bei Bedarf weitere Zeilen ein.

ⓓ Tragen Sie hier ein „X" ein, wenn der jeweilige Aspekt des Wesentlichen in der jeweiligen Lernsituation vorkommt.

ⓔ Tragen Sie hier die Häufigkeit ein, mit der der jeweilige Aspekt des Wesentlichen im Thema vorkommt. Zählen Sie dazu die „X" in der jeweiligen Zeile.

5. Bestimmen Sie die Häufigkeit, mit der die identifizierten Aspekte des Wesentlichen im ausgewählten Thema vorkommen.

| Thema | | Anzahl der Lernsituationen | |

	Ausbildungsdrittel						Häufigkeiten
	Blöcke						
	Lernsituationen des Themas						
Identifizierte Aspekte des Wesentlichen							
1. Typische Arbeitsweisen/ Techniken							
2. Allgemeine Regeln							
3. Typische Phänomene							
4. Zentrale Begriffe							
5. Prinzipien							
6. (Natur-)Gesetzliche Zusammenhänge							
7. Analogien							
8. Denk-/Verhaltensmodelle							

> **6.** Bestimmen Sie die identifizierten Aspekte des Wesentlichen, die in mehr als einer Lernsituation enthalten sind.

| **Thema** | Menschen mit Demenz begleiten | | | | **Anzahl der Lernsituationen** | **5** |

Ausbildungsdrittel	I		II		III	
Blöcke	3	4	5	7	9	
Lernsituationen des Themas → / Identifizierte Aspekte des Wesentlichen ↓	I.3.9 Menschen mit Demenz im Erstkontakt begegnen 1/5	I.4.8 Die Beziehung zu und mit Menschen mit Demenz gestalten 2/5	II.5.11 Menschen mit Demenz im Alltag unterstützen 3/5	II.7.10 Bezugspersonen von Menschen mit Demenz begleiten 4/5	III.9.9 Herausfordernde Situationen mit Menschen mit Demenz bewältigen 5/5	Häufigkeiten
1. Typische Arbeitsweisen/Techniken — Adressatengerecht kommunizieren			X		X	4
Bei der Ausscheidung unterstützen			X			2
Bei der Körperpflege unterstützen			X			2
Bei der Nahrungsaufnahme unterstützen			X			2
Beim An- und Auskleiden unterstützen			X			2
Herausfordernde Situationen bewältigen			X			5
Instrumente zum Assessment anwenden		X				3
Menschen mit kognitiven Veränderungen begleiten		X			X	4
Orientierung fördern	X		X			2
Pflege prozesshaft gestalten			X			5
2. Allgemeine Regeln — Für professionelles Pflegehandeln ist es unabdingbar, partnerschaftlich mit dem zu pflegenden Menschen und seinen Bezugspersonen zu agieren			X	X		2
3. Typische Phänomene — Herausforderndes Verhalten	X				X	2
Verwirrung			X		X	4
4. Zentrale Begriffe — Kognition			X			3

6. Bestimmen Sie die identifizierten Aspekte des Wesentlichen, die in mehr als einer Lernsituation enthalten sind.

Thema	Menschen mit Demenz begleiten					Anzahl der Lernsituationen	5

Ausbildungsdrittel	I		II		III	Häufigkeiten
Blöcke	3	4	5	7	9	
Lernsituationen des Themas / Identifizierte Aspekte des Wesentlichen	I.3.9 Menschen mit Demenz im Erstkontakt begegnen 1/5	I.4.8 Die Beziehung zu und mit Menschen mit Demenz gestalten 2/5	II.5.11 Menschen mit Demenz im Alltag unterstützen 3/5	II.7.10 Bezugspersonen von Menschen mit Demenz begleiten 4/5	III.9.9 Herausfordernde Situationen mit Menschen mit Demenz bewältigen 5/5	
5. Prinzipien — Bedürfnisorientiert handeln		X				3
Bezugswissenschaften als Begründungswissen integrieren	X		X			2
Biografieorientiert handeln		X				3
Ethisch handeln		X			X	2
Gewaltfrei handeln			X		X	2
Lebensweltorientiert handeln			X		X	3
Prophylaktisch handeln			X		X	2
Ressourcenorientiert handeln		X			X	4
Sicherheit gewährleisten			X			5
Wohlbefinden fördern			X		X	3
6. (Natur-)Gesetzliche Zusammenhänge — Grundrechte des Menschen				X		2
7. Analogien — Interaktionsgestaltung als Schmiermittel für eine Beziehung	X		X			2
Die Beziehung zwischen zwei Menschen als ineinandergreifende Zahnräder		X		X		2

> **6.** Bestimmen Sie die Aspekte des Wesentlichen, die in mehr als einer Lernsituation enthalten sind.

◆ **Bezug zum Handlungsleitfaden**

Vor dem Hintergrund des exemplarischen Prinzips im weiteren Sinne in der Umsetzungsvariante „In einem Thema" (siehe S. 60), das von diesem Handlungsleitfaden fokussiert wird, kommen zur weiteren Bearbeitung nur solche Aspekte des Wesentlichen in Betracht, die in mehr als einer Lernsituation des Themas enthalten sind und damit „strukturidentische Merkmale" (Michelsen & Binstadt, 1987, S. 493) aufweisen. Erst dadurch kann sich das Transferpotential, das dem exemplarischen Prinzip im weiteren Sinne innewohnt, entfalten, denn es ist an die Möglichkeit eines Transfers in eine weitere Lernsituation gekoppelt. Daher sind Aspekte des Wesentlichen, die lediglich einmal zum Tragen kommen, für die weitere Bearbeitung dieses Handlungsleitfadens nicht geeignet und werden verworfen. Die in diesem Handlungsschritt so bereinigte Übersicht stellt Ihre Grundlage für die Auswahl eines Aspektes des Wesentlichen dar, die sich im nächsten Handlungsschritt anschließt.

◆ **Literatur**

Michelsen, U. A. & Binstadt, P. (1987). Zur Praxis und Theorie exemplarischen Lehrens. *Zeitschrift für Berufs- und Wirtschaftspädagogik, 83* (6), 483-502.

101

6. Bestimmen Sie die Aspekte des Wesentlichen, die in mehr als einer Lernsituation enthalten sind.

| Thema | Menschen mit Demenz begleiten | | | | | Anzahl der Lernsituationen | 5 |

Ausbildungsdrittel		I		II		III	Häufigkeiten
Blöcke		3	4	5	7	9	
Lernsituationen des Themas		I.3.9 Menschen mit Demenz im Erstkontakt begegnen 1/5	I.4.8 Die Beziehung zu und mit Menschen mit Demenz gestalten 2/5	II.5.11 Menschen mit Demenz im Alltag unterstützen 3/5	II.7.10 Bezugspersonen von Menschen mit Demenz begleiten 4/5	III.9.9 Herausfordernde Situationen mit Menschen mit Demenz bewältigen 5/5	
Identifizierte Aspekte des Wesentlichen							
1. Typische Arbeitsweisen/ Techniken	Adressatengerecht kommunizieren	X	X	X		X	4
	Bei der Ausscheidung unterstützen		X	X			2
	Bei der Körperpflege unterstützen		X	X			2
	Bei der Nahrungsaufnahme unterstützen		X	X			2
ⓐ	Bei der Wohnraumgestaltung mitwirken			X			1
	Beim An- und Auskleiden unterstützen		X	X			2

Ausbildungsdrittel		I		II		III	Häufigkeiten
Blöcke		3	4	5	7	9	
Lernsituationen des Themas		I.3.9 Menschen mit Demenz im Erstkontakt begegnen 1/5	I.4.8 Die Beziehung zu und mit Menschen mit Demenz gestalten 2/5	II.5.11 Menschen mit Demenz im Alltag unterstützen 3/5	II.7.10 Bezugspersonen von Menschen mit Demenz begleiten 4/5	III.9.9 Herausfordernde Situationen mit Menschen mit Demenz bewältigen 5/5	
Identifizierte Aspekte des Wesentlichen							
1. Typische Arbeitsweisen/ Techniken	Adressatengerecht kommunizieren ⓑ		X			X	4
	Bei der Ausscheidung unterstützen			X			2
	Bei der Körperpflege unterstützen			X			2
	Bei der Nahrungsaufnahme unterstützen			X			2
	Beim An- und Auskleiden unterstützen			X			2

☞ Sie arbeiten mit dem Dokument aus dem fünften Handlungsschritt (siehe S. 93 bis 98) weiter. ☜

ⓐ Verwerfen Sie Aspekte des Wesentlichen, die lediglich in einer Lernsituation vorkommen.

ⓑ Verbinden Sie nebeneinander liegende Zellen, die ein X enthalten, und heben Sie diese farblich hervor, um die Übersichtlichkeit zu erhöhen.

6. Bestimmen Sie die Aspekte des Wesentlichen, die in mehr als einer Lernsituation enthalten sind.

☞ Es handelt sich hier um das gleiche Blanko-Formular, das bereits im fünften Handlungsschritt (S. 98) zum Einsatz kam.

Thema		Anzahl der Lernsituationen	

	Ausbildungsdrittel						
	Blöcke						
	Lernsituationen des Themas						
Identifizierte Aspekte des Wesentlichen							Häufigkeiten
1. Typische Arbeitsweisen/ Techniken							
2. Allgemeine Regeln							
3. Typische Phänomene							
4. Zentrale Begriffe							
5. Prinzipien							
6. (Natur-)Gesetzliche Zusammenhänge							
7. Analogien							
8. Denk-/Verhaltensmodelle							

> **7.** Wählen Sie einen Aspekt des Wesentlichen aus.

| **Thema** | Menschen mit Demenz begleiten | | | | **Anzahl der Lernsituationen** | **5** |

Identifizierte Aspekte des Wesentlichen		I.3.9 Menschen mit Demenz im Erstkontakt begegnen 1/5 (Drittel I, Block 3)	I.4.8 Die Beziehung zu und mit Menschen mit Demenz gestalten 2/5 (Drittel I, Block 4)	II.5.11 Menschen mit Demenz im Alltag unterstützen 3/5 (Drittel II, Block 5)	II.7.10 Bezugspersonen von Menschen mit Demenz begleiten 4/5 (Drittel II, Block 7)	III.9.9 Herausfordernde Situationen mit Menschen mit Demenz bewältigen 5/5 (Drittel III, Block 9)	Häufigkeiten
1. Typische Arbeitsweisen/ Techniken	Adressatengerecht kommunizieren		X			X	4
	Bei der Ausscheidung unterstützen			X			2
	Bei der Körperpflege unterstützen			X			2
	Bei der Nahrungsaufnahme unterstützen			X			2
	Beim An- und Auskleiden unterstützen			X			2
	Herausfordernde Situationen bewältigen			X			5
	Instrumente zum Assessment anwenden		X				3
	Menschen mit kognitiven Veränderungen begleiten		X			X	4
	Orientierung fördern	X		X			2
	Pflege prozesshaft gestalten			X			5
2. Allgemeine Regeln	Für professionelles Pflegehandeln ist es unabdingbar, partnerschaftlich mit dem zu pflegenden Menschen und seinen Bezugspersonen zu agieren			X	X		2
3. Typische Phänomene	Herausforderndes Verhalten	X				X	2
	Verwirrung		X			X	4
4. Zentrale Begriffe	Kognition			X			3

7. Wählen Sie einen Aspekt des Wesentlichen aus.

Thema	Menschen mit Demenz begleiten		Anzahl der Lernsituationen	5

Identifizierte Aspekte des Wesentlichen	Ausbildungsdrittel	I	I	II	II	III	Häufigkeiten
	Blöcke	3	4	5	7	9	
	Lernsituationen des Themas	I.3.9 Menschen mit Demenz im Erstkontakt begegnen 1/5	I.4.8 Die Beziehung zu und mit Menschen mit Demenz gestalten 2/5	II.5.11 Menschen mit Demenz im Alltag unterstützen 3/5	II.7.10 Bezugspersonen von Menschen mit Demenz begleiten 4/5	III.9.9 Herausfordernde Situationen mit Menschen mit Demenz bewältigen 5/5	
5. Prinzipien	Bedürfnisorientiert handeln		X				3
	Bezugswissenschaften als Begründungswissen integrieren	X		X			2
	Biografieorientiert handeln		X				3
	Ethisch handeln		X			X	2
	Gewaltfrei handeln			X		X	2
	Lebensweltorientiert handeln			X		X	3
	Prophylaktisch handeln			X		X	2
	Ressourcenorientiert handeln		X			X	4
	Sicherheit gewährleisten			X			5
	Wohlbefinden fördern		X			X	3
6. (Natur-)Gesetzliche Zusammenhänge	Grundrechte des Menschen				X		2
7. Analogien	Interaktionsgestaltung als Schmiermittel für eine Beziehung	X		X			2
	Die Beziehung zwischen zwei Menschen als ineinandergreifende Zahnräder		X		X		2

7. Wählen Sie einen Aspekt des Wesentlichen aus.

◆ **Entscheidung für einen Aspekt des Wesentlichen**

Für die Entscheidung, welchen Aspekt des Wesentlichen Sie anhand dieses Handlungsleitfadens bearbeiten, bietet Ihnen die untenstehende Tabelle einige Fragen als Orientierung an.

Ausgewählte Fragen zur Entscheidungsfindung		Erläuterungen
1. Inhaltliche Ebene	1.1 Wie häufig kommt der Aspekt des Wesentlichen in dem Thema vor?	Ein Aspekt des Wesentlichen, der in vielen Lernsituationen des Themas zum Tragen kommt, hat ein hohes Transferpotential und bietet gleichzeitig vielfältige Möglichkeiten zur Reduktion von Stofffülle. Darüber hinaus ergibt sich in den verschiedenen Lernsituationen eine große Bandbreite an möglichen Exempeln.
	1.2 Wie affin ist der Aspekt des Wesentlichen zu dem Thema?	Ein Aspekt des Wesentlichen, der eine hohe Affinität zum Thema aufweist, spiegelt dessen Kern im Besonderen wider. Damit geht einerseits ein hohes Transferpotential einher. Andererseits wird für die Lernenden nachvollziehbar(er), warum gerade dieser Aspekt des Wesentlichen vertieft im Unterricht bearbeitet wird.
	...	
2. Gesetzliche Ebene	2.1 Welchen Stellenwert hat der Aspekt des Wesentlichen im Hinblick auf die Vorgaben der Ausbildungs- und Prüfungsverordnung?	Wenn sich ein Aspekt des Wesentlichen über die zugrundeliegende Ausbildungs- und Prüfungsverordnung bzw. über die Rahmenrichtlinien legitimieren lässt (z. B. durch die Kompetenzen, die in der PflAPrV hinterlegt sind oder die Curricularen Einheiten, die in den Rahmenlehrplänen für den theoretischen und praktischen Unterricht in der Pflegeausbildung vorgesehen sind), dann ist er im Besonderen zur vertieften Bearbeitung geeignet. Darüber hinaus ist davon auszugehen, dass eine große Bandbreite an möglichen Exempeln gefunden werden kann.
	2.2 Welchen Stellenwert hat der Aspekt des Wesentlichen im Hinblick auf die Rahmenrichtlinien?	
	...	
3. Subjektive Ebene	3.1 Wie ausgeprägt ist Ihre fachliche Expertise in Bezug auf den Aspekt des Wesentlichen?	Für die Umsetzung des exemplarischen Prinzips ist eine differenzierte Inhaltsanalyse des Aspektes des Wesentlichen erforderlich.
	3.2 Welche Bedarfe haben Ihre Lernenden geäußert?	Wenn sich der Aspekt des Wesentlichen an den Erkenntnissen und Erlebnissen der Lernenden aus der praktischen Ausbildung oder ihrer Lebenswelt orientiert, wird an individuellen Lerninteressen angeknüpft. Dadurch steigt einerseits die Motivation der Lernenden und andererseits das Transferpotential.
	...	
4. Organisatorische Ebene	4.1 Wann werden die Lernsituationen, in denen der Aspekt des Wesentlichen vorkommt, unterrichtet?	Je geringer der Zeitabstand zwischen den einzelnen Lernsituationen ist, die den Aspekt des Wesentlichen enthalten, desto höher ist das Transferpotential.
	4.2 Welche Möglichkeiten bieten die organisatorischen Rahmenbedingungen vor Ort in Bezug auf den Aspekt des Wesentlichen?	Wenn die Rahmenbedingungen vor Ort vielfältige Möglichkeiten zur (Weiter-)Verarbeitung des Aspektes des Wesentlichen bieten (z. B. Skills Lab, Zeitpunkte und Schwerpunkte der praktischen Einsätze), desto höher ist das Transferpotential.
	...	

In der beispielhaften Umsetzung dieses Handlungsschrittes (siehe S. 104) fiel die Entscheidung auf das Prinzip „Sicherheit gewährleisten" aus den in Abbildung A (rechts) visualisierten Gründen.

A Entscheidung für einen Aspekt des Wesentlichen in der beispielhaften Umsetzung

3.2 Lernende begegnen Menschen mit Demenz in allen Versorgungsbereichen/Settings und müssen ihnen dabei bereits im Erleben Sicherheit geben.

1.1 Kommt in allen fünf Lernsituationen vor.

Sicherheit gewährleisten
(5. Prinzipien)

3.1 Die eigene fachliche Expertise ist hoch.

2.2 Ist explizit in der Curricularen Einheit 11 ausgewiesen (Erleben/Deuten/Verarbeiten).

1.2 Ist hochgradig affin zur Begleitung von Menschen mit Demenz.

◆ **Bezug zum Handlungsleitfaden**

Mit der Umsetzung dieses Handlungsschrittes haben Sie einen Aspekt des Wesentlichen ausgewählt. „Durch dessen Brille" analysieren Sie in der weiteren Bearbeitung des Handlungsleitfadens die Lernsituationen des ausgewählten Themas. Für Erstanwender ist es empfehlenswert, sich zunächst auf einen Aspekt des Wesentlichen zu beschränken. Anwender, die bereits Erfahrungen mit der Umsetzung des exemplarischen Prinzips gesammelt haben, können auch mehre Aspekte des Wesentlichen auswählen und parallel entlang des Handlungsleitfadens bearbeiten. Die Anzahl, wie viele Aspekte des Wesentlichen pro Thema bearbeitet werden können bzw. sollten, hängt einerseits von der Anzahl der Lernsituationen und deren Stundenumfang und andererseits von den individuellen Voraussetzungen auf Seiten der Lernenden bzw. der Lehrenden ab.

7. Wählen Sie einen Aspekt des Wesentlichen aus.

| Thema | Menschen mit Demenz begleiten | | | | | **Anzahl der Lernsituationen** | 5 |

		Ausbildungsdrittel	I		II		III	
		Blöcke	3	4	5	7	9	
		Lernsituationen des Themas	I.3.9 Menschen mit Demenz im Erstkontakt begegnen 1/5	I.4.8 Die Beziehung zu und mit Menschen mit Demenz gestalten 2/5	II.5.11 Menschen mit Demenz im Alltag unterstützen 3/5	II.7.10 Bezugspersonen von Menschen mit Demenz begleiten 4/5	III.9.9 Herausfordernde Situationen mit Menschen mit Demenz bewältigen 5/5	Häufigkeiten
Identifizierte Aspekte des Wesentlichen								
1. Typische Arbeitsweisen/ Techniken	Adressatengerecht kommunizieren			X			X	4
	Bei der Ausscheidung unterstützen				X			2
	Bei der Körperpflege unterstützen				X			2
~~								
4. Zentrale Begriffe	Kognition			X				3
5. Prinzipien	Bedürfnisorientiert handeln			X				3
	Bezugswissenschaften als Begründungswissen integrieren		X		X			2
	Biografieorientiert handeln			X				3
	Ethisch handeln			X			X	2
	Gewaltfrei handeln				X		X	2
	Lebensweltorientiert handeln				X		X	3
	Prophylaktisch handeln				X		X	2
	Ressourcenorientiert handeln						X	4
	Sicherheit gewährleisten				X			5
	Wohlbefinden fördern				X		X	3
~~ 6. Natur/Gesetz ~~								

Sie arbeiten mit dem Dokument aus dem fünften (siehe S. 93 bis 98) und sechsen Handlungsschritt (siehe S. 99 bis 103) weiter.

(a) Machen Sie Ihre Auswahl deutlich, indem Sie den Aspekt des Wesentlichen (hier: das Prinzip „Sicherheit gewährleisten") z. B. umranden.

7. Wählen Sie einen Aspekt des Wesentlichen aus.

☞ Es handelt sich hier um das gleiche Blanko-Formular, das bereits im fünften und sechsten Handlungsschritt (S. 97) zum Einsatz kam.

Thema		Anzahl der Lernsituationen

Identifizierte Aspekte des Wesentlichen	Ausbildungsdrittel Blöcke Lernsituationen des Themas						Häufigkeiten
1. Typische Arbeitsweisen/ Techniken							
2. Allgemeine Regeln							
3. Typische Phänomene							
4. Zentrale Begriffe							
5. Prinzipien							
6. (Natur-)Gesetzliche Zusammenhänge							
7. Analogien							
8. Denk-/Verhaltensmodelle							

8. Bestimmen Sie für den ausgewählten Aspekt des Wesentlichen in einem Brainstorming die potentiellen Exempel in jeder Lernsituation.

☞ Die beispielhafte Umsetzung dieses Handlungsschrittes umfasst die Seiten 110 bis 114. ☜

Menschen mit Demenz begleiten									
I. Ausbildungsdrittel				II. Ausbildungsdrittel			III. Ausbildungsdrittel		
1. Block	2. Block	3. Block	4. Block	5. Block	6. Block	7. Block	8. Block	9. Block	10. Block
...	...	I.3.9 Menschen mit Demenz im Erstkontakt begegnen 1/5	I.4.8 Die Beziehung zu und mit Menschen mit Demenz gestalten 2/5	II.5.11 Menschen mit Demenz im Alltag unterstützen 3/5	...	II.7.10 Bezugspersonen von Menschen mit Demenz begleiten 4/5	...	III.9.9 Herausfordernde Situationen mit Menschen mit Demenz bewältigen 5/5	...

Ausgewählter Aspekt des Wesentlichen	Sicherheit gewährleisten	☐ 1. Typische Arbeitsweisen/Techniken	☒ 5. Prinzipien
		☐ 2. Allgemeine Regeln	☐ 6. (Natur-)Gesetzliche Zusammenhänge
		☐ 3. Typische Phänomene	☐ 7. Analogien
		☐ 4. Zentrale Begriffe	☐ 8. Denk-/Verhaltensmodelle

Thema	Menschen mit Demenz begleiten	Ausbildungsdrittel	I
Lernsituation	I.3.9 Menschen mit Demenz im Erstkontakt begegnen 1/5	Block	3
Stunden	16 Stunden	Nummer im Block	9

Konkrete Inhalte

Einschränkungen der Fähigkeiten zur Kommunikation bei Menschen mit Demenz wahrnehmen

Einschränkungen in der selbständigen Lebensgestaltung und in der Durchführung der Lebensaktivitäten bei Menschen mit Demenz wahrnehmen

Aktiv zuhören

Hilfsmittel zur Kommunikation anwenden

Menschen mit Demenz mit Namen ansprechen und Augenkontakt halten

Gedächtnis von Menschen mit Demenz fördern

8. Bestimmen Sie für den ausgewählten Aspekt des Wesentlichen in einem Brainstorming die potentiellen Exempel in jeder Lernsituation.

☞ Die beispielhafte Umsetzung dieses Handlungsschrittes umfasst die Seiten 110 bis 114. ☜

Menschen mit Demenz begleiten									
I. Ausbildungsdrittel				II. Ausbildungsdrittel			III. Ausbildungsdrittel		
1. Block	2. Block	3. Block	4. Block	5. Block	6. Block	7. Block	8. Block	9. Block	10. Block
...	...	...	...	...		...		...	...
		I.3.9 Menschen mit Demenz im Erstkontakt begegnen 1/5	I.4.8 Die Beziehung zu und mit Menschen mit Demenz gestalten 2/5	II.5.11 Menschen mit Demenz im Alltag unterstützen 3/5		II.7.10 Bezugspersonen von Menschen mit Demenz begleiten 4/5		III.9.9 Herausfordernde Situationen mit Menschen mit Demenz bewältigen 5/5	
	...	...	...	...		...		...	...

Ausgewählter Aspekt des Wesentlichen	Sicherheit gewährleisten	☐ 1. Typische Arbeitsweisen/Techniken	☒ 5. Prinzipien
		☐ 2. Allgemeine Regeln	☐ 6. (Natur-)Gesetzliche Zusammenhänge
		☐ 3. Typische Phänomene	☐ 7. Analogien
		☐ 4. Zentrale Begriffe	☐ 8. Denk-/Verhaltensmodelle

Thema	Menschen mit Demenz begleiten	Ausbildungsdrittel	I
Lernsituation	I.4.8 Die Beziehung zu und mit Menschen mit Demenz gestalten 2/5	Block	4
Stunden	16 Stunden	Nummer im Block	8

Konkrete Inhalte

Verhalten von Menschen mit Demenz als bindungssuchendes Verhalten deuten

Menschen mit Demenz emotional begleiten

Menschen mit Demenz validieren

Körperlich für Menschen mit Demenz da sein

Ängste von Menschen mit Demenz lindern

8. Bestimmen Sie für den ausgewählten Aspekt des Wesentlichen in einem Brainstorming die potentiellen Exempel in jeder Lernsituation.

☞ Die beispielhafte Umsetzung dieses Handlungsschrittes umfasst die Seiten 110 bis 114. ☜

Menschen mit Demenz begleiten									
I. Ausbildungsdrittel				II. Ausbildungsdrittel			III. Ausbildungsdrittel		
1. Block	2. Block	3. Block	4. Block	5. Block	6. Block	7. Block	8. Block	9. Block	10. Block
...	...	I.3.9 Menschen mit Demenz im Erstkontakt begegnen 1/5	I.4.8 Die Beziehung zu und mit Menschen mit Demenz gestalten 2/5	II.5.11 Menschen mit Demenz im Alltag unterstützen 3/5	...	II.7.10 Bezugspersonen von Menschen mit Demenz begleiten 4/5	...	III.9.9 Herausfordernde Situationen mit Menschen mit Demenz bewältigen 5/5	...

Ausgewählter Aspekt des Wesentlichen	Sicherheit gewährleisten	☐ 1. Typische Arbeitsweisen/Techniken	☒ 5. Prinzipien
		☐ 2. Allgemeine Regeln	☐ 6. (Natur-)Gesetzliche Zusammenhänge
		☐ 3. Typische Phänomene	☐ 7. Analogien
		☐ 4. Zentrale Begriffe	☐ 8. Denk-/Verhaltensmodelle

Thema	Menschen mit Demenz begleiten	Ausbildungsdrittel	II
Lernsituation	II.5.11 Menschen mit Demenz im Alltag unterstützen 3/5	Block	5
Stunden	24 Stunden	Nummer im Block	11

Konkrete Inhalte
Menschen mit Demenz vor Gefahren schützen
Stress von Menschen mit Demenz durch Veränderungen des Aufenthaltsortes reduzieren
In der Kommunikation mit Menschen mit Demenz alle Sinne ansprechen (Snoezelen)
Umgebung und Tagesstruktur für Menschen mit Demenz gestalten

112

8. Bestimmen Sie für den ausgewählten Aspekt des Wesentlichen in einem Brainstorming die potentiellen Exempel in jeder Lernsituation.

☞ Die beispielhafte Umsetzung dieses Handlungsschrittes umfasst die Seiten 110 bis 114. ☜

Menschen mit Demenz begleiten									
I. Ausbildungsdrittel				II. Ausbildungsdrittel			III. Ausbildungsdrittel		
1. Block	2. Block	3. Block	4. Block	5. Block	6. Block	7. Block	8. Block	9. Block	10. Block
		...	...	...		...		...	
		I.3.9 Menschen mit Demenz im Erstkontakt begegnen 1/5	I.4.8 Die Beziehung zu und mit Menschen mit Demenz gestalten 2/5	II.5.11 Menschen mit Demenz im Alltag unterstützen 3/5		II.7.10 Bezugspersonen von Menschen mit Demenz begleiten 4/5		III.9.9 Herausfordernde Situationen mit Menschen mit Demenz bewältigen 5/5	
...	...	...	...	...		...	...	...	...

Ausgewählter Aspekt des Wesentlichen	Sicherheit gewährleisten	☐ 1. Typische Arbeitsweisen/Techniken	☒ 5. Prinzipien
		☐ 2. Allgemeine Regeln	☐ 6. (Natur-)Gesetzliche Zusammenhänge
		☐ 3. Typische Phänomene	☐ 7. Analogien
		☐ 4. Zentrale Begriffe	☐ 8. Denk-/Verhaltensmodelle

Thema	Menschen mit Demenz begleiten	Ausbildungsdrittel	II
Lernsituation	II.7.10 Bezugspersonen von Menschen mit Demenz begleiten 4/5	Block	7
Stunden	16 Stunden	Nummer im Block	10

Konkrete Inhalte

Copingprozesse begleiten

Für Entlastung sorgen

Wissen über die Demenz und zu pflegerischen Maßnahmen vermitteln

Gewalt zwischen den Menschen mit Demenz und den Bezugspersonen vorbeugen

8.	Bestimmen Sie für den ausgewählten Aspekt des Wesentlichen in einem Brainstorming die potentiellen Exempel in jeder Lernsituation.

☞ Die beispielhafte Umsetzung dieses Handlungsschrittes umfasst die Seiten 110 bis 114. ☜

Menschen mit Demenz begleiten									
I. Ausbildungsdrittel				II. Ausbildungsdrittel			III. Ausbildungsdrittel		
1. Block	2. Block	3. Block	4. Block	5. Block	6. Block	7. Block	8. Block	9. Block	10. Block
		I.3.9 Menschen mit Demenz im Erstkontakt begegnen 1/5	I.4.8 Die Beziehung zu und mit Menschen mit Demenz gestalten 2/5	II.5.11 Menschen mit Demenz im Alltag unterstützen 3/5		II.7.10 Bezugspersonen von Menschen mit Demenz begleiten 4/5		III.9.9 Herausfordernde Situationen mit Menschen mit Demenz bewältigen 5/5	
...	...	...	...	...		...	...	...	...

Ausgewählter Aspekt des Wesentlichen	Sicherheit gewährleisten	☐ 1. Typische Arbeitsweisen/Techniken	☒ 5. Prinzipien
		☐ 2. Allgemeine Regeln	☐ 6. (Natur-)Gesetzliche Zusammenhänge
		☐ 3. Typische Phänomene	☐ 7. Analogien
		☐ 4. Zentrale Begriffe	☐ 8. Denk-/Verhaltensmodelle

Thema	Menschen mit Demenz begleiten	Ausbildungsdrittel	III
Lernsituation	III.9.9 Herausfordernde Situationen mit Menschen mit Demenz bewältigen 5/5	Block	9
Stunden	16 Stunden	Nummer im Block	9

Konkrete Inhalte
Menschen mit Demenz und Hinlauftendenz begleiten
Aggressiven Reaktionen von Menschen mit Demenz vorbeugen
Menschen mit Demenz beim Erhalt einer ausgeglichenen Stimmungslage unterstützen

114

8. Bestimmen Sie für den ausgewählten Aspekt des Wesentlichen in einem Brainstorming die potentiellen Exempel in jeder Lernsituation.

◆ **Das Exempel**

Bei einem Exempel handelt es sich um einen konkreten (Unterrichts-)Inhalt, der aus einer Menge (in diesem Fall: Aspekt des Wesentlichen) ähnlicher, gleichartiger oder identischer Inhalte herausgenommen wird (Ringel, 2000, S. 67). Dieses Exempel repräsentiert den Aspekt des Wesentlichen und besitzt dadurch „aufschließende Kraft" (Michelsen & Binstadt, 1986, S. 489). Der Zusammenhang zwischen dem Wesentlichen, dem Aspekt des Wesentlichen und dem Exempel ist in der untenstehenden Abbildung A visualisiert.

Exempel sind klar von Beispielen abzugrenzen. Während es bei der Anwendung von Beispielen im Unterricht in der Regel darum geht, einen abstrakten Sachverhalt für die Lernenden zu konkretisieren, zielt ein Exempel auf den umgekehrten Weg: Ausgehend von der vertieften Bearbeitung eines Exempels wird den Lernenden ermöglicht, sich Grundeinsichten eines Aspektes des Wesentlichen und somit das Wesentliche zu erschließen (abstrakter Sachverhalt) (Wagenschein, 1959, S. 396, 397).

◆ **Ermittlung von potentiellen Exempeln**

Zur Ermittlung der potentiellen Exempel für den ausgewählten Aspekt des Wesentlichen tragen Sie für alle Lernsituationen des ausgewählten Themas diejenigen Inhalte zusammen, die für den ausgewählten Aspekt des Wesentlichen stehen können. All diese Inhalte stellen damit potentielle Exempel dar. Nutzen Sie dafür Ihre Sachanalyse (Inhaltsanalyse), die Sie zu dem jeweiligen Thema im Rahmen Ihrer Unterrichtsvorbereitung durchgeführt haben, bzw. ihr bereits vorhandenes Unterrichtsmaterial.

◆ **Bezug zum Handlungsleitfaden**

In diesem Handlungsschritt haben Sie alle Inhalte gesammelt, die für den ausgewählten Aspekt des Wesentlichen stehen können. Damit steht Ihnen eine Übersicht aller potentieller Exempel zur Verfügung. Dies bildet die Grundlage für die weitere Bearbeitung des Handlungsleitfadens, bei der Sie eine kriteriengeleitete und damit transparente Auswahl eines Exempels vornehmen.

◆ **Literatur**

Michelsen, U. A. & Binstadt, P. (1987). Zur Praxis und Theorie exemplarischen Lehrens. *Zeitschrift für Berufs- und Wirtschaftspädagogik, 83* (6), 483-502.

Ringel, G. (2000). Exemplarik und Transfer. *Geographie und Schule, 22* (124), 16-23.

Wagenschein, M. (1959). Zur Klärung des Unterrichtsprinzips des exemplarischen Lehrens. Eine Auslese. *Die Deutsche Schule, 51* (9), 393-404.

8. Bestimmen Sie für den ausgewählten Aspekt des Wesentlichen in einem Brainstorming die potentiellen Exempel in jeder Lernsituation.

ⓐ Ausgewählter Aspekt des Wesentlichen		☐ 1. Typische Arbeitsweisen/Techniken	☐ 5. Prinzipien
		☐ 2. Allgemeine Regeln	☐ 6. (Natur-)Gesetzliche Zusammenhänge
		☐ 3. Typische Phänomene	☐ 7. Analogien
		☐ 4. Zentrale Begriffe	☐ 8. Denk-/Verhaltensmodelle

Thema		Ausbildungsdrittel	
ⓑ Lernsituation		Block	
Stunden		Nummer im Block	

Konkrete Inhalte
ⓒ

☞　　**Dieses Dokument ist für jede Lernsituation des Themas auszufüllen.**　　☜

ⓐ	Tragen Sie hier den ausgewählten Aspekt des Wesentlichen ein und kreuzen Sie das zutreffende inhaltliche Kriterium zur Bestimmung des Wesentlichen an.

ⓑ	Tragen Sie hier das Thema und die Lernsituation ein, für die Sie die potentiellen Exempel bestimmen.

ⓒ	Führen Sie ein Brainstorming zu konkreten Inhalten der Lernsituation durch, die für den ausgewählten Aspekt des Wesentlichen stehen können. Nutzen Sie dafür z. B. Ihr vorhandenes Unterrichtsmaterial. Tragen Sie Ihre Ergebnisse hier in die Tabelle ein.

8. Bestimmen Sie für den ausgewählten Aspekt des Wesentlichen in einem Brainstorming die potentiellen Exempel in jeder Lernsituation.

Ausgewählter Aspekt des Wesentlichen		☐ 1. Typische Arbeitsweisen/Techniken	☐ 5. Prinzipien
		☐ 2. Allgemeine Regeln	☐ 6. (Natur-)Gesetzliche Zusammenhänge
		☐ 3. Typische Phänomene	☐ 7. Analogien
		☐ 4. Zentrale Begriffe	☐ 8. Denk-/Verhaltensmodelle

Thema		Ausbildungsdrittel	
Lernsituation		Block	
Stunden		Nummer im Block	

Konkrete Inhalte

9. Wählen Sie ein geeignetes Exempel für den Aspekt des Wesentlichen aus, indem Sie die didaktischen Kriterien zur Auswahl eines Exempels zugrunde legen.

Ausgewählter Aspekt des Wesentlichen	Sicherheit gewährleisten	❑ 1. Typische Arbeitsweisen/Techniken	☒ 5. Prinzipien
		❑ 2. Allgemeine Regeln	❑ 6. (Natur-)Gesetzliche Zusammenhänge
		❑ 3. Typische Phänomene	❑ 7. Analogien
		❑ 4. Zentrale Begriffe	❑ 8. Denk-/Verhaltensmodelle

| Thema | Menschen mit Demenz begleiten | | Anzahl der Lernsituationen | 5 |

Ausbildungsdrittel	Blöcke	Lernsituationen	Potentielle Exempel	1. Zielrelevanz	2. Subjektrelevanz	3. Variationsmöglichkeiten	4. Transferfähigkeit	5. Prägnanz
I	3	I.3.9 Menschen mit Demenz im Erstkontakt begegnen 1/5	Einschränkungen der Fähigkeiten zur Kommunikation bei Menschen mit Demenz wahrnehmen	+	+ +	+ +	+ +	o
			Einschränkungen in der selbständigen Lebensgestaltung und in der Durchführung der Lebensaktivitäten bei Menschen mit Demenz wahrnehmen	+ +	+	+	+ +	+
			Aktiv zuhören	+	+	-	+ +	o
			Hilfsmittel zur Kommunikation anwenden	+	+	+	+ +	+
			Menschen mit Demenz mit Namen ansprechen und Augenkontakt halten	+	+ +	-	+ +	+ +
			Gedächtnis von Menschen mit Demenz fördern	o	+	+ +	+ +	+
	4	I.4.8 Die Beziehung zu und mit Menschen mit Demenz gestalten 2/5	Verhalten von Menschen mit Demenz als bindungssuchendes Verhalten deuten	+	+	+ +	+ +	+ +
			Menschen mit Demenz emotional begleiten	+ +	+	+ +	+ +	+ +
			Menschen mit Demenz validieren	+	+	+	+ +	+ +
			Körperlich für Menschen mit Demenz da sein	o	+	+	+ +	+ +
			Ängste von Menschen mit Demenz lindern	+ +	+	+	+ +	+ +
II	5	II.5.11 Menschen mit Demenz im Alltag unterstützen 3/5	Menschen mit Demenz vor Gefahren schützen	+ +	+ +	+	+	+ +
			Stress von Menschen mit Demenz durch Veränderungen des Aufenthaltsortes reduzieren	o	o	o	+	+
			In der Kommunikation mit Menschen mit Demenz alle Sinne ansprechen (Snoezelen)	o	o	+ +	+	+ +
			Umgebung und Tagesstruktur für Menschen mit Demenz gestalten	+ +	+	+	+	+ +

Legende   ++ außerordentlich   + ziemlich   o mittelmäßig   - kaum

Ausgewähl-ter Aspekt des Wesent-lichen	Sicherheit gewähr-leisten	☐ 1. Typische Arbeitsweisen/Techniken	☒ 5. Prinzipien
		☐ 2. Allgemeine Regeln	☐ 6. (Natur-)Gesetzliche Zusammenhänge
		☐ 3. Typische Phänomene	☐ 7. Analogien
		☐ 4. Zentrale Begriffe	☐ 8. Denk-/Verhaltensmodelle

Thema	Menschen mit Demenz begleiten				Anzahl der Lernsituationen	5

Ausbildungs-drittel	Blöcke	Lernsituationen / Potentielle Exempel (Didaktische Kriterien zur Auswahl eines Exempels)	1. Ziel-relevanz	2. Subjekt-relevanz	3. Variations-möglichkeiten	4. Transfer-fähigkeit	5. Prägnanz
II	7	II.7.10 Bezugspersonen von Menschen mit Demenz begleiten 4/5 — Copingprozesse begleiten	+	o	+	o	+
		Für Entlastung sorgen	o	o	+	o	-
		Wissen über die Demenz und zu pflegerischen Maßnahmen vermitteln	+	o	o	o	+
		Gewalt zwischen den Menschen mit Demenz und den Bezugspersonen vorbeugen	+	+	+	o	+ +
III	9	III.9.9 Herausfordernde Situationen mit Menschen mit Demenz bewältigen 5/5 — Menschen mit Demenz und Hinlauftendenz begleiten	+	+ +	o	-	+ +
		Aggressiven Reaktionen von Menschen mit Demenz vorbeugen	+ +	+ +	+	-	+ +
		Menschen mit Demenz beim Erhalt einer ausgeglichenen Stimmungslage unterstützen	o	o	+	-	+ +

Anmer-kungen	Das Exempel „**Menschen mit Demenz emotionale Unterstützung bieten**" erfüllt vier Kriterien mit „außerordentlich" und ein Kriterium mit „ziemlich". Zudem ist es relativ früh in dem Thema angesiedelt, sodass es aufgrund der daraus resultierenden, vielfältigen Transfermöglichkeiten einerseits eine hohe Zeitersparnis ermöglicht. Andererseits wird den Lernenden durch die vertiefte Auseinandersetzung mit dem Erbringen von emotionaler Unterstützung ein tiefes, umfassendes Verständnis einer pflegerischen Kernaufgabe, die im Besonderen im Kontext der Versorgung von Menschen mit Demenz, jedoch auch bei der Versorgung von zu pflegenden Menschen im Allgemeinen zentral ist.

Legende	+ + außerordentlich	+ ziemlich	o mittelmäßig	- kaum

> **9.** Wählen Sie ein geeignetes Exempel für den Aspekt des Wesentlichen aus, indem Sie die didaktischen Kriterien zur Auswahl eines Exempels zugrunde legen.

◆ Auswahl eines Exempels

Für die Auswahlentscheidung ist es zunächst hilfreich, sich die Anforderungen bewusst zu machen, die ein geeignetes Exempel erfüllen muss. Ein Unterricht, der sich am exemplarischen Prinzip orientiert, ist induktiv ausgerichtet, denn sein Ausgangspunkt ist der konkrete Inhalt (das Exempel), der vertieft und umfassend bearbeitet wird, um daraus dann auf das Wesentliche zu schließen. Dieses wird dann auf weitere, ähnlich gelagerte Inhalte übertragen. Damit muss das Exempel einerseits **repräsentativ** für das Wesentliche sein („Spiegel des Ganzen", Wagenschein, 1959, S. 4). Um die Lernenden darüber hinaus in die Lage zu versetzen, sich am Exempel das Wesentliche zu erschließen, muss es jedoch auch noch für das Wesentliche **grundlegend** und **aufschließend** sein (Derbolav, 1957, S. 64, 65). Da die Beziehung zwischen dem Exempel und dem Wesentlichen nicht nur eine „Gegenstandsseite" hat, d. h. rein inhaltlicher Natur ist, sondern auch eine „personale" Seite hat („Alles Exemplarische ist zugleich exemplarisch für jemanden und für etwas", Scheuerl, 1958, S. 82), sind darüber hinaus auch subjektive Aspekte auf Seiten der Lernenden (und der Lehrenden) zu berücksichtigen.

Diese sehr allgemeinen Ausführungen zu den Anforderungen, die ein Exempel erfüllen muss, werden durch die **didaktischen Kriterien zur Auswahl eines Exempels** (siehe unten) konkretisiert. Es bietet sich an, für die Auswahl zu prüfen, inwieweit die potentiellen Exempel diese Kriterien erfüllen, z. B. auf einer Skala von „außerordentlich (++)" über „ziemlich (+)" und „mittelmäßig (o)" bis zu „kaum (-)"; vgl. dazu Greving (2007, S. 69).

◆ Didaktische Kriterien zur Auswahl eines Exempels

In der folgenden Tabelle werden die fünf didaktischen Kriterien zur Auswahl eines Exempels erläutert und anhand der beispielhaften Umsetzung (vgl. S. 118) veranschaulicht.

Didaktische Kriterien zu Auswahl eines Exempels	Beispielhafte Anwendungen der Kriterien (vgl. S. 118)
1. Zielrelevanz Das Exempel trägt dazu bei, die übergeordnete Zielsetzung der Lernsituation (z. B. „II.5.11 Menschen mit Demenz im Alltag begleiten") bzw. des Bildungsganges (z. B. Ausbildung zur Pflegefachfrau/-mann) zu erreichen (Köck, 1986, S. 166, 167; Köhnlein, 2012, S. 30).	Die Begleitung von Menschen mit Demenz ist wesentlicher Bestandteil der Ausbildung nach PflBG, da dieses Krankheitsbild als einziges explizit Erwähnung in der PflAPrV findet. Da Menschen mit Demenz aufgrund kognitiver Veränderungen häufig nur noch auf der emotionalen Ebene kommunizieren können, trägt der Inhalt „Menschen mit Demenz emotional begleiten" unmittelbar zum Erreichen der übergeordneten Zielsetzung bei. *Daher wird das Kriterium der Zielrelevanz außerordentlich erfüllt (++).*
2. Subjektrelevanz Das Exempel trägt dazu bei, bei den Lernenden Interesse und Neugier auszulösen, indem es deren Lernkompetenzen ebenso berücksichtigt wie ihre soziokulturellen und ausbildungsspezifischen Bedingungen und Möglichkeiten (Köck, 1986, S. 167; Köhnlein, 2012, S. 67).	Lernende begegnen Menschen mit Demenz in ihrer Ausbildung in nahezu jedem Versorgungsbereich und Setting. Vor diesem Hintergrund ist davon auszugehen, dass die Lernenden ein hohes Interesse daran haben, sich mit dem Inhalt „Menschen mit Demenz emotional begleiten" auseinanderzusetzen. *Daher wird das Kriterium der Subjektrelevanz ziemlich erfüllt (+).*
3. Variationsmöglichkeiten Das Exempel trägt dazu bei, den Lernenden ein „vergleichendes Erforschen" seiner vielfältigen Erscheinungsformen zu ermöglichen (Köhnlein, 1982, S. 9; 2012, S. 127).	Die emotionale Begleitung von Menschen mit Demenz kann in verschiedenen Kommunikations- und Interaktionsformen (z. B. verbale, nonverbale oder paraverbale Kommunikation) und in verschiedenen Situationen (z. B. bei der Körperpflege, bei der Alltagsgestaltung) erfolgen. *Daher wird das Kriterium der Variationsmöglichkeiten außerordentlich erfüllt (++).*

Didaktische Kriterien zu Auswahl eines Exempels	Beispielhafte Anwendungen der Kriterien (vgl. S. 118)
4. Transferfähigkeit Das Exempel trägt dazu bei, den ausgewählten Aspekt des Wesentlichen auf viele weitere Lernsituationen zu übertragen, da es innerhalb des Themas so verortet ist, dass sich viele Möglichkeiten für einen Transfer ergeben (Köck, 1986, S. 167).	„Menschen mit Demenz emotional begleiten" ist innerhalb des Themas in der zweiten von fünf Lernsituationen verortet. Daher kann ein Transfer in drei Lernsituationen erfolgen. Darüber hinaus bieten sich vielfältige Anknüpfungspunkte für die Übertragung des an „Menschen mit Demenz emotional begleiten" erschlossenen Aspektes des Wesentlichen „Sicherheit gewährleisten". *Daher wird das Kriterium der Transferfähigkeit außerordentlich erfüllt (++).*
5. Prägnanz Das Exempel trägt dazu bei, sämtliche Charakteristika des ausgewählten Aspektes des Wesentlichen besonders präzise, greifbar und klar hervortreten zu lassen (Ringel, 2000, S. 18).	Der Aspekt des Wesentlichen „Sicherheit gewährleisten" fokussiert einerseits eine physische und andererseits eine psychische Ebene. Der Inhalt „Menschen mit Demenz emotional begleiten" bildet die Vermittlung von Sicherheit auf der psychischen Ebene in all seinen Facetten besonders deutlich und anschaulich ab. *Daher wird das Kriterium der Prägnanz außerordentlich erfüllt (++).*

♦ **Bezug zum Handlungsleitfaden**

In diesem Handlungsschritt verschaffen Sie sich eine Übersicht aller potentieller Exempel (konkrete Inhalte, die für den ausgewählten Aspekt des Wesentlichen stehen können) und bewerten diese anhand der fünf didaktischen Kriterien zur Auswahl eines Exempels. Dies hilft Ihnen dabei, sich für ein geeignetes Exempel zu entscheiden und diese Entscheidung, die stets auch subjektive Anteile hat, transparent zu machen. In manchen Fällen kann es hilfreich sein, dass Sie Ihre Entscheidung zusätzlich erläutern. Dies trifft z. B. dann zu, wenn Sie über die Anwendung der didaktischen Kriterien zur Auswahl eines Exempels kein eindeutiges Ergebnis (mehrere potentielle Exempel sind gleich bewertet) erhalten haben oder wenn Sie sich entscheiden, eines der didaktischen Kriterien zur Auswahl eines Exempels (z. B. 5. Prägnanz) höher zu gewichten als die anderen.

♦ **Literatur**

Derbolav, J. (1957). Das Exemplarische im Bildungsraum des Gymnasiums. Düsseldorf: Schwann.

Greving, B. (2007). Messen und Skalieren von Sachverhalten. In S. Albers, D. Klapper, U. Konradt, A. Walter & J. Wolf (Hrsg.), *Methodik der empirischen Forschung* (2., überarbeitete und erweiterte Auflage, S. 65-78). Wiesbaden: Gabler.

Köck, H. (1986). Allgemeine Merkmale geographischer Ziel-Inhalt-Systeme. In H. Köck (Hrsg.), *Handbuch des Geographieunterrichts. Band 1: Grundlagen des Geographieunterrichts* (S. 137-183). Köln: Aulis.

Köhnlein, W. (1982). *Exemplarischer Physikunterricht.* Bad Salzdetfurth: Franzbecker.

Köhnlein, W. (2012). *Sachunterricht und Bildung.* Bad Heilbrunn: Klinkhardt.

Ringel, G. (2000). Exemplarik und Transfer. *Geographie und Schule, 22* (124), 16-23.

Scheuerl, H. (1958). *Die exemplarische Lehre.* Tübingen: Niemeyer.

Wagenschein, M. (1959). *Zum Begriff des exemplarischen Lehrens.* Weinheim: Beltz.

9. Wählen Sie ein geeignetes Exempel für den Aspekt des Wesentlichen aus, indem Sie die didaktischen Kriterien zur Auswahl eines Exempels zugrunde legen.

(a) Ausgewählter Aspekt des Wesentlichen

☐ 1. Typische Arbeitsweisen/Techniken	☐ 5. Prinzipien
☐ 2. Allgemeine Regeln	☐ 6. (Natur-)Gesetzliche Zusammenhänge
☐ 3. Typische Phänomene	☐ 7. Analogien
☐ 4. Zentrale Begriffe	☐ 8. Denk-/Verhaltensmodelle

(b) Thema   **Anzahl der Lernsituationen**

Ausbildungsdrittel	Blöcke	(c) Lernsituationen	Potentielle Exempel	Didaktische Kriterien zur Auswahl eines Exempels (d)	Grade der Erfüllung				
					1. Ziel-relevanz	2. Subjekt-relevanz	3. Variations-möglichkeiten	4. Transfer-fähigkeit	5. Prägnanz (e)
									(f)

Anmerkungen (g)

Legende	++ außerordentlich	+ ziemlich	o mittelmäßig	- kaum

(a) Tragen Sie hier den ausgewählten Aspekt des Wesentlichen ein und kreuzen Sie das zutreffende inhaltliche Kriterium zur Bestimmung des Wesentlichen an.

(b) Tragen Sie hier das Thema und die Anzahl der Lernsituationen, die es umfasst, ein.

(c) Tragen Sie hier die einzelnen Lernsituationen des Themas mit den jeweiligen Blöcken und Ausbildungsdritteln ein. Bei Bedarf können Sie die Anzahl der Zeilen erhöhen oder reduzieren.

(d) Ordnen Sie hier die Inhalte, die Sie im achten Handlungsschritt (siehe S. 110 bis 117) ermittelt haben, als potentielle Exempel den jeweiligen Lernsituationen zu.

(e) Beurteilen Sie hier alle potentiellen Exempel hinsichtlich ihrer Eignung anhand des Grades der Erfüllung der didaktischen Kriterien zur Auswahl eines Exempels, indem Sie „++", „+", „o" oder „-" eintragen. Weiterführende Informationen zu den didaktischen Kriterien zur Auswahl eines Exempels entnehmen Sie der Legende sowie der S. 120.

(f) Wählen Sie aufbauend auf Ihrer Beurteilung in (e) ein geeignetes Exempel für den ausgewählten Aspekt des Wesentlichen aus und machen Sie Ihre Entscheidung hier deutlich, indem Sie z. B. mit Umrandungen arbeiten.

(g) Bei Bedarf können Sie hier Anmerkungen hinterlegen. Dies kann hilfreich sein, wenn Sie bei der Beurteilung anhand der didaktischen Kriterien zur Auswahl eines Exempels zu keinem eindeutigen Ergebnis gekommen sind (bei mehreren Exempeln sind die Kriterien gleich ausgeprägt) oder Sie Gewichtungen einzelner Kriterien vornehmen wollen.

9. Wählen Sie ein geeignetes Exempel für den Aspekt des Wesentlichen aus, indem Sie die didaktischen Kriterien zur Auswahl eines Exempels zugrunde legen.

Ausgewählter Aspekt des Wesentlichen		
	☐ 1. Typische Arbeitsweisen/Techniken	☐ 5. Prinzipien
	☐ 2. Allgemeine Regeln	☐ 6. (Natur-)Gesetzliche Zusammenhänge
	☐ 3. Typische Phänomene	☐ 7. Analogien
	☐ 4. Zentrale Begriffe	☐ 8. Denk-/Verhaltensmodelle

Thema | | **Anzahl der Lernsituationen** |

Ausbildungsdrittel	Blöcke	Lernsituationen	Didaktische Kriterien zur Auswahl eines Exempels / Potentielle Exempel	Grade der Erfüllung				
				1. Zielrelevanz	2. Subjektrelevanz	3. Variationsmöglichkeiten	4. Transferfähigkeit	5. Prägnanz

Anmerkungen	

Legende ++ außerordentlich + ziemlich o mittelmäßig - kaum

123

10. Wählen Sie Transfermöglichkeiten für den Aspekt des Wesentlichen aus.

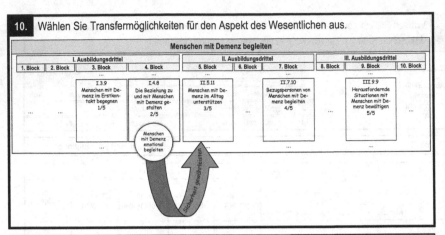

Ausgewählter Aspekt des Wesentlichen	Sicherheit gewährleisten	☐ 1. Typische Arbeitsweisen/Techniken	☒ 5. Prinzipien
		☐ 2. Allgemeine Regeln	☐ 6. (Natur-)Gesetzliche Zusammenhänge
		☐ 3. Typische Phänomene	☐ 7. Analogien
		☐ 4. Zentrale Begriffe	☐ 8. Denk-/Verhaltensmodelle

Thema	Menschen mit Demenz begleiten	Anzahl der Lernsituationen	5

Ausgewähltes Exempel	Menschen mit Demenz emotional begleiten

Ausbildungsdrittel	Blöcke	Lernsituationen	Stunden	Exempel	Transfer
I	3	I.3.9 Menschen mit Demenz im Erstkontakt begegnen 1/5	16		
	4	I.4.8 Die Beziehung zu und mit Menschen mit Demenz gestalten 2/5	16	✓	
II	5	II.5.11 Menschen mit Demenz im Alltag unterstützen 3/5	24		✓
	7	II.7.10 Bezugspersonen von Menschen mit Demenz begleiten 4/5	16		
III	10	III.9.9 Herausfordernde Situationen mit Menschen mit Demenz bewältigen 5/5	16		

Begründung

Der Transfer des Aspektes des Wesentlichen „Sicherheit gewährleisten" von der Lernsituation „I.4.8 Die Beziehung zu und mit Menschen mit Demenz gestalten 2/5" in die Lernsituation „II.5.11 Menschen mit Demenz im Alltag unterstützen 3/5" bietet sich vor allem wegen des Stundenkontingents von 24 Stunden an. Darüber hinaus ist der zeitliche Abstand zwischen den beiden Lernsituationen mit einem Block für einen Transfer sehr geeignet. Darüber hinaus weist die Lernsituation „II.5.11 Menschen mit Demenz im Alltag unterstützen 3/5" eine ausprägte Affinität zu dem Aspekt des Wesentlichen „Sicherheit gewährleisten" auf (Prägnanz-Nennungen: dreimal ++, einmal +).

10.	Wählen Sie Transfermöglichkeiten für den Aspekt des Wesentlichen aus.

◆ **Transfer**

Beim Transfer übertragen die Lernenden Fähigkeiten und Fertigkeiten, die sie in einem bestimmten Kontext, dem sogenannten Lernkontext, erworben haben, indem sie diese in einem anderen Kontext, dem sogenannten Anwendungskontext, anwenden (Mähler & Stern, 2010, S. 859, 860). Der Grad der Ähnlichkeit zwischen Lern- und Anwendungskontext wird als Transferdistanz bezeichnet. Wenn sich Lern- und Anwendungskontext sehr ähneln, liegt eine geringe Transferdistanz vor. Ein solcher Transfer wird als „naher Transfer" bezeichnet". Unterscheiden sich Lern- und Anwendungskontext dagegen deutlich, liegt eine hohe Transferdistanz vor. Bei einem solchen Transfer handelt es sich dann um einen „weiten Transfer". Ein naher Transfer stellt geringere Anforderungen an die Lernkompetenz der Lernenden als ein weiter Transfer.

◆ **Transfer und exemplarisches Prinzip**

Das exemplarische Prinzip ist untrennbar mit dem Transfer verbunden (Köck, 2005, S. 88). Erst der Transfer des Wesentlichen ermöglicht den Lernenden, sich nachhaltiges Wissen anzueignen (Köhnlein, 2012, S. 68). Damit wird einerseits die Zielsetzung des exemplarischen Prinzips in Bezug auf eine Bildung im Sinne von Verstehen (im Gegensatz zu aufsummierten Fakten) verwirklicht. Andererseits liegen im Transfer des Wesentlichen auf andere Kontexte enorme Möglichkeiten zur Reduktion der Stofffülle.

◆ **Auswahl von Transfermöglichkeiten**

Für eine begründete Entscheidung für Transfermöglichkeiten können Sie sich beispielsweise an folgenden Fragen orientieren:

Fragen	Hinweise/Erläuterungen	Beispielhafte Umsetzung (siehe S. 124)
Wie prägnant ist die Lernsituation für den ausgewählten Aspekt des Wesentlichen?	Je prägnanter die Inhalte der Lernsituation für den ausgewählten Aspekt des Wesentlichen sind, desto geeigneter ist die Lernsituation für einen Transfer. Sie können zur Beurteilung der einzelnen Lernsituationen auf Ihre Ergebnisse aus dem neunten Handlungsschritt (siehe S. 118 bis 123) zurückgreifen.	Die für den Transfer ausgewählte Lernsituation „II.5.11 Menschen mit Demenz im Alltag unterstützen 3/5" weist eine hohe Prägnanz für den ausgewählten Aspekt des Wesentlichen „Sicherheit gewährleisten" auf (dreimal „außerordentlich", einmal „ziemlich").
Wie viel Zeit liegt zwischen der Lernsituation, die das Exempel enthält, und der Lernsituationen, in die der Transfer erfolgen könnte?	Je geringer der Zeitabstand zwischen der Lernsituation, in der das Exempel bearbeitet wurde, und der Lernsituation, in die der Transfer erfolgen soll, desto förderlicher ist dies für das Gelingen des Transfers (Schneider, Mörschel, Wippich, Jäckle & Gecks, 2018, S. 5). Sie können zur Beurteilung des Zeitabstandes auf Ihre Ergebnisse aus dem zweiten Handlungsschritt (siehe S. 69 bis 74) zurückgreifen.	Zwischen der Lernsituation, in der das Exempel verortet ist („I.4.8 Die Beziehung zu und mit Menschen mit Demenz gestalten 2/5") und der für den Transfer ausgewählten Lernsituation „II.5.11 Menschen mit Demenz im Alltag unterstützen 3/5" liegt ein Block.
Wie groß ist das Stundenkontingent der Lernsituation, in die der Transfer erfolgen könnte?	Je höher das Stundenkontingent der Lernsituation, in die der Transfer erfolgen soll, desto geeigneter ist sie für den Transfer, denn sie bietet ausreichende Zeitkapazitäten. Sie können zur Beurteilung des Stundenkontingentes auf Ihre Ergebnisse aus dem zweiten Handlungsschritt (siehe S. 69 bis 74) zurückgreifen.	Die für den Transfer ausgewählte Lernsituation „II.5.11 Menschen mit Demenz im Alltag unterstützen 3/5" weist ein hohes Stundenkontingent von 24 Stunden auf.
Wie hoch ist die Lernkompetenz der Lernenden ausgeprägt?	Je ausgeprägter die Lernkompetenz der Lernenden, desto eher sind sie in der Lage, einen Transfer erfolgreich zu vollziehen.	Die Lernsituation, in der das Exempel liegt („I.4.8 Die Beziehung zu und mit Menschen mit Demenz gestalten 2/5") ist im ersten Ausbildungsdrittel verortet. Daher ist davon auszugehen, dass die Lernkompetenz der Lernenden noch nicht ausreichend ausgeprägt ist, um einen weiten Transfer erfolgreich zu vollziehen. Die Transferdistanz zu „II.5.11 Menschen mit Demenz im Alltag unterstützen 3/5" ist aufgrund der Ähnlichkeit zum Exempel als „nah" einzustufen.

···

125

◆ **Bezug zum Handlungsleitfaden**

In diesem Handlungsschritt treffen Sie auf der Basis der bisherigen Ergebnisse (vor allem des zweiten und neunten Handlungsschrittes, siehe S. 69 bis 74 sowie S. 118 bis 123) eine Entscheidung in Bezug auf die Lernsituation(en), in die ein Transfer des ausgewählten Aspektes des Wesentlichen erfolgen soll. Für Erstanwender ist es empfehlenswert, zunächst lediglich einen Transfer zu planen. Anwender, die bereits Erfahrungen mit der Umsetzung des exemplarischen Prinzips gesammelt haben, können unter Umständen auch mehrere Lernsituationen für einen Transfer auswählen.

◆ **Literatur**

Köck, H. (2005). Exemplarik. In H. Köck & D. Stonjek (Hrsg.), *ABC der Geographiedidaktik* (S. 88). Köln: Aulis.

Köhnlein, W. (2012). *Sachunterricht und Bildung*. Bad Heilbrunn: Klinkhardt.

Mähler, C. & Stern, E. (2010). Transfer. In D. H. Rost (Hrsg.), *Handwörterbuch Pädagogische Psychologie* (4., überarbeitete und erweiterte Auflage, S. 859-869). Basel: Beltz.

Schneider, K., Mörschel, A., Wippich, A., Jäckle, N. & Gecks, U. (2018). Darstellung eines Kategoriensystems für Transferleistungen. *Unterricht Pflege, 23* (3), 4-12.

10. Wählen Sie Transfermöglichkeiten für den Aspekt des Wesentlichen aus.

		☐ 1. Typische Arbeitsweisen/Techniken	☐ 5. Prinzipien
(a) **Ausgewählter Aspekt des Wesentlichen**		☐ 2. Allgemeine Regeln	☐ 6. (Natur-)Gesetzliche Zusammenhänge
		☐ 3. Typische Phänomene	☐ 7. Analogien
		☐ 4. Zentrale Begriffe	☐ 8. Denk-/Verhaltensmodelle

(b) **Thema** _____ **Anzahl der Lernsituationen** _____

(c) **Ausgewähltes Exempel** _____

Ausbil-dungsdrittel	Blöcke	Lernsituationen (d)	Stunden (e)	Exempel (f)	Transfer (g)

Begründung (h)

(a) Tragen Sie hier den ausgewählten Aspekt des Wesentlichen ein und kreuzen Sie das zutreffende inhaltliche Kriterium zur Bestimmung des Wesentlichen an.

(b) Tragen Sie hier das Thema und die Anzahl der Lernsituationen, die es umfasst, ein.

(c) Tragen Sie hier das im neunten Handlungsschritt (siehe S. 118 bis 123) ausgewählte Exempel ein.

(d) Tragen Sie hier die einzelnen Lernsituationen des Themas mit den jeweiligen Blöcken und Ausbildungsdritteln ein. Bei Bedarf können Sie die Anzahl der Zeilen erhöhen oder reduzieren.

(e) Tragen Sie hier das Stundenkontingent der jeweiligen Lernsituationen ein.

(f) Markieren Sie hier die Lernsituation, aus der das im neunten Handlungsschritt (siehe S. 118 bis 123) ausgewählte Exempel stammt, indem Sie z. B. einen Haken (✓) eintragen.

(g) Wählen Sie eine oder mehrere Lernsituation(en) aus, zu denen ein Transfer erfolgen soll. Informationen dazu können Sie auf S. 125 nachlesen. Markieren Sie hier Ihre Entscheidung, indem Sie z. B. einen Haken (✓) eintragen.

(h) Begründen Sie hier bei Bedarf Ihre Auswahl der Lernsituation(en), zu der (denen) ein Transfer erfolgen soll.

10. Wählen Sie Transfermöglichkeiten für den Aspekt des Wesentlichen aus.

Ausgewählter Aspekt des Wesentlichen		❑ 1. Typische Arbeitsweisen/Techniken	❑ 5. Prinzipien
		❑ 2. Allgemeine Regeln	❑ 6. (Natur-)Gesetzliche Zusammenhänge
		❑ 3. Typische Phänomene	❑ 7. Analogien
		❑ 4. Zentrale Begriffe	❑ 8. Denk-/Verhaltensmodelle

Thema		Anzahl der Lernsituationen	

Ausgewähltes Exempel	

Ausbildungsdrittel	Blöcke	Lernsituationen	Stunden	Exempel	Transfer

Begründung

Komprimierte Darstellung
der Handlungsschritte

Komprimierte Darstellung des Handlungsleitfadens

	Handlungsschritte	Aus
Ebene der Vorbereitung	**1.** Listen Sie alle Themen auf, die Sie unterrichten. 📝 S. 65　ⓘ S. 66　⚙ S. 67　🗋 S. 68	- Bei der Körperpflege begleiten - Beobachten - Menschen mit Demenz begleiten - Bei der Infusionstherapie mitwirken
	2. Ordnen Sie die Themen in den Ausbildungsverlauf ein, indem Sie die jeweiligen Lernsituationen mit ihren Stundenkontingenten den Ausbildungsdritteln und -blöcken zuordnen 📝 S. 69　ⓘ S. 71　⚙ S. 73　🗋 S. 74	(siehe Tabelle unten)
	3. Wählen Sie ein Thema aus, das mehr als eine Lernsituation beinhaltet. 📝 S. 75　ⓘ S. 77　⚙ S. 78　🗋 S. 79	

Tabelle zu Handlungsschritt 2:

Themen \ Ausbildungsverlauf	Block 1	Block 2	I. Aus
Menschen mit Demenz begleiten			
...	...		...

	Handlungsschritte	
Ebene des Wesentlichen	**4.** Bestimmen Sie in einem Brainstorming für alle Lernsituationen des ausgewählten Themas das darin jeweils enthaltene Wesentliche, indem Sie die inhaltlichen Kriterien zur Bestimmung des Wesentlichen zugrunde legen. 📝 S. 80　ⓘ S. 87　⚙ S. 91　🗋 S. 92	**I.** **1. Typische Arbeitsweisen/Techniken** - Adressatengerecht kommunizieren - ... **2. Allgemeine Regeln** *nicht vorhanden*

	Handlungsschritte	
Ebene der Aspekte des Wesentlichen	**5.** Bestimmen Sie die Häufigkeit, mit der die identifizierten Aspekte des Wesentlichen im ausgewählten Thema vorkommen. 📝 S. 93　ⓘ S. 96　⚙ S. 97　🗋 S. 98	(siehe Tabelle unten)

Tabelle zu Handlungsschritt 5 – Identifizierte Aspekte des Wesentlichen / Lernsituationen:

Identifizierte Aspekte des Wesentlichen	
1. Typische Arbeitsweisen/Techniken	Adressatengerecht kommunizieren ...
2. Allgemeine Regeln	Für professionelles Pflegehandeln ist es unabdingbar, partnerschaftlich mit dem zu pflegenden Menschen und seinen Bezugspersonen zu agieren ...
3. Typische Phänomene	Verwirrung ...
4. Zentrale Begriffe	Kognition ...
5. Prinzipien	Sicherheit gewährleisten
6. (Natur-)Gesetzliche Zusammenhänge	Infarkt ...
7. Analogien	Interaktionsgestaltung als Schmiermittel für eine Beziehung ...
8. Denk-/Verhaltensmodelle	Interaktionsmodelle

Legende: 📝 Beispielhafte Umsetzungen　ⓘ Hintergrundinformationen　⚙ Bearbeitungshinweise　🗋 Blanko-Formulare

schnitte aus der beispielhaften Umsetzung

bildungsdrittel		II. Ausbildungsdrittel			III. Ausbildungsdrittel		
Block 3	Block 4	Block 5	Block 6	Block 7	Block 8	Block 9	Block 10
I.3.9 Menschen mit Demenz im Erstkontakt begegnen 1/5	I.4.8 Die Beziehung zu und mit Menschen mit Demenz gestalten 2/5	II.5.11 Menschen mit Demenz im Alltag unterstützen 3/5		II.7.10 Bezugspersonen von Menschen mit Demenz begleiten 4/5		III.9.9 Herausfordernde Situationen mit Menschen mit Demenz bewältigen 5/5	
16 Stunden	*16 Stunden*	*24 Stunden*		*16 Stunden*		*16 Stunden*	

3.9 Menschen mit Demenz im Erstkontakt begegnen 1/5

3. Typische Phänomene - Verwirrung - ...	5. Prinzipien - Sicherheit gewährleisten - ...	7. Analogien - Interaktionsgestaltung als Schmiermittel für eine Beziehung
4. Zentrale Begriffe - Kognition	6. (Natur-)Gesetzliche Zusammenhänge *nicht vorhanden*	8. Denk-/Verhaltensmodelle - Interaktionsmodelle

I.3.9 Menschen mit Demenz im Erstkontakt begegnen 1/5	I.4.8 Die Beziehung zu und mit Menschen mit Demenz gestalten 2/5	II.5.11 Menschen mit Demenz im Alltag unterstützen 3/5	II.7.10 Bezugspersonen von Menschen mit Demenz begleiten 4/5	III.9.9 Herausfordernde Situationen mit Menschen mit Demenz bewältigen 5/5	Häufigkeiten
X	X	X		X	4
	X		X		2
X	X	X		X	4
X	X	X			3
X	X	X	X	X	5
		X			1
X	X				2
X					1

Handlungsschritte				Aus
6. Bestimmen Sie die Aspekte des Wesentlichen, die in mehr als einer Lernsituation enthalten sind.				Lernsituationen

Ebene der Aspekte des Wesentlichen

Identifizierte Aspekte des Wesentlichen	
1. Typische Arbeitsweisen/ Techniken	Adressatengerecht kommunizieren …
2. Allgemeine Regeln	Für professionelles Pflegehandeln ist es unabdingbar, partnerschaftlich … …
3. Typische Phänomene	Verwirrung …
4. Zentrale Begriffe	Kognition …
5. Prinzipien	Sicherheit gewährleisten ✓ …
6. (Natur-)Gesetzliche Zusammenhänge	…
7. Analogien	Interaktionsgestaltung als Schmiermittel für eine Beziehung …
8. Denk-/Verhaltensmodelle	

📝 S. 99	① S. 101	🖉 S. 102	▯ S. 103

7. Wählen Sie einen Aspekt des Wesentlichen aus.

📝 S. 104	① S. 106	🖉 S. 108	▯ S. 109

Ebene der Exempel

8. Bestimmen Sie für den ausgewählten Aspekt des Wesentlichen in einem Brainstorming die potentiellen Exempel in jeder Lernsituation.

I.3.9 Menschen mit Demenz im Erstkontakt begegnen 1/5
- Gedächtnis von Menschen mit Demenz …
- …

📝 S. 110	① S. 115	🖉 S. 116	▯ S. 117

9. Wählen Sie ein geeignetes Exempel für den Aspekt des Wesentlichen aus, indem Sie die didaktischen Kriterien zur Auswahl eines Exempels zugrunde legen.

Lernsituationen

I	3	I.3.9 Menschen mit Demenz im Erstkontakt begegnen 1/5
	4	I.4.8 Die Beziehung zu und mit Menschen mit Demenz gestalten 2/5
II	5	II.5.11 Menschen mit Demenz im Alltag unterstützen 3/5
	…	

📝 S. 118	① S. 120	🖉 S. 122	▯ S. 123

Ebene des Transfers

10. Wählen Sie Transfermöglichkeiten für den Aspekt des Wesentlichen aus.

Ausbildungsdrittel	Blöcke
I	3
	4
II	5
	7
III	9

📝 S. 124	① S. 125	🖉 S. 127	▯ S. 128

Legende:	📝 Beispielhafte Umsetzungen	① Hintergrundinformationen	🖉 Bearbeitungshinweise	▯ Blanko-Formulare

schnitte aus der beispielhaften Umsetzung

I.3.9 Menschen mit Demenz im Erstkontakt begegnen 1/5	I.4.8 Die Beziehung zu und mit Menschen mit Demenz gestalten 2/5	II.5.11 Menschen mit Demenz im Alltag unterstützen 3/5	II.7.10 Bezugspersonen von Menschen mit Demenz begleiten 4/5	III.9.9 Herausfordernde Situationen mit Menschen mit Demenz bewältigen 5/5	Häufigk.
	X			X	4
	X		X		2
	X			X	4
	X				3
		X			5
X		X			2

Sicherheit gewährleisten

I.4.8 Die Beziehung zu und mit Menschen mit Demenz gestalten 2/5 - Menschen mit Demenz emotional begleiten - ...	II.5.11 Menschen mit Demenz im Alltag unterstützen 3/5 - Stress von Menschen mit Demenz durch ... - ...	II.7.10 Bezugspersonen von Menschen mit Demenz begleiten 4/5 - Copingprozesse begleiten - ...	III.9.9 Herausfordernde Situationen mit Menschen mit Demenz bewältigen 5/5 - Aggressiven Reaktionen von Menschen mit Demenz ... - ...

Sicherheit gewährleisten

Didaktische Kriterien zur Auswahl eines Exempels	Grade der Erfüllung				
	1. Ziel-relevanz	2. Subjekt-relevanz	3. Variations-möglichkeiten	4. Transfer-fähigkeit	5. Prägnanz
Gedächtnis von Menschen mit Demenz fördern ...	+	+	++	++	+
Menschen mit Demenz emotional begleiten ✓	++	+	++	++	++
Stress von Menschen mit Demenz durch Veränderungen des	+	o	+	+	+
...					

Sicherheit gewährleisten

Lernsituationen	Stunden	Exempel	Transfer
I.3.9 Menschen mit Demenz im Erstkontakt begegnen 1/5	16		
I.4.8 Die Beziehung zu und mit Menschen mit Demenz gestalten 2/5	16	✓	
II.5.11 Menschen mit Demenz im Alltag unterstützen 3/5	24		✓
II.7.10 Bezugspersonen von Menschen mit Demenz begleiten 4/5	16		
III.9.9 Herausfordernde Situationen mit Menschen mit Demenz bewältigen 5/5	16		

8 Fazit

Für Lehrende in der Pflegeausbildung hat sich mit der Einführung der generalistischen Pflegausbildung die zentrale pädagogische Herausforderung, die exponentiell anwachsende Stofffülle so zu gestalten, dass bildungswirksame Prozesse initiiert werden, deutlich zugespitzt. Die vorliegende Arbeit greift diese Problematik auf und stellt mit dem Handlungsleitfaden zur Umsetzung des exemplarischen Prinzips ein Konzept zu deren Bewältigung vor.

Für die Konzeption des Handlungsleitfadens war es zunächst erforderlich, den komplexen und sehr theoretisch geführten Diskurs zum exemplarischen Prinzip dahingehend aufzubereiten, dass er für Lehrende in der Pflegeausbildung auf pragmatische Weise umsetzbar ist. In diesem Zusammenhang wurde insbesondere die Notwendigkeit deutlich, Kriterien für Auswahlentscheidungen im Kontext des exemplarischen Prinzips zu eruieren. Diesem Desiderat wurde in der vorliegenden Arbeit nachgekommen, indem verschiedene Begriffssysteme aus unterschiedlichen (fach-)didaktischen Bereichen im weitesten Sinne in einer historischen Rekonstruktion zusammengeführt wurden. Der Rückgriff auf pflegefremde (fach-)didaktische Bereiche wurde erforderlich, da keine entsprechenden pflegedidaktischen Arbeiten identifiziert werden konnten. In weiteren Zugriffen gilt es, die so eruierten *inhaltlichen Kriterien zur Bestimmung des Wesentlichen* und *didaktischen Kriterien zur Auswahl eines Exempels* insbesondere durch Erkenntnisse aus anderen Wissenschaftsbereichen, z. B. der Soziologie, auszubauen und abzusichern. Darüber hinaus ist zu prüfen, ob vor dem Hintergrund aktueller Entwicklungen in der (Pflege-)Wissenschaft und den Professionalisierungsbestrebungen der Pflege (z. B. die Etablierung von Vorbehaltstätigkeiten, vgl. § 4 PflBG) Anpassungen oder Veränderungen an den Kriterien erforderlich sind bzw. werden.

Die Tatsache, dass die eruierten Kriterien überwiegend nicht der Pflegedidaktik entstammen, verstärkte die Notwendigkeit, diese im pflegedidaktischen Kontext zu überprüfen, zusätzlich. Diesem Desiderat kamen die Verfasser nach, indem sie die Kriterien beispielhaft anwendeten und dies kritisch reflektierten. Auf diese Weise war es ihnen möglich, Erkenntnisse in Bezug auf die Praktikabilität und inhaltliche Eignung der *inhaltlichen Kriterien zur Bestimmung des Wesentlichen* sowie der *didaktischen Kriterien zur Auswahl eines Exempels* abzuleiten. Gleichzeitig gelang es so, Schwierigkeiten und neuralgische Punkte frühzeitig zu identifizieren, um diese in der Konzeption des Handlungsleitfadens entweder zu vermeiden oder durch z. B. ergänzende Hinweise handhabbar zu machen. Die daraus abgeleiteten Schlussfolgerungen auf struktureller, inhaltlicher und didaktischer Ebene erwiesen sich für die Konzeption gleichermaßen als handlungsleitend und als zielführend. Als im

Springer Fachmedien Wiesbaden GmbH, ein Teil von Springer Nature 2022
C. Hamar und W. Hartmann, *Das exemplarische Prinzip in der Pflegeausbildung*,
Forschungsreihe der FH Münster, https://doi.org/10.1007/978-3-658-38341-1_8

Besonderen wertvoll kristallisierte sich die Entscheidung heraus, dabei stets die Perspektive der Lehrenden einzunehmen, um so zu gewährleisten, dass deren Realität an den Pflegeschulen Berücksichtigung findet.

Die zentrale Herausforderung in der Konzeption des Handlungsleitfadens bestand darin, gleichzeitig:

- Auf inhaltlicher Ebene der Komplexität des exemplarischen Prinzips Rechnung zu tragen.
- Auf struktureller Ebene eine Stringenz und Transparenz im Vorgehen zu gewährleisten.
- Auf didaktischer Ebene Klarheit, Übersichtlichkeit und Logik miteinander zu verbinden.
- Auf allen Ebenen stets die Perspektive der Lehrenden einzunehmen.

Zur Bewältigung dieser zentralen Herausforderung war auf Seiten der Verfasser der vorliegenden Arbeit die Weiterentwicklung ihrer beruflichen Handlungskompetenz erforderlich, wobei insbesondere Zuwächse in folgenden Bereichen hervorzuheben sind:

- Selbstständiges Erschließen des hochgradig komplexen und sehr theoretischen Diskurses zum exemplarischen Prinzip (*Lernkompetenz*)
- Expertise in Bezug auf die komplexen Zusammenhänge, die dem exemplarischen Prinzip zugrunde liegen (*Fachkompetenz*)
- Eruierung der inhaltlichen Kriterien zur Bestimmung des Wesentlichen und der didaktischen Kriterien zur Auswahl eines Exempels (*Methodenkompetenz*)
- Reflexive Handhabung der beispielhaften Umsetzung mit Ableitung entsprechender Schlussfolgerungen für den eigenen Konzeptionsprozess (*Selbstkompetenz*)
- Systematisierung der Erkenntnisse in Form von aufeinander aufbauenden Handlungsschritten (*Methodenkompetenz*)

Insbesondere für die Konzeption des Handlungsleitfadens erwies sich die Entscheidung, die vorliegende Masterthesis im Tandem zu schreiben, als sehr bedeutsam. Neben der Möglichkeit, sich fachlich auszutauschen, fungierten die beiden Verfasser als gegenseitiges Regulativ, was sich vor allem beim Einnehmen der Lehrendenperspektive als erkenntnisreich erwies. Darüber hinaus konnten sämtliche inhaltliche, strukturelle und didaktische Entscheidungen stets in einem kritisch-konstruktiven Dialog evaluiert werden. Dies trug im Ergebnis dazu bei, die Anwendbarkeit des Handlungsleitfadens und damit die Umsetzung des exemplarischen Prinzips zu optimieren.

Der vorliegende Handlungsleitfaden richtet sich an einzelne Lehrende in der Pflegeausbildung, die das exemplarische Prinzip in ihrem Unterricht umsetzen wollen. Perspektivisch scheint es denkbar, dass durch die Anwendung Impulse für einen kollegialen Austausch entstehen. Diese Impulse können einen Teamprozess im Sinne einer Unterrichts- und Schulentwicklung auslösen, der letztendlich in der Evaluation dazu beiträgt, sowohl den Unterricht als auch die curricularen Strukturen weiterzuentwickeln und zu optimieren. In diesem Zusammenhang ist zu prüfen, inwieweit der vorliegende Handlungsleitfaden, der das exemplarische Prinzip im weiteren Sinne in der Umsetzungsvariante „In einem Thema" fokussiert, auf die anderen Varianten, insbesondere auf die Umsetzungsvariante „Themenübergreifend", übertragbar ist.

Da die Konzeption des Handlungsleitfadens auf einer einmaligen Anwendung der eruierten *inhaltlichen Kriterien zur Bestimmung des Wesentlichen* und der *didaktischen Kriterien zur Auswahl eines Exempels* basiert, ist in weiteren Zugriffen im pflegedidaktischen Kontext zu prüfen, inwieweit diese tatsächlich zur Umsetzung des exemplarischen Prinzips geeignet sind. Dies ist insbesondere deswegen von Interesse, da die Kriterien vor allem aus (fach-)didaktischen Bereichen stammen, die von fächersystematischen Strukturen und überwiegend naturwissenschaftlich geprägt sind. Erkenntnisreich könnte in diesem Zusammenhang darüber hinaus die Umsetzung von Unterrichten sein, die anhand des Handlungsleitfadens vorbereitetet wurden. Auf diese Weise wäre es möglich, die bisherigen Erkenntnisse hinsichtlich der Eignung der Kriterien um eine zusätzliche Facette zu erweitern. Des Weiteren bietet es sich an, zu prüfen, welchen Beitrag die aktuellen Erkenntnisse der Pflegewissenschaft leisten können, um die Kriterien in Hinblick auf die Spezifika pflegerischen Handelns weiter auszudifferenzieren. Darüber hinaus könnten die Erkenntnisse impulsgebend für eine Weiterentwicklung des Handlungsleitfadens in Bezug auf seine Anwenderfreundlichkeit sein. Dabei ist einerseits zu prüfen, wie die Hintergrundinformationen, die den jeweiligen Handlungsschritten zugeordneten sind, verständlicher und anwendungsbezogener gestaltet werden könnten. Andererseits könnten Erkenntnisse in Bezug auf die Eignung und Praktikabilität der Skala, die zur Beurteilung potentieller Exempel herangezogen wird, gewonnen werden. Eine mögliche Weiterentwicklung des Handlungsleitfadens bestünde darüber hinaus in der weiteren Ausdifferenzierung der Handlungsschritte zur Umsetzung von Transfermöglichkeiten. In diesem Zusammenhang wäre darüber hinaus zu prüfen, ob Anpassungen an den Handlungsschritten notwendig sind, wenn der Transfer in andere Lernorte (z. B. Skills Lab, praktische Ausbildung) realisiert werden soll. Vor diesem Hintergrund ist des Weiteren von Interesse, in welchem Maße Lern- und Arbeitsaufgaben und Arbeits- und Lernaufgaben dazu beitragen könnten, dass das exemplarische Prinzip sein Potential entfalten kann, und wie diese dafür ausgestaltet werden müssten.

Die Anwendung durch Lehrende wird zeigen müssen, ob und inwieweit der vorliegende Handlungsleitfaden anschlussfähig an die pädagogische Praxis an Pflegeschulen ist. Um in diesem Zusammenhang Erkenntnisse zu gewinnen und gleichzeitig mögliche Ansatzpunkte zur Weiterentwicklung des Handlungsleitfadens zu identifizieren, bietet es sich an, dessen Anwendung systematisch und gezielt zu evaluieren. Dafür scheint der Einsatz eines spezifischen Evaluationsbogens, der die oben genannten Schwerpunkte fokussiert, geeignet. Indem der vorliegende Handlungsleitfaden kontinuierlich umgesetzt und dabei stetig weiterentwickelt wird, kann es gelingen, das exemplarische Prinzip sowohl unterrichtlich als auch curricular zu verankern und dadurch nachhaltige Effekte in Bezug auf die Reduktion der Stofffülle und die Initiierung bildungswirksamer Prozesse zu erzielen.

9 Literaturverzeichnis

Ahlborn, H. & Pahl, J.-P. (Hrsg.). (1998). *Didaktische Vereinfachung. Eine kritische Reprise des Werkes von Diertich Hering*. Seelze: Kallmeyer.

Ahlsdorf, E. & Schröder, J. (2020). Kognitiver Status bei Demenz. In B. Reuschenbach & C. Mahler (Hrsg.), *Pflegebezogene Assessmentinstrumente. Internationales Handbuch für Pflegeforschung und -praxis* (2., unveränderte Auflage, S. 349-370). Bern: Hogrefe.

Algase, D. L., Beck, C. & Kolanowski, A. (1996). Need-driven dementia-compromised behavior: An alternative view of disruptive behavior. *American Journal of Alzheimer's Disease & Other Dementias, 11* (6), 10-19.

Alt, M. (1968). *Didaktik der Musik. Orientierung am Kunstwerk*. Düsseldorf: Schwann.

Ammende, R. (2016). Historie der Pflegeausbildung. Fakten und Hintergründe [PDF-File]. Verfügbar unter: https://www.thieme.de/statics/bilder/thieme/final/de/bilder/tw_pflege/Historie_der_P flegeausbildung.pdf [29.01.2019]

Arnold, R. & Gardieweski, I.-D. (o. J.). Didaktische Reduktion [PDF-File]. Verfügbar unter: https://service.zfl.uni-kl.de/wp/wp-content/uploads/2018/02/Didaktische_Reduktion.pdf [23.05.2020]

Arnold, R., Krämer-Stürzl, A. & Siebert, H. (2011). *Dozentenleitfaden: Erwachsenenpädagogische Grundlagen für die berufliche Weiterbildung* (2. Auflage). Berlin: Cornelsen.

Bader, R. (2003). Lernfelder konstruieren – Lernsituationen entwickeln. Eine Handreichung zur Erarbeitung didaktischer Jahresplanungen für die Berufsschule. *Die berufsbildende Schule, 55* (7-8), 210-217.

Ball, V., Snow, A. L., Steele, A. B., Morgan, R. O., Davila, J. A., Wilson, N. & Kunik, M. E. (2010). Quality of relationships as a predictor of psychosocial functioning in patients with dementia. *Journal of Geriatric Psychiatry and Neurology, 23* (2), 109-114.

Ballauff, T. & Meyer, E. (Hrsg.). (1960). *Exemplarisches Lehren - Exemplarisches Lernen*. Stuttgart: Klett.

Barnett, S. M. & Ceci, S. J. (2002). When and Where Do We Apply What We Learn? A Taxonomy for Far Transfer. *Psychological Bulletin, 128* (4), 612-637.

Bartholomeyczik, S., Halek, M. & Riesner, C. (2006). Rahmenempfehlungen zum Umgang mit herausforderndem Verhalten bei Menschen mit Demenz in der stationären Altenhilfe [PDF-File]. Verfügbar unter: https://www.bundesgesundheitsministerium.de/fileadmin/Dateien/Publikationen/Pfl ege/Berichte/Bericht_Rahmenempfehlungen_zum_Umgang_mit_herausfordernde

m_Verhalten_bei_Menschen_mit_Demenz_in_der_stationaeren_Altenhilfe.pdf
[27.11.2020]

Bäuml-Roßnagl, M.-A. & Bäuml, I. (1981). *Didaktik des Krankenpflegeunterrichts*. München: Urban & Schwarzenberg.

Becker, H. (1993). *Stofffülle und Stoffreduktion in der Weiterbildung*. Weinheim: Deutscher Studien Verlag.

Becker, S., Kruse, A., Schröder, J. & Seidl, U. (2005). Das Heidelberger Instrument zur Erfassung von Lebensqualität bei Demenz (H.I.L.DE.). Dimensionen von Lebensqualität und deren Operationalisierung. *Zeitschrift für Gerontologie und Geriatrie, 38* (2), 108-121.

Behrens, J. & Langer, G. (2016). *Evidence-based Nursing and Caring. Methoden und Ethik der Pflegepraxis und Versorgungsforschung – Vertrauensbildende Entzauberung der „Wissenschaft"* (4., überarbeitete und ergänzte Auflage). Bern: Hogrefe.

Berck, K.-H. (1996). Biologieunterricht - exemplarisch für das Exemplarische. *Zeitschrift für Didaktik der Naturwissenschaften, 2* (3), 17-24.

Berck, K.-H. & Graf, D. (2018). *Biologiedidaktik. Grundlagen und Methoden*. Wiebelsheim: Quelle & Meyer.

Berg, H.-C. & Huber, M. (Hrsg.). (1996). *Exemplarisch Lehren*. Zürich: vdf.

Bergmeier, H. (1987). Überlegungen zum Problem von Unterrichtsentwürfen im Fach Musik. *Musik und Bildung, 5*, 364-371.

Beutner, M. (o. J.). Reduktion: Zielgruppenadäquate Vereinfachung von Themen. Möglichkeiten zur Einbindung von Oeconomix im Studienseminar [PDF-File]. Verfügbar unter: http://www.oeconomix.de/fileadmin/user_upload/reduktion_oeconomix_referendari at_einbindung_im_studienseminar_-_reduktion-_zielgruppenadaequate_vereinfachung_von_themen.pdf [23.05.2020]

BIBB - Bundesinstitut für Berufsbildung (Hrsg.) (o. J.). Didaktische Prinzipien der Ausbildung [PDF-File]. Verfügbar unter: https://www.bibb.de/tools/berufesuche/index.php/practice_examples/sonstiges/ag_modul8-9_didakt-prinz.pdf [25.05.2020]

Blumberger, W. & Nemella, J. (1987). Berufliche Bildung und exemplarisches Lernen. Ein Modellversuch in der beruflichen Fortbildung. In A. Brock, W. Hindrichs, H. D. Müller & O. Negt (Hrsg.), *Lernen und Verändern. Zur soziologischen Phantasie und exemplarischem Lernen in der Arbeiterbildung* (S. 447-475). Marburg: SP-Verlag.

BMFSFJ - Bundesministerium für Familie, Senioren, Frauen und Jugend (2006a). Beobachtungsbogen zur Einschätzung des Verhaltens von Menschen mit Demenz

[PDF-File].   Verfügbar   unter: http://www.altenpflege-
lernfelder.de/downloads/arbeitsinfoblaetter/le2/infoblatt221.pdf [06.04.2020]

BMFSFJ Bundesministerium für Familie, Senioren, Frauen und Jugend (2006b). Das
HILDE-Instrument. Vorstellung der Inhalte und Entwicklungsphasen [PDF-File].
Verfügbar   unter:
https://www.bmfsfj.de/blob/78930/449caffdde625977863462be98d30f3c/abschluss
bericht-projektphase-hilde-data.pdf [27.11.2020]

BMFSFJ - Bundesministerium für Familie, Senioren, Frauen und Jugend (Hrsg.) (2006c).
Exkurs: Didaktische Reduktion der Inhalte [PDF-File]. Verfügbar unter:
http://www.altenpflege-
lernfelder.de/downloads/handlungsleitfaden/ExkursReduktion.pdf [23.05.2020]

Böhn, D. (Hrsg.). (1990). *Didaktik der Geographie. Begriffe.* München: Oldenbourg.

Browne, C. J. & Shlosberg, E. (2006). Attachment theory, ageing and dementia: A review
of the literature. *Aging & Mental Health, 10* (2), 132-142.

Brucker, A. & Hausmann, W. (1972). Bodenzerstörung und Bodenerhaltung in den
Prärieebenen der USA. *Beiheft: Geographische Rundschau, 2,* 36-45.

Brüggemann, O. (1965). Die Notwendigkeit und die Problematik des Exemplarischen im
Biologieunterricht der Gymnasien. *Der Gymnasialunterricht, 3,* 40-66.

Buck, P. & Rehm, M. (2003). Die Kluft des Nicht-Verstehen-Wollens. Ein Beitrag zur
Pädagogik Martin Wagenscheins. *math.did, 26* (2), 3-20.

Bulechek, G. M., Butcher, H. K., Dochterman, J. M. & Wagner, C. M. (Hrsg.). (2016).
Pflegeinterventionsklassifikation (NIC). R. Widmer & J. Georg (Hrsg. der deutschen
Ausgabe) (M. Herrmann Übers.). Bern: Hogrefe. (Original erschienen 2013: Nursing
Interventions Classification).

Butcher, H. K., Bulechek, G. M., Dochterman, J. M. & Wagner, C. M. (2018). *Nursing
Interventions Classification (NIC)* (Seventh Edition). St. Louis: ELSEVIER.

Büthe, W. (1968). Das exemplarische Verfahren. In B. Gerner (Hrsg.), *Das exemplarische
Prinzip. Beiträge zur Didaktik der Gegenwart* (3., ergänzte Auflage, S. 76-112).
Darmstadt: Wissenschaftliche Buchgesellschaft.

Cavada, S., Krüger, A. & Schulz, D. (2003). *PPS-Pflegepraxis. Phänomene, Prinzipien,
Strategien.* Berlin: Springer.

Cech, D., Feige, B., Kahlert, J., Löffler, G., Schreier, H., Schwier, H.-J. & Stoltenberg, U.
(Hrsg.). (2001). *Die Aktualität der Pädagogik Martin Wagenscheins für den
Sachunterricht.* Bad Heilbrunn: Klinkhardt.

Chinn, P. L. & Kramer, M. K. (2018). *Knowledge Development in Nursing. Theory and
Process* (Tenth Edition). St. Louis: Elsevier.

Cohen-Mansfield, J. (1991). *Instruction Manual for the Cohen-Mansfield Agitation Inventory (CMAI)*. Rockville: The Research Institute of the Hebrew Home of Greater Washington.

Cohen-Mansfield, J., Marx, M. S. & Rosenthal, A. S. (1989). A description of agitation in a nursing home. *Journal of Gerontology, 44* (3), M77-M84.

Corbin, J. M. & Strauss, A. L. (2004). *Weiterleben lernen. Verlauf und Bewältigung chronischer Krankheit* (2., vollständig überarbeitete und erweiterte Ausgabe). (A. Hildebrand Übers.). Bern: Huber. (Original erschienen 1988: Unending Work and Care: Managing Chronic Illness at Home).

Darmann, I. (2005). Pflegeberufliche Schlüsselprobleme als Ausgangspunkt für die Planung von fächerintegrativen Unterrichtseinheiten und Lernsituationen. *PrInterNet, 7* (6), 329-355.

de Jong, T. & Ferguson-Hessler, M. G. M. (1996). Types and Qualitites of Knowledge. *Educational Psychologist, 31* (2), 105-113.

DEGAM - Deutsche Gesellschaft für Allgemeinmedizin und Familienmedizin (2008). Demenz. Leitlinie Langfassung [PDF-File]. Verfügbar unter: https://www.degam.de/files/Inhalte/Leitlinien-Inhalte/_Alte%20Inhalte%20Archiv/Demenz/LL-12_Langfassung_TJ_03_korr_01.pdf [02.12.2020]

Derbolav, J. (1957). *Das Exemplarische im Bildungsraum des Gymnasiums*. Düsseldorf: Schwann.

Derbolav, J. (1960). Das Exemplarische als didaktisches Prinzip. In T. Ballauff & E. Meyer (Hrsg.), *Exemplarisches Lehren - Exemplarisches Lernen* (S. 5-7). Stuttgart: Klett.

Derbolav, J. (1963). Das exemplarische Lernen als didaktisches Prinzip. In B. Gerner (Hrsg.), *Das exemplarische Prinzip. Beiträge zur Didaktik der Gegenwart* (3., ergänzte Auflage, S. 28-49). Darmstadt: Wissenschaftliche Buchgesellschaft.

Derbolav, J. (1968). Prinzipien einer kategorialen Didaktik. In B. Gerner (Hrsg.), *Das exemplarische Prinzip. Beiträge zur Didaktik der Gegenwart* (3., ergänzte Auflage, S. 140-151). Darmstadt: Wissenschaftliche Buchgesellschaft.

Deutscher Bundestag (2018). Verordnung des Bundesministeriums für Familie, Senioren, Frauen und Jugend und des Bundesministeriums für Gesundheit. Ausbildungs- und Prüfungsverordnung für die Pflegeberufe (Pflegeberufe-Ausbildungs- und -Prüfungsverordnung – PflAPrV). Drucksache 19/2707 [PDF-File]. Verfügbar unter: https://dipbt.bundestag.de/dip21/btd/19/027/1902707.pdf [24.04.2020]

Dialog und Transferzentrum Demenz (2008). Assessments in der Versorgung von Personen mit Demenz [PDF-File]. Verfügbar unter: http://dzd.blog.uni-wh.de/wp-content/uploads/2015/10/Assessments_DZD-1.pdf [05.12.2020]

Diehl-Schmid, J. (2017). Frontotemporale lobäre Degeneration. In C.-W. Wallesch & H. Förstl (Hrsg.), *Demenzen* (3., unveränderte Auflage, S. 233-245). Stuttgart: Thieme.

DNQP (Hrsg.). (2018). *Expertenstandard Beziehungsgestaltung in der Pflege von Menschen mit Demenz*. Osnabrück: Deutsches Netzwerk für Qualitätsentwicklung in der Pflege.

Doenges, M. E., Moorhouse, M. F. & Murr, A. C. (2018). *Pflegediagnosen und Pflegemaßnahmen*. (6., vollständig überarbeitete und erweiterte Auflage). M. Müller Staub, J. Georg & C. Leoni-Scheiber (Hrgs. der dt. Ausgabe) (M. Herrmann Übers.). Bern: Hogrefe. (Original erschienen 2016: Nurse's Pocket Guide - Diagnoses, Prioritized Interventions and Rationales, 14th ed.).

Döring, N. & Bortz, J. (2016). *Forschungsmethoden und Evaluation in den Sozial- und Humanwissenschaften* (5. vollständig überarbeitete, aktualisierte und erweiterte Auflage). Berlin: Springer.

Drescher, H. (1980). Die Prinzipien des Elementaren, des Exemplarischen und des Fundamentalen im Unterricht Haushalts- und Wirtschaftskunde. In H. Drescher (Hrsg.), *Haushalts- und Wirtschaftskunde* (S. 42-51). Regensburg: Wolf.

Dröes, R. M., Meiland, F. J. M., Schmitz, M. J. & van Tilburg, W. (2006). Effect of the Meeting Centres Support Program on informal carers of people with dementia: results from a multi-centre study. *Aging & Mental Health, 10* (2), 112-124.

Duismann, G. H. (2008). Didaktische Konzepte zur Auswahl von Lerngegenständen. *Unterricht Arbeit + Technik, 10* (37), 65.

Edelmann, W. & Wittmann, S. (2012). *Lernpsychologie* (7., vollständig überarbeitete Auflage). Weinheim: Beltz.

Ehrenforth, K. H. (1994). Das Großwerk im Musikunterricht. Auf der Suche nach Repräsentativen. *Musik und Bildung, 26* (3), 5-7.

Eichelberger, H. (o. J.). Die Bedeutung des Exemplarischen Unterrichts [PDF-File]. Verfügbar unter: http://www.eichelberger.at/15-reformpaedagogik/martin-wagenschein/24-die-bedeutung-des-exemplarischen-unterrichts?tmpl=component&format=pdf [24.05.2020]

Evangelisches Krankenhaus Alsterdorf gGmbH (Hrsg.). (2017). *Handlungsleitfaden Menschen mit Demenz im Krankenhaus. Wahrung der Patientenautonomie in Diagnostik und Therapie*. Hamburg: Evangelisches Krankenhaus Alsterdorf.

Fachkommission nach § 53 PflBG (2020a). Begleitmaterialien zu den Rahmenplänen der Fachkommission nach § 53 PflBG [PDF-File]. Verfügbar unter: https://www.bibb.de/dokumente/pdf/Begleitmaterialien_BARRIEREFREI_FINAL.pd f [14.12.2020]

Fachkommission nach § 53 PflBG (2020b). Rahmenpläne der Fachkommission nach § 53 PflBG. Rahmenlehrpläne für den theoretischen und praktischen Unterricht. Rahmenausbildungspläne für die praktische Ausbildung (2., überarbeitete Auflage) [PDF-File]. Verfügbar unter: https://www.bibb.de/dokumente/pdf/Rahmenplaene_BARRIEREFREI_FINAL.pdf [26.07.2020]

Feil, N. & de Klerk-Rubin, V. (2005). *Validation. Ein Weg zum Verständnis verwirrter alter Menschen* (8., überarbeitete und erweiterte Auflage). München: Reinhardt.

Feis, E. (2012). Krankheiten mit Demenz. In S. Charlier (Hrsg.), *Fachpflege Gerontopsychiatrie* (S. 233-266). München: Elsevier.

Filler, J. (1983). Das Exemplarische wird Methode - Anregungen zu einem genetisch-exemplarischen Unterricht. *Unterrichten, erziehen, 2* (1), 14-17.

Finckh, H.-J. (1987). Die Zweiseitigkeit des Exemplarischen. Wolfgang Klafki zum 60. Geburtstag. *Zeitschrift für Pädagogik, 33* (5), 655-673.

Finkel, S. I., Costa e Silva, J., Cohen, G., Miller, S. & Sartorius, N. (1996). Behavioral and Psychological Signs and Symptoms of Dementia: a consensus statement on current knowledge and implications for research and treament. *International Psychogeriatrics, 8* (Suppl. 3), 497-500.

Flick, U. (2011). *Qualitative Sozialforschung. Eine Einführung* (4. Auflage). Reinbek bei Hamburg: Rowohlt.

Flitner, W. (1955). Der Kampf gegen die Stofffuelle. Exemplarisches Lernen, Verdichtung und Auswahl. *Die Sammlung, 1955,* 556-561.

Folstein, M. F., Folstein, S. E. & McHugh, P. R. (1975). „Mini-Mental State". A practical method for grading the cognitive state of patients for the clinican. *Journal of Psychiatric Research, 12* (3), 189-198.

Forßbohm, D. & Lau, S. (2015). Exemplarizität in Lern-Lehr-Arrangements des Berufsfeldes Ernährung und Hauswirtschaft. *In bwp@ Berufs- und Wirtschaftspädagogik, Spezial 9* [PDF-File]. Verfügbar unter: http://www.bwpat.de/spezial9/forssbohm_lau_ernaehrung-hauswirtschaft-2015.pdf [16.07.2020]

Friesacher, H. (2008). *Theorie und Praxis pflegerischen Handelns. Begründung und Entwurf einer kritischen Theorie der Pflegewissenschaft.* Osnabrück: V&R.

Geibert, H. (1980). Das Prinzip des Exemplarischen im reformierten lernzielorientierten-thematischen Erdkundeunterricht. *Geographie im Unterricht, 5* (10), 365-370.

Gerner, B. (1968a). Einleitung. In B. Gerner (Hrsg.), *Das exemplarische Prinzip. Beiträge zur Didaktik der Gegenwart* (3., ergänzte Auflage, S. IX-XXIII). Darmstadt: Wissenschaftliche Buchgesellschaft.

Gerner, B. (Hrsg.). (1968b). *Das exemplarische Prinzip. Beiträge zur Didaktik der Gegenwart.* Darmstadt: Wissenschaftliche Buchgesellschaft.

Gesellschaft für Didaktik des Sachunterrichts (Hrsg.). (2013). *Perspektivrahmen Sachunterricht.* Bad Heilbrunn: Klinkhardt.

Golas, H. G., Stern, M. & Voss, P. (1976a). Zur Theorie der didaktischen Reduktion im Fach Wirtschaftslehre. Teil 1. *Erziehungswissenschaft und Beruf, 24* (1), 13-21.

Golas, H. G., Stern, M. & Voss, P. (1976b). Zur Theorie der didaktischen Reduktion im Fach Wirtschaftslehre. Teil 2. *Erziehungswissenschaft und Beruf, 24* (2), 133-140.

Gordon, M. (2001). *Pflegediagnosen. Theoretische Grundlagen.* S. Bartholomeyczik (Hrsg. der deutschen Ausgabe) (E. Brock, K. Felden, S. Hinrichs Übers.). München: Urban & Fischer. (Original erschienen 1994: Nursing Diagnosis - Process and Application).

Grammes, T. (2014). Exemplarisches Lernen. In W. Sander (Hrsg.), *Handbuch politische Bildung* (4., völlig überarbeitete Auflage, S. 249-257). Frankfurt am Main: Wochenschau Verlag.

Greb, U. & Fuhlendorf, A. (2013). Hochschuldidaktik - Ein Exempel. In R. Ertl-Schmuck & U. Greb (Hrsg.), *Pflegedidaktische Handlungsfelder* (S. 90-123). Weinheim: Beltz.

Greving, B. (2007). Messen und Skalieren von Sachverhalten. In S. Albers, D. Klapper, U. Konradt, A. Walter & J. Wolf (Hrsg.), *Methodik der empirischen Forschung* (2., überarbeitete und erweiterte Auflage, S. 65-78). Wiesbaden: Gabler.

Grüner, G. (1967). Die didaktische Reduktion als Kernstück der Didaktik. *Die Deutsche Schule, 7* (8), 414-430.

Haerkötter, H. (1966). Möglichkeiten des exemplarischen Lehrens im Deutschunterricht. *Wirtschaft & Erziehung, 18* (5), 234-240.

Hager, W. & Hasselhorn, M. (2000). Psychologische Interventionsmaßnahmen: Was sollen sie bewirken können? In W. Hager, J.-L. Patry & H. Brezing (Hrsg.), *Evaluation psychologischer Interventionsmaßnahmen. Standards und Kriterien. Ein Handbuch* (S. 42-85). Bern: Huber.

Haider, M. (2010). *Der Stellenwert von Analogien für den Erwerb naturwissenschaftlicher Erkenntnisse. Eine Untersuchung im Sachunterricht der Grundschule am Beispiel „Elektrischer Stromkreis".* Bad Heilbrunn: Klinkhardt.

Hamann, G. F. (2017). Vaskuläre Demenzen. In C.-W. Wallesch & H. Förstl (Hrsg.), *Demenzen* (3., unveränderte Auflage, S. 272-282). Stuttgart: Thieme.

Hauptmeier, G., Kell, A. & Lipsmeier, A. (1975). Zur Auswahlproblematik von Lerninhalten und zur didaktischen Reduktion wissenschaftlicher Aussagen. *Die Deutsche Berufs- und Fachschule, 71* (12), 899-922.

Häuser, K. (1987). Forum: „Zur Praxis und Theorie exemplarischen Lernens. Exemplum „Hauptzeitberechnung beim Drehen". *Zeitschrift für Berufs- und Wirtschaftspädagogik, 83* (8), 740-743.

Hebel, F. (1965). Das Exemplarische in der Gemeinschaftskunde. *Der Gymnasialunterricht, 3* (3), 21-39.

Heidrich, W. (1987). Forum: Exemplarisches Lehren und DIN-Normen. *Zeitschrift für Berufs- und Wirtschaftspädagogik, 83* (8), 743-744.

Hell, W. (2018). *Alles Wissenswerte über Staat, Bürger, Recht. Staatsbürger- und Gesetzeskunde* (8., aktualisierte Auflage). Stuttgart: Thieme.

Hellström, I., Nolan, M. & Lundh, U. (2005). Awareness context theory and the dynamics of dementia: Improving understanding using emergent fit. *Dementia, 4* (2), 269-295.

Helmrich, R. & Leppelmeier, I. (2020). Sinkt die Halbwertszeit von Wissen? Theoretische Annahmen und empirische Befunde [PDF-File]. Verfügbar unter: https://www.bibb.de/veroeffentlichungen/de/publication/download/16571 [17.01.2021]

Herkner, V. & Vermehr, B. (1998). Die Reduktionsproblematik in der pädagogischen Literatur seit den sechziger Jahren - Ein Überblick zur Rezeption von Dietrich Hering. In H. Ahlborn & J.-P. Pahl (Hrsg.), *Didaktische Vereinfachung. Eine kritische Reprise des Werkes von Dietrich Hering* (S. 209-236). Seelze: Kallmeyer.

Hiering, P., Killermann, W. & Starosta, B. (2016). Prinzip des Exemplarischen. In W. Killermann, P. Hiering & B. Starosta (Hrsg.), *Biologieunterricht heute. Eine moderne Fachdidaktik* (16., aktualisierte Auflage, S. 45-51). Augsburg: Auer.

Horlacher, F. (2013). Arbeitsbedingungen und Qualifikationsanforderungen im Berufsfeld Ernährung und Hauswirtschaft vor dem Hintergrund des demografischen Wandels. *In bwp@ Berufs- und Wirtschaftspädagogik, Spezial 6* [PDF-File]. Verfügbar unter: http://www.bwpat.de/ht2013/ft11/horlacher_ft11-ht2013.pdf [17.06.2020]

Howald, B. (2018). *Haftungsrecht für die Pflege. Zivil- und Strafrecht für Lehre und Praxis.* Stuttgart: Kohlhammer.

Höwler, E. (2007). *Interaktionen zwischen Pflegenden und Personen mit Demenz.* Stuttgart: Kohlhammer.

International Psychogeriatric Association - IPA (Hrsg.). (2012). Behavioral and Psychological Symptoms of Dementia. Specialists Guide. Verfügbar unter: http://www.bsa.ualberta.ca/sites/default/files/____IPA_BPSD_Specialists_Guide_ Online.pdf [03.09.2018]

Jahreiß, A. (2008). Exemplarik und Transfer konkret. Eine Studie zur theoriegeleiteten Umsetzung im Geographieunterricht der bayrischen Hauptschule. *Geographie und Schule, 30* (176), 27-35.

Kahlke, J. & Kath, F. M. (Hrsg.). (1984). *Didaktische Reduktion und methodische Transformation.* Alsbach: Leuchtturm.

Kaiser, H. J. & Nolte, E. (1989). *Musikdidaktik. Sachverhalte - Argumente - Begründungen.* Mainz: Schott.

Käppeli, S. (Hrsg.). (1998). *Pflegekonzepte. Phänomene im Erleben von Krankheit und Umfeld. Band 1.* Bern: Huber.

Käppeli, S. (Hrsg.). (1999). *Pflegekonzepte. Phänomene im Erleben von Krankheit und Umfeld. Band 2.* Bern: Huber.

Käppeli, S. (Hrsg.). (2000). *Pflegekonzepte. Phänomene im Erleben von Krankheit und Umfeld. Band 3.* Bern: Huber.

Kath, F. M. (1981). *Ein Modell zur Unterrichtsvorbereitung* (2. Auflage). Alsbach: Leuchtturm.

Kath, F. M. & Kahlke, J. (1982). *Das Umsetzen von Aussagen und Inhalten. Didaktische Reduktion und methodische Transformation. Eine Bestandsaufnahme.* Alsbach: Leuchtturm.

Kattmann, U. (2007). Didaktische Rekonstruktion – eine praktische Theorie. In D. Krüger & H. Vogt (Hrsg.), *Theorien in der biologiedidaktischen Forschung. Ein Handbuch für Lehramtsstudenten und Doktoranden* (S. 93-104). Berlin: Springer.

Kersten, P., Wagner, J., Tipler, P. A. & Mosca, G. (2019a). Drehbewegungen. In P. A. Tipler & G. Mosca (Hrsg.), *Physik für Studierende der Naturwissenschaften und Technik* (8., korrigierte und erweiterte Auflage, S. 291-358). P. Kersten & J. Wagner (Hrsg. der deutschen Ausgabe) (M. Basler, R. Dohmen, A. Schleitzer & M. Zillgitt Übers.). Berlin: Springer. (Original erschienen 2008: Physics for Scientists and Engineers. With Modern Physics. Sixth Edition).

Kersten, P., Wagner, J., Tipler, P. A. & Mosca, G. (2019b). Weitere Anwendungen der Newton´schen Axionme. In P. A. Tipler & G. Mosca (Hrsg.), *Physik für Studierende der Naturwissenschaften und Technik* (8., korrigierte und erweiterte Auflage, S. 117-166). P. Kersten & J. Wagner (Hrsg. der deutschen Ausgabe) (M. Basler, R.

Dohmen, A. Schleitzer & M. Zillgitt Übers.). Berlin: Springer. (Original erschienen 2008: Physics for Scientists and Engineers. With Modern Physics. Sixth Edition).

Kircher, E. (2015). Methoden im Physikunterricht. In E. Kircher, R. Girwidz & P. Häußler (Hrsg.), *Physikdidaktik. Theorie und Praxis* (S. 141-192). Berlin: Springer.

Kirschner, O. (1984). Zum Problem der didaktischen Reduktion ingenieur- und naturwissenschaftlicher Aussagen. In J. Kahlke & F. M. Kath (Hrsg.), *Didaktische Reduktion und methodische Transformation* (S. 193-210). Darmstadt: Leuchtturm.

Kitwood, T. (2013). *Demenz. Der person-zentrierte Ansatz im Umgang mit verwirrten Menschen.* (6., ergänzte Auflage). C. Müller-Hergl (Hrsg. der deutschen Ausgabe) (M. Herrmann Übers.). Bern: Huber. (Original erschienen 1997: Dementia reconsidered)

Klafki, W. (1975). *Studien zur Bildungstheorie und Didaktik* (37. - 40. Tausend). Weinheim: Beltz.

Klafki, W. (2007). *Neue Studien zur Bildungstheorie und Didaktik. Zeitgemäße Allgemeinbildung und kritisch-konstruktive Didaktik* (6., neu ausgestattete Auflage). Weinheim: Beltz.

Klauer, K. J. (1974). *Methodik der Lehrzieldefinition und Lehrstoffanalyse.* Düsseldorf: Schwann.

Klauer, K. J. (1976). Neuere Entwicklungen im Bereich der Lehrstoffanalyse - Schwerpunkt Makroanalyse. *Zeitschrift für Pädagogik, 22* (3), 387-398.

Klauer, K. J. (2011). *Transfer des Lernens. Warum wir oft mehr lernen als gelehrt wird.* Stuttgart: Kohlhammer.

Klauer, K. J. & Leutner, D. (2012). *Lehren und Lernen. Einführung in die Instruktionspsychologie* (2., überarbeitete Auflage). Weinheim: Beltz.

KMK - Kultusministerkonferenz (2018). Handreichung für die Erarbeitung von Rahmenlehrplänen der Kultusministerkonferenz für den berufsbezogenen Unterricht in der Berufsschule und ihre Abstimmung mit Ausbildungsordnungen des Bundes für anerkannte Ausbildungsberufe [PDF-File]. Verfügbar unter: https://www.kmk.org/fileadmin/Dateien/veroeffentlichungen_beschluesse/2011/201 1_09_23-GEP-Handreichung.pdf [27.01.2020]

Knübel, H. (1960a). Das Wesen des exemplarischen Unterrichts. In H. Knübel (Hrsg.), *Exemplarisches Arbeiten im Erdkundeunterricht* (S. 9-20). Braunschweig: Westermann.

Knübel, H. (1960b). Wege und Ziele des exemplarischen Erdkundeunterrichts. In H. Knübel (Hrsg.), *Exemplarisches Arbeiten im Erdkundeunterricht* (S. 29-48). Braunschweig: Westermann.

Knübel, H. (Hrsg.). (1960c). *Exemplarisches Arbeiten im Erdkundeunterricht.* Westermann: Braunschweig.

Köck, H. (1986a). Allgemeine Merkmale geographischer Ziel-Inhalt-Systeme. In H. Köck (Hrsg.), *Handbuch des Geographieunterrichts. Band 1: Grundlagen des Geographieunterrichts* (S. 137-183). Köln: Aulis.

Köck, H. (1986b). Spezielle Ansätze der fachinhaltlichen Akzentuierung geographischer Ziel-Inhalt-Systeme. In H. Köck (Hrsg.), *Handbuch des Geographie-Unterrichts. Band 1: Grundlagen des Geographieunterrichts* (S. 183-203). Köln: Aulis.

Köck, H. (2005a). Exemplarischer Geographieunterricht. In H. Köck & D. Stonjek (Hrsg.), *ABC der Geographiedidaktik* (S. 89). Köln: Aulis.

Köck, H. (2005b). Signifikantes Raumbeispiel. In H. Köck & D. Stonjek (Hrsg.), *ABC der Geographiedidkatik* (S. 225). Köln: Aulis.

Köck, H. (2008). Exemplarik und Transfer in der Geographie. Erkenntnis- und lerntheoretische Grundlagen. *Geographie und Schule, 30* (176), 11-18.

Köck, H. (Hrsg.). (1986c). *Handbuch des Geographie-Unterrichts. Band 1: Grundlagen des Geographieunterrichts.* Köln: Aulis.

Köck, H. & Rempfler, A. (2004). *Erkenntnisleitende Ansätze. Schlüssel zur Profilierung des Geographieunterrichts.* Köln: Aulis.

Köck, H. & Stonjek, D. (2005). *ABC der Geographiedidaktik.* Köln: Aulis.

Köhler, K. (2013). Nach welchen Prinzipien kann Biologieunterricht gestaltet werden? In U. Spörhase (Hrsg.), *Biologiedidaktik. Praxishandbuch für die Sekundarstufe I und II* (6. Auflage, S. 112-129). Berlin: Cornelsen.

Köhnlein, W. (1973). Die Pädagogik Martin Wagenscheins [PDF-File]. Verfügbar unter: https://www.pedocs.de/volltexte/2017/14546/pdf/Koehnlein_1973_Die_Paedagogik _Martin_Wagenscheins.pdf [04.06.2020]

Köhnlein, W. (1982). *Exemplarischer Physikunterricht.* Bad Salzdetfurth: Franzbecker.

Köhnlein, W. (1988). Unterrichtsform, Sachbezug und Verstehen. In Gesellschaft für Didaktik der Physik und Chemie (Hrsg.), *Zur Didaktik der Physik und Chemie* (S. 113-115). Alsbach: Leuchtturm.

Köhnlein, W. (2011). Die Bildungsaufgaben des Sachunterrichts und der genetische Zugriff auf die Welt. *GDSU-Journal, 2001* (1), 7-20.

Köhnlein, W. (2012). *Sachunterricht und Bildung.* Bad Heilbrunn: Klinkhardt.

Köhnlein, W. (Hrsg.). (1998). *Der Vorrang des Verstehens. Beiträge zur Pädagogik Martin Wagenscheins.* Bad Heilbrunn: Klinkhardt.

Köhnlein, W., Marquard-Mau, B. & Schreier, H. (Hrsg.). (1999). *Vielperspektivisches Denken im Sachunterricht.* Bad Heilbrunn: Klinkhardt.

Köhnlein, W. & Schreier, H. (Hrsg.). (2001). *Innovation Sachunterricht - Befragung der Anfänge nach zukunftsfähigen Beständen.* Bad Heilbrunn: Klinkhardt.

Korthagen, F. A. J. (1985). Reflective Teaching and Preservice Teacher Education in the Netherlands. *Journal of Teacher Education, 36* (5), 11-15.

Kramer, J. (1997). *British Cultural Studies.* München: Fink.

Kreusch, J., Kullik, A. & Jäger-Dengler-Harles, I. (2017). „Die Bündelung von Angeboten ist das Allerwichtigste!". Neues vom Fachinformationsdienst Erziehungswissenschaft und Bildungsforschung. *Erziehungswissenschaft, 54* (2), 158-161.

Kubli, F. (1996). Wagenschein und die Didaktik des Physikunterrichts am Gymnasium. *Beiträge zur Lehrerinnen- und Lehrerbildung, 14* (2), 175-179.

Kuckeland, H. (2020a). Glossar: Begriffe der Curriculumentwicklung. *Unterricht Pflege, 25* (2), 51-59.

Kuckeland, H. (2020b). *Handeln wider besseres Wissen im Körperpflegeunterricht. Pflegedidaktisches Professionswissen und Professionshandeln von Lehrenden in der Pflegeausbildung.* Münster: Waxmann.

Kuhn, W. (1975a). *Exemplarische Biologie in Unterrichtsbeispielen 2* (2. neubearbeitete Auflage). München: List.

Kuhn, W. (1975b). *Exemplarische Biologie in Unterrichtsbeispielen. 1 Teil* (4. Auflage). München: List.

Labudde, P. (1996). Genetisch - sokratisch - exemplarisches Lernen im Lichte der neueren Wissenschaftstheorie. *Beiträge zur Lehrerbildung, 14* (2), 170-174.

Labudde, P. & Metzger, S. (Hrsg.). (2019). *Fachdidaktik Naturwissenschaft. 1.–9. Schuljahr* (3., erweiterte und aktualisierte Auflage). Bern: Haupt.

Lehner, M. (2012). *Didaktische Reduktion.* Bern: Haupt.

Lehner, M. (2013). Inhalte als zentrale Aspekte einer Didaktik der Erwachsenenbildung. *Magazin erwachsenenbildung.at, 20* (3), 2-10.

Lehner, M. (2014). Didaktische Reduktion. Vom Umgang mit Stofffülle und inhaltlicher Komplexität [PDF-File]. Verfügbar unter: https://docplayer.org/35940332-Didaktische-reduktion-vom-umgang-mit-stofffuelle-und-inhaltlicher-komplexitaet.html [23.05.2020]

Lehner, M. (2015). Viel Stoff – wenig Zeit. Wege aus der Vollständigkeitsfalle [PDF-File]. Verfügbar unter: https://fd.phwa.ch/wordpress/wp-content/uploads/2015/02/Toolbox_Reduktion_Lehner.pdf [23.05.2020]

Lehner, M. (2018). *Erklären und Verstehen. Eine kleine Didaktik der Vermittlung.* Bern: Haupt.

Leisen, J. (2016). Kompetenzorientierung in Lehramtsausbildung und Physikunterricht. *Plus Lucis, 2016* (2), 6-14.

Leuthe, F. (2010). Kommunikation mit Menschen mit Demenz - Guter Kontakt ist möglich [Website]. Verfügbar unter: https://www.deutsche-alzheimer.de/unser-service/archiv-alzheimer-info/kommunikation-mit-menschen-mit-demenz-guter-kontakt-ist-moeglich.html [27.11.2020]

Lipowsky, F. (2020). Unterricht. In E. Wild & J. Möller (Hrsg.), *Pädagogische Psychologie* (3., vollständig überarbeitete und aktualisierte Auflage, S. 69-118). Berlin: Springer.

Lisop, I. (1996). Exemplarik als bildungstheoretisches und didaktisches Prinzip an beruflichen Schulen. In B. Bonz (Hrsg.), *Didaktik der Berufsbildung* (S. 162-176). Stuttgart: Holland und Josenhans.

Lisop, I. & Huisinga, R. (2004). *Arbeitsorientierte Exemplarik. Subjektbildung - Kompetenz - Professionalität. Ein Lehrbuch.* Frankfurt am Main: Gesellschaft zur Förderung arbeitsorientierter Forschung und Bildung.

Lohrmann, K., Hartinger, A. & Schwelle, V. (2013). Exemplarisches Lehren und Lernen durch das Arbeiten mit Beispielen. Theoretische Bezüge zwischen Allgemeiner Didaktik, Fachdidaktik und Lehr-Lernpsychologie. *Zeitschrift für Grundschulforschung, 6* (1), 158-171.

Lotze, E. (2013). *Humor im therapeutischen Prozess. Dimensionen, Anwendungsmöglichkeiten und Grenzen für die Pflege* (2. Auflage). Frankfurt am Main: Mabuse.

Mähler, C. & Stern, E. (2010). Transfer. In D. H. Rost (Hrsg.), *Handwörterbuch Pädagogische Psychologie* (4., überarbeitete und erweiterte Auflage, S. 859-869). Basel: Beltz.

Maierthaler, E. (o. J.). Getriebe, Getriebemotoren und Zahnräder [Website]. Verfügbar unter: https://www.ludwigmeister.de/technische-informationen/zahnraeder [04.12.2020]

Malsch, F. (1965). Das Exemplarische im Mathematikunterricht. *Der Gymnasialunterricht, 3,* 67-91.

MDS - Medizinischer Dienst des Spitzenverbandes Bund der Krankenkassen e. V. (Hrsg.) (Dezember 2005). Grundsatzstellungnahme Pflegeprozess und Dokumentation. Handlungsempfehlungen zur Professionalisierung und Qualitätssicherung in der Pflege. Verfügbar unter: https://www.mds-ev.de/fileadmin/dokumente/Publikationen/SPV/Grundsatzstellungnahmen/30_Pflegeprozess_Dok_2005.pdf [24.02.2019]

Melby-Lervåg, M. & Hulme, C. (2013). Is Working Memory Training Effective? A Meta-Analytic Review. *Developmental Psychology, 49* (2), 270-291.

Memmert, W. (1975). *Grundfragen der Biologie-Didaktik* (5. Auflage). Essen: Neue Deutsche Schule.

Mersch, F. F. & Pahl, J.-P. (2013). *Meso- und mikromethodische Grundlegungen und Konzeptionen*. Baltmannsweiler: Hohengehren.

Mertens, D. (1974). Schlüsselqualifikationen. Thesen zur Schulung für eine moderne Gesellschaft. *Mitteilungen aus der Arbeits- und Berufsforschung, 7* (1), 36-43.

Meyer, H. (2018). *Leitfaden Unterrichtsvorbereitung* (9. Auflage). Berlin: Cornelsen.

Meyer, M. A. & Meyer, H. (2007). *Wolfgang Klafki. Eine Didaktik für das 21. Jahrhundert?* Weinheim: Beltz.

Michelsen, U. A. & Binstadt, P. (1987). Zur Praxis und Theorie exemplarischen Lehrens. *Zeitschrift für Berufs- und Wirtschaftspädagogik, 83* (6), 483-502.

Miesen, B. M. L. (1992). Attachment theory and dementia. In G. M. M. Jones & B. M. L. Miesen (Hrsg.), *Care-giving in dementia. Volume 1* (S. 38-56). London: Routledge.

Miesen, B. M. L. (1993). Alzheimer's disease, the phenomenon of parent fixation and bowlby's attachment theory. *International Journal of Geriatric Psychiatry, 8* (2), 147-153.

Miesen, B. M. L. - (1999). *Dementia in Close-Up*. (G. M. M. Jones Übers.). London: Routledge. (Original erschienen 1999: Dement).

Miesen, B. M. L. (2006). Attachment in dementia. Bound from birth? In B. M. L. Miesen & G. M. M. Jones (Hrsg.), *Care-Giving in Dementia. Research and applications, Volume 4* (S. 105-132). London: Routledge.

Möller, K. (2001). Genetisches Lehren und Lernen. Facetten eines Begriffs. In D. Cech, B. Feige, J. Kahlert, G. Löffler, H. Schreier, H.-J. Schweir & U. Stoltenberg (Hrsg.), *Die Aktualität der Pädagogik Martin Wagenscheins für den Sachunterricht* (S. 15-30). Bad Heilbrunn: Klinkhardt.

Moorhead, S., Johnson, M., Maas, M. L. & Swanson, E. (Hrsg.). (2013). *Pflegeergebnisklassifikation (NOC)* (2., vollständig überarbeitete und erweiterte Auflage). (M. Herrmann Übers.). Bern: Huber. (Original erschienen 2008: Nursing Outcomes Classification (NOC)).

Moorhead, S., Swanson, E., Johnson, M. & Maas, M. L. (2018). *Nursing Outcomes Classification (NOC). Measurement of Health Outcomes* (Sixth Edition). St. Louis: Mosby.

Müller-Hergl, C. (2008). Die Rolle Angehöriger im Verlauf der Krankheitsentwicklung. Hypothesen zu typischen Konstellationen zwischen versorgenden Institutionen und hilfesuchenden Angehörigen [PDF-File]. Verfügbar unter: http://dzd.blog.uni-wh.de/wp-content/uploads/2015/10/CMH_Angehoerige-1.pdf [27.11.2020]

Muster-Wäbs, H., Ruppel, A. & Schneider, K. (2005). *Lernfeldkonzept verstehen und umsetzen*. Brake: Prodos.

NANDA-I. (2019). *Pflegediagnosen. Definitionen und Klassifikation 2018-2020*. (M. Linhart Übers.). Kassel: RECOM. (Original erschienen 2017: Nursing Diagnosis. Definitions and Classification, Eleventh Edition).

Negt, O. (1975). *Soziologische Phantasie und exemplarisches Lernen: Zur Theorie und Praxis der Arbeiterbildung* (5. Auflage der überarbeiteten Neuausgabe). Frankfurt: Europäische Verlagsanstalt.

Nett, U. E. & Götz, T. (2019). Selbstreguliertes Lernen. In D. Urhane, M. Dresel & F. Fischer (Hrsg.), *Psychologie für den Lehrberuf* (S. 67-84). Berlin: Springer.

Nichols, L. O., Martindale-Adams, J., Greene, W. A., Burns, R., Graney, M. J. & Lummus, A. (2008). Dementia Caregivers' Most Pressing Concerns. *Clinical Gerontologist, 32* (1), 1-14.

Nickolaus, R. (2009). Didaktische Modelle und Konzepte für die Planung und Analyse beruflicher Lehr-Lernprozesse. In B. Bonz (Hrsg.), *Didaktik und Methodik der Berufsbildung* (S. 33-59). Baltmannsweiler: Hohengehren.

Nielsen, B. S. (1999). Exemplarisches Lernen. In W. Lenk, M. Rumpf & L. Hieber (Hrsg.), *Kritische Theorie und Politischer Eingriff* (S. 474-481). Hannover: Offizin.

Nitsch, J. (1967). Zum Exemplarischen im Geschichtsunterricht. Vorüberlegungen zur Unterrichtsvorbereitung des Lehrers. *Unsere Volksschule, 18* (3), 106-109.

Nittel, D. (2018). Qualitative Bildungsforschung. In R. Tippelt & B. Schmidt-Hertha (Hrsg.), *Handbuch Bildungsforschung*. (4., überarbeitete und aktualisierte Auflage, S. 689-713). Wiesbaden: Springer.

Nolda, S. (2001). Das Konzept der Wissensgesellschaft und seine (mögliche) Bedeutung für die Erwachsenenbildung. In J. Wittpoth (Hrsg.), *Erwachsenenbildung und Zeitdiagnose. Theoriebeobachtungen* (S. 91-117). Bielefeld: Bertelsmann.

Nuissl, E. (1998). Von den Tücken des Exemplarischen. In R. Arnold, J. Kade, S. Nolda & N. Schüßler (Hrsg.), *Lehren und Lernen im Modus der Auslegung. Erwachsenenbildung zwischen Wissensvermittlung, Deutungslernen und Aneignung* (S. 145-158). Baltmannsweiler: Schneider.

Nünning, V. & Nünning, A. (2000). British cultural studies konkret. 10 Leitkonzepte für einen innovativen Kulturunterricht. *Der fremdsprachliche Unterricht/Englisch, 34* (43), 4-9.

Nutbeam, D. (2008). The evolving concept of health literacy. *Social Science & Medicine, 67* (12), 2072-2078.

Orem, D. (1997). *Strukturkonzepte der Pflegepraxis*. G. Bekel (Hrsg. der deutschen Ausgabe) (U. Villewock Übers.). Berlin: Ullstein. (Original erschienen 1995: Nursing - Concepts of Practice, 5th Edition).

Pahl, J.-P. (2013). *Bausteine beruflichen Lernens im Bereich „Arbeit und Technik". Band 1: Berufliche Didaktiken auf wissenschaftlicher Basis* (4. erweiterte und veränderte Auflage). Hohengehren: Schneider.

Pahl, J.-P. (2020). *Berufliche Didaktiken. Wege und Werkzeuge zur Gestaltung der Berufsausbildung*. Bielefeld: wbv.

Peng, A., Moor, C. & Schelling, H. R. (2011). Einstellungen zu Demenz. Übersetzung und Validierung eines Instruments zur Messung von Einstellungen gegenüber Demenz und demenzkranken Menschen (Teilprojekt 1). Schlussbericht zuhanden des Forschungsfonds der schweizerischen Alzheimervereinigung [PDF-File]. Verfügbar unter: http://www.zfg.uzh.ch/static/2011/Peng_Moor_Schelling_Einstellungen_Demenz_2 011.pdf [27.11.2020]

Perels, F., Dörrenbächer-Ulrich, L., Landmann, M., Otto, B., Schnick-Vollmer, K. & Schmitz, B. (2020). Selbstregulation und selbstreguliertes Lernen. In E. Wild & J. Möller (Hrsg.), *Pädagogische Psychologie* (3., vollständig überarbeitete und aktualisierte Auflage, S. 46-66). Berlin: Springer.

Perren, S., Schmid, R., Herrmann, S. & Wettstein, A. (2007). The impact of attachment on dementia-related problem behavior and spousal caregivers' well-being. *Attachment & Human Development, 9* (2), 163-178.

Perrig-Chiello, P. (2012). Familiale Pflege. Ein näherer Blick auf eine komplexe Realität. In P. Perrig-Chiello & F. Höpflinger (Hrsg.), *Pflegende Angehörige älterer Menschen. Probleme, Bedürfnisse, Ressourcen und Zusammenarbeit mit der ambulanten Pflege* (S. 111-210). Bern: Huber.

Popp, I. (2006). *Pflege dementer Menschen.* (3., überarbeitete und erweiterte Auflage). Stuttgart: Kohlhammer.

Preiser, S. (2021). *Pädagogische Psychologie. Psychologische Grundlagen von Erziehung und Unterricht* (3., vollständig überarbeitete Auflage). Weinheim: Beltz.

Pukas, D. (1979). Die Anwendung des elementaren und exemplarischen Prinzips in der metallgewerblichen Berufsausbildung. *Technic-Didact, 4* (2-3), 59-66.

Pukas, D. (2013). Begriffliche Verortung und Strukturkonzept einer Fachrichtung und Lernort übergreifenden Didaktik beruflicher Bildung. *In bwp@ Berufs- und Wirtschaftspädagogik, Ausgabe 24* [PDF-File]. Verfügbar unter: http://www.bwpat.de/ausgabe24/pukas_bwpat24.pdf [15.09.2020]

Rabes, C. (2014). Die Integrative Validation nach Nicole Richard [Website]. Verfügbar unter: https://www.bibliomed-pflege.de/news/29234-die-integrative-validation-nach-nicole-richard [02.12.2020]

Reinhardt, E. (1970). *Ökonomische Aspekte des Lehrens und Lernens.* Darmstadt: Winklers.

Rexing, V. (2013). Didaktische Analyse und Reduktion – Interpretation im Kontext leitender Paradigmen für die didaktischmethodische Gestaltung beruflicher Lehr-Lernprozesse. In bwp@ Berufs- und Wirtschaftspädagogik, Nr. 24 [PDF-File]. Verfügbar unter: http://www.bwpat.de/ausgabe24/rexing_bwpat24.pdf [25.05.2020]

Richard, N. (2004). Kommunikation und Körpersprache mit Menschen mit Demenz - die Integrative Validation (IVA). *Unterricht Pflege, 9* (5), 13-16.

Richter, C. (1987). Didaktische Reduktion. *Musik und Bildung, 5,* 345.

Ringel, G. (2000). Exemplarik und Transfer. *Geographie und Schule, 22* (124), 16-23.

Ritter-Mamczek, B. (2017). *Stoff reduzieren. Methoden für die Lehrpraxis.* Opladen: Budrich.

Robert Bosch Gesellschaft für medizinische Forschung (2008). Reduktion von körpernaher Fixierung bei demenzerkrankten Heimbewohnern [PDF-File]. Verfügbar unter: http://www.redufix.de/html/img/pool/redufix_Abschlussbericht_Ministerium_Entfixierung.pdf [27.11.2020]

Robinsohn, V. M. (2002). *Praxishandbuch Therapeutischer Humor. Grundlagen und Anwendungen für Gesundheits- und Pflegeberufe* (2., unveränderte Auflage). J. Gardemann (Hrsg. der deutschen Ausgabe) (S. Hinrichs Übers.). Bern: Huber (Original erschienen 1991: Humor and the health profession).

Rohde-Jüchtern, T., Schindler, J. & Schneider, A. (2008). Transfer und Exemplarität. Empirische Illustrationen zum Syndromansatz. *Geographie und Schule, 30* (176), 19-26.

Rohlfes, J. (1968). Funktionsziele. Zur Frage des exemplarischen Lernens im Gesichtsunterricht. In B. Gerner (Hrsg.), *Das exemplarische Prinzip. Beiträge zur Didaktik der Gegenwart* (3., ergänzte Auflage, S. 231-248). Darmstadt: Wissenschaftliche Buchgesellschaft.

Roth, H. (1970). *Pädagogische Psychologie des Lehrens und Lernens.* Hannover: Schroedel.

Roth, H. & Blumenthal, A. (Hrsg.). (1965). *Exemplarisches Lernen.* Hannover: Schroedel.

Sachweh, S. (2008). *Spurenlesen im Sprachdschungel. Kommunikation und Verständigung mit demenzkranken Menschen.* Bern: Huber.

Salzmann, C. (1982). Elementarisierung und Vereinfachung als Kernproblem des Lehr-/Lernprozesses. *Pädagogische Rundschau, 5* (36), 535-556.

Schad, E. (1977). Hydraulik. Ein Lehrgang zur Vermittlung extrafunktionaler Qualifikationen. *Die berufsbildende Schule, 29* (6), 370-382.

Schaub, R. T. & Freyberger, H. J. (2017). Diagnostik und Klassifikation. In C.-W. Wallesch & H. Förstl (Hrsg.), *Demenzen* (3., unveränderte Auflage, S. 87-112). Stuttgart: Thieme.

Scheuerl, H. (1958). *Die exemplarische Lehre.* Tübingen: Niemeyer.

Schewior-Popp, S. (1998). *Handlungsorientiertes Lehren und Lernen in Pflege- und Rehabilitationsberufen.* Stuttgart: Thieme.

Schilder, M. & Philipp-Metzen, H. E. (2018). *Menschen mit Demenz. Ein interdisziplinäres Praxisbuch: Pflege, Beteruung, Anleitung von Angehörigen.* Stuttgart: Kohlhammer.

Schmidtke, K. & Otto, M. (2017). Alzheimer-Demenz. In C.-W. Wallesch & H. Förstl (Hrsg.), *Demenzen* (3., unveränderte Auflage, S. 203-227). Stuttgart: Thieme.

Schneider, K. (2005). Anforderungen an Pflegeausbildungen. In K. Schneider, S. Herrgesell & C. Drude (Hrsg.), *Pflegeunterricht konkret. Grundlagen - Methoden - Tipps* (S. 4-32). München: Elsevier.

Schneider, K. & Hamar, C. (2020a). Meso- und Mikroebene: Allgemeiner Handlungsleitfaden zur Entwicklung von Curricula für die generalistische Pflegeausbildung. *Unterricht Pflege, 25* (2), 18-50.

Schneider, K. & Hamar, C. (2020b). Meso- und Mikroebene: Exemplarisches Prinzip – ein wichtiger Baustein für die curriculare und unterrichtliche Entwicklung von Lernsituationen. *Unterricht Pflege, 25* (3), 54-60.

Schneider, K. & Hamar, C. (2020c). Mikroebene: Handlungsleitfaden für die Konstruktion von Lernsituationen mit ihren Lehr-Lern-Arrangements. *Unterricht Pflege, 25* (3), 2-35.

Schneider, K., Kuckeland, H. & Hatziliadis, M. (2019). Berufsfeldanalyse in der Pflege. Ausgangspunkt für die curriculare Entwicklung einer generalistisch ausgerichteten Pflegeausbildung. *Zeitschrift für Berufs- und Wirtschaftspädagogik, 115* (1), 6-38.

Schneider, K., Mörschel, A., Wippich, A., Jäckle, N. & Gecks, U. (2018). Darstellung eines Kategoriensystems für Transferleistungen. *Unterricht Pflege, 23* (3), 4-12.

Schorb, A. O. (1972). *160 Stichworte zum Unterricht* (11. Auflage). Bochum: Kamp.

Schorcht, S. (2012). Vom historisch-genetischen Prinzip lernen – Potential von Aufgaben mit historischem Hintergrund [PDF-File]. Verfügbar unter: http://www.mathematik.uni-dortmund.de/ieem/bzmu2012/files/BzMU12_0169_Schorcht.pdf [24.05.2020]

Schott, F. (1975). *Lehrstoffanalyse*. Düsseldorf: Schwann.

Schröder, H. (2001). *Didaktisches Wörterbuch. Wörterbuch der Fachbegriffe von,Abbilddidaktik" bis „Zugpferd-Effekt"* (3., erweiterte und aktualisierte Auflage). München: Oldenbourg.

Schwarz, B. & Stegmann, K. (2013). Gütekriterien für Mess- und Testverfahren. In A. Frey, U. Lissmann & B. Schwarz (Hrsg.), *Handbuch Berufspädagogische Diagnostik* (S. 58-71). Weinheim: Beltz.

Schwill, A. (1993). Fundamentale Ideen der Informatik [PDF-File]. Verfügbar unter: http://www.informatikdidaktik.de/forschung/schriften/ZDM.pdf [15.11.2020]

Seel, N. M. & Hanke, U. (2010). *Lernen und Behalten*. Weinheim: Beltz.

Siedentop, W. (1968). *Methodik und Didaktik des Biologieunterrichts*. Heidelberg: Quelle & Meyer.

Sievers, H.-P. (1982). Möglichkeiten der Integration von Berufs- und Allgemeinbildung durch das Prinzip des exemplarischen Lernens im Wirtschaftslehre-Unterricht. *Zeitschrift für Berufs- und Wirtschaftspädagogik, 78* (10), 748-766.

Sloane, P. F. E. (2007). Bildungsarbeit in beruflichen Schulen - ein didaktischer Geschäftsprozess? *Zeitschrift für Berufs- und Wirtschaftspädagogik, 103* (4), 481-496.

Soostmeyer, M. (1986). Einwurzelung und Wissenschaftsorientierung. Zur Bedeutung des Exemplarischen, Sokratischen und Genetischen im Sachunterricht der Grundschule. *Sachunterricht und Mathematik in der Primarstufe, 14* (12), 436-445.

Sorgalla, M. (2015). Didaktische Reduktion [PDF-File]. Verfügbar unter: https://www.die-bonn.de/wb/2015-didaktische-reduktion-01.pdf [24.05.2020]

Specht-Tomann, M. (2009). *Biografiearbeit in der Gesundheits-, Kranken- und Altenpflege*. Heidelberg: Springer.

Stary, J. (2004). Das didaktische Kernproblem. Verfahren und Kriterien der didaktischen Reduktion. In B. Berendt, A. Fleischmann, N. Schaper, B. Szczyrba, M. Wiemer & J. Wildt (Hrsg.), *Neues Handbuch Hochschullehre* (S. A.1.2.1-A.1.2.22). Berlin: DUZ.

Stechl, E., Knüvener, C., Lämmler, G., Steinhagen-Thiessen, E. & Brasse, G. (2013). *Praxishandbuch Demenz. Erkennen - Verstehen - Behandeln*. Frankfurt am Main: Mabuse.

Stenzel, A. (1968). Stufen des Exemplarischen. In B. Gerner (Hrsg.), *Das exemplarische Prinzip. Beiträge zur Didaktik der Gegenwart* (3., ergänzte Auflage, S. 58-75). Darmstadt: Wissenschaftliche Buchgesellschaft.

Stöcker, K. (1970). *Neuzeitliche Unterrichtsgestaltung* (18. Auflage). München: Ehrenwirth.

Stoffregen, J. (2012). *Motorradtechnik. Grundlagen und Konzepte von Motor, Antrieb und Fahrwerk* (8., vollständig überarbeitete und ergänzte Auflage). Wiesbaden: Springer.

Straßer, P. (2013). Lernfelder - die (ungenutzte) Wiederkehr des Exemplarischen. *Zeitschrift für Berufs- und Wirtschaftspädagogik, 109* (4), 496-512.

Stuhlmann, W. (2011). *Demenz braucht Bindung. Wie man Biographiearbeit in der Altenpflege einsetzt* (2., überarbeitete Auflage). München: Reinhardt.

Sulmann, D. & Väthjunker, D. (2019). Was sind freiheitsentziehende Maßnahmen? [Website]. Verfügbar unter: https://www.pflege-gewalt.de/wissen/freiheitsentziehende-massnahmen/ [27.11.2020]

Sunderland, T., Hill, J. L., Mellow, A. M., Lawlor, B. A., Gundersheimer, J., Newhouse, P. A. & Grafman, J. H. (1989). Clock drawing in Alzheimer's disease. A novel measure of dementia severity. *Journal of the American Geriatrics Society, 37* (8), 725-729.

Traebert, W. E. (1976). Auswahlkriterien für Lehr- und Lerninhalte des Technikunterrichts. In W. E. Traebert & H. R. Spiegel (Hrsg.), *Technik als Schulfach. Zielsetzung und Situation des Technikunterrichts an allgemeinbildenden Schulen* (S. 55-77). Düsseldorf: VDI.

van Dyke, C. J. (2006). Exemplary teaching: some possibilities for renovating and stimulating didactic practice. *Journal of Curriculum Studies, 38* (2), 127-134.

Wagenschein, M. (1951). Das Tübinger Gespräch [PDF-File]. Verfügbar unter: http://www.martin-wagenschein.de/2/W-102.pdf [17.06.2020]

Wagenschein, M. (1959a). *Zum Begriff des exemplarischen Lehrens.* Weinheim: Beltz.

Wagenschein, M. (1959b). Zur Klärung des Unterrichtsprinzips des exemplarischen Lehrens. Eine Auslese. *Die Deutsche Schule, 51* (9), 393-404.

Wagenschein, M. (1970a). Das Exemplarische Lehren als ein Weg zur Erneuerung des Unterrichts an dem Gymnasium. In M. Wagenschein (Hrsg.), *Ursprüngliches Verstehen und exaktes Denken. Band 1* (2. Auflage, S. 216-241). Stuttgart: Klett.

Wagenschein, M. (1970b). *Ursprüngliches Verstehen und exaktes Denken. Band 1* (2. Auflage). Stuttgart: Klett.

Wagenschein, M. (1975). Rettet die Phänomene! [PDF-File]. Verfügbar unter: http://www.martin-wagenschein.de/2/W-204.pdf [24.05.2020]

Wagenschein, M. (2010). *Verstehen lehren* (5. Auflage). Weinheim: Beltz.

Wallbaum, C. (2013). Das Exemplarische in musikalischer Bildung. Ästhetische Praxen, Urphänomene, Kulturtechniken – ein Versuch. *Zeitschrift für Kritische Musikpädagogik, 12,* 20-40.

Wallesch, C.-W. & Förstl, H. (2017). Demenz mit Lewy-Körperchen. In C.-W. Wallesch & H. Förstl (Hrsg.), Demenzen (3., unveränderte Auflage, S. 228-232). Stuttgart: Thieme.

Walter, A. (2013). Schulnahe Curriculumentwicklung. In R. Ertl-Schmuck & U. Greb (Hrsg.), Pflegedidaktische Handlungsfelder (S. 124-151). Weinheim: Beltz.

Welling, K. (2016). Interaktion in der Pflege von Menschen mit Demenz. Grundlagen der Pflege für Aus-, Fort- und Weiterbildung, 16. (4. Auflage). Brake: Prodos.

Welsch, J. (2001). Welche (Weiter)Bildung braucht die Wissensgesellschaft? Eine wirtschaftswissenschaftliche Sicht. In H. H. Meyer (Hrsg.), Weiterbildung: Teilhabe am Wissen der Gesellschaft. Kontextsteuerung und Engagement (S. 7-18). Marl: Adolf Grimme Institut.

Wickel, H. H. (2011). Biografiearbeit mit dementiell erkrankten Menschen. In C. Hölze & I. Jansen (Hrsg.), Ressourcenorientierte Biografiearbeit. Grundlagen - Zielgruppen - Kreative Methoden (2., durchgesehene Auflage, S. 254-269). Wiesbaden: Verlag für Sozailwissenschaften.

Yesavage, J. A., Brink, T. L., Rose, T. L., Lum, O., Huang, V., Adey, M. & von Leirer, O. (1983). Development and validation of a geriatric depression screening scale. A preliminary report. Journal of Psychiatric Research, 17 (1), 37-49.

Anhang

© Der/die Herausgeber bzw. der/die Autor(en), exklusiv lizenziert an
Springer Fachmedien Wiesbaden GmbH, ein Teil von Springer Nature 2022
C. Hamar und W. Hartmann, *Das exemplarische Prinzip in der Pflegeausbildung*,
Forschungsreihe der FH Münster, https://doi.org/10.1007/978-3-658-38341-1

Anhang A   Übersicht der für eine Volltext-Analyse einbezogenen Arbeiten mit ihrer Zuordnung im Spektrum der Didaktik

Eingeschlossene Arbeiten	Allgemeine Didaktik	Fachdidaktiken allgemeinbildender Fächer											Fachdidaktiken in der beruflichen Bildung			Didaktik der beruflichen Bildung
		Naturwissenschaften				Kulturwissenschaften										
		Biologie	Mathematik	Physik	Geografie[12]	Deutsch	Fremdsprachen	Geschichte	Musik	Politik	Wirtschaft	Sachunterricht[13]	Ernährung und Hauswirtschaft	Pflege	Technik	
1. „160 Stichworte zum Unterricht" (Schorb, 1972)	X															
2. „ABC der Geographiedidaktik" (Köck & Stonjek, 2005)					X											
3. „Arbeitsorientierte Exemplarik" (Lisop & Huisinga, 2004)																X
4. „Bausteine beruflichen Lernens im Bereich ‚Arbeit und Technik" (Pahl, 2013)															X	
5. „Begriffliche Verortung und Strukturkonzept einer Fachrichtung und Lernort übergreifenden Didaktik beruflicher Bildung" (Pukas, 2013)																X
6. „Berufliche Bildung und exemplarisches Lernen" (Blumberger & Nemella, 1987)																X
7. „Bildungsarbeit in beruflichen Schulen - ein didaktischer Geschäftsprozess?" (Sloane, 2007)																X
8. „Biologiedidaktik. Grundlagen und Methoden" (Berck & Graf, 2018)		X														
9. „Biologieunterricht – exemplarisch für das Exemplarische" (Berck, 1996)		X														
10. „Bodenzerstörung und Bodenerhaltung in den Prärieebenen der USA" (Brucker & Hausmann, 1972)					X											
11. „British Cultural Studies" (Kramer, 1997)							X									
12. „British cultural studies konkret" (Nünning & Nünning, 2000)							X									
13. „Das didaktische Kernproblem. Verfahren und Kriterien der didaktischen Reduktion" (Stary, 2004)	X															
14. „Das Exemplarische im Bildungsraum des Gymnasiums" (Derbolav, 1957)	X															

[12] Nach einem Urteil des Verwaltungsgerichts Trier ist die Zuordnung der Geografie zu den Gesellschaftswissenschaften im schulischen Kontext nicht zu beanstanden (vgl. VG Trier, Urt. v. 20.11.2013 – 5 K 643/13.TR). Gleichzeitig wird die Geografie im universitären Kontext den Naturwissenschaften zugeordnet.

[13] Da der Sachunterricht kulturwissenschaftliche (und hier insbesondere sozialwissenschaftliche), naturwissenschaftliche und berufswissenschaftlich (hier insbesondere Technik) Komponenten miteinander verschränkt (Gesellschaft für Didaktik des Sachunterrichts, 2013, S. 13), wird er hier unter Kulturwissenschaften gelistet.

Eingeschlossene Arbeiten	Allgemeine Didaktik	Biologie	Mathematik	Physik	Geografie[2]	Deutsch	Fremdsprachen	Geschichte	Musik	Politik	Wirtschaft	Sachunterricht[3]	Ernährung und Hauswirtschaft	Pflege	Technik	Didaktik der beruflichen Bildung
		Naturwissenschaften				Kulturwissenschaften										
15. „Das Exemplarische im Mathematikunterricht" (Malsch, 1965)	X		X													
16. „Das Exemplarische in der Gemeinschaftskunde" (Hebel, 1965)												X				
17. „Das Exemplarische in musikalischer Bildung" (Wallbaum, 2013)									X							
18. „Das Exemplarische Lehren als ein Weg zur Erneuerung des Unterrichts an dem Gymnasium" (Wagenschein, 1970a)	X															
19. „Das exemplarische Prinzip" (Gerner, 1968b)	X			X	X			X								
20. „Das exemplarische Verfahren" (Büthe, 1968)	X															
21. „Das Exemplarische wird Methode - Anregungen zu einem genetisch-exemplarischen Unterricht" (Filler, 1983)	X			X												
22. „Das Großwerk im Musikunterricht. Auf der Suche nach Repräsentativen" (Ehrenforth, 1994)									X							
23. „Das Prinzip des Exemplarischen im reformierten lernzielorientierten-thematischen[sic] Erdkundeunterricht" (Geibert, 1980)					X											
24. „Das Tübinger Gespräch" (Wagenschein, 1951)	X															
25. „Das Umsetzen von Aussagen und Inhalten" (Kath & Kahlke, 1982)	X															
26. „Didaktik der Geographie" (Böhn, 1990)					X											
27. „Didaktik der Musik" (Alt, 1968)									X							
28. „Didaktik des Krankenpflegeunterrichts" (Bäuml-Roßnagl & Bäuml, 1981)														X		
29. „Didaktische Analyse und Reduktion – Interpretation im Kontext leitender Paradigmen für die didaktisch-methodische Gestaltung beruflicher Lehr-Lernprozesse" (Rexing, 2013)																X
30. „Didaktische Konzepte zur Auswahl von Lerngegenständen" (Duismann, 2008)															X	
31. „Didaktische Modelle und Konzepte für die Planung und Analyse beruflicher Lehr-Lernprozesse" (Nickolaus, 2009)																X
32. „Didaktische Prinzipien der Ausbildung" (BIBB, o. J.)																X
33. „Didaktische Reduktion" (Richter, 1987)									X							

Arten von Didaktiken / Eingeschlossene Arbeiten	Allgemeine Didaktik	Fachdidaktiken allgemeinbildender Fächer – Naturwissenschaften				Fachdidaktiken allgemeinbildender Fächer – Kulturwissenschaften							Fachdidaktiken in der beruflichen Bildung			
		Biologie	Mathematik	Physik	Geografie[2]	Deutsch	Fremdsprachen	Geschichte	Musik	Politik	Wirtschaft	Sachunterricht[3]	Ernährung und Hauswirtschaft	Pflege	Technik	Didaktik der beruflichen Bildung
34. „Didaktische Reduktion" (Lehner, 2012)	X															
35. „Didaktische Reduktion" (Sorgalla, 2015)	X															
36. „Didaktische Reduktion" (Arnold & Gardieweski, o. J.)	X															
37. „Didaktische Reduktion und methodische Transformation" (Kahlke & Kaith, 1984)	X															
38. „Didaktische Reduktion. Vom Umgang mit Stofffülle und inhaltlicher Komplexität" (Lehner, 2014)	X															
39. „Didaktische Rekonstruktion – eine praktische Theorie" (Kattmann, 2007)		X														
40. „Didaktische Vereinfachung" (Ahlbom & Pahl, 1998)	X															
41. „Der Kampf gegen die Stoffuelle[sic]. Exemplarisches Lernen, Verdichtung und Auswahl" (Flitner, 1955)	X															
42. „Der Vorrang des Verstehens. Beiträge zur Pädagogik Martin Wagenscheins" (Köhnlein, 1998)	X			X												
43. „Die Aktualität der Pädagogik Martin Wagenscheins für den Sachunterricht" (Cech et al., 2001)												X				
44. „Die Anwendung des elementaren und exemplarischen Prinzips in der metallgewerblichen Berufsausbildung" (Pukas, 1979)															X	
45. „Die Bedeutung des Exemplarischen Unterrichts" (Eichelberger, o. J.)	X															
46. „Die Bildungsaufgaben des Sachunterrichts und der genetische Zugriff auf die Welt" (Köhnlein, 2011)												X				
47. „Die didaktische Reduktion als Kernstück der Didaktik" (Grüner, 1967)	X															
48. „Die exemplarische Lehre" (Scheuerl, 1958)	X															
49. „Die Kluft des Nicht-Verstehen-Wollens. Ein Beitrag zur Pädagogik Martin Wagenscheins" (Buck & Rehm, 2003)				X												
50. „Die Notwendigkeit und die Problematik des Exemplarischen im Biologieunterricht der Gymnasien" (Brüggemann, 1965)		X														
51. „Die Pädagogik Martin Wagenscheins" (Köhnlein, 1973)	X			X												
52. „Die Prinzipien des Elementaren, des Exemplarischen und des Fundamentalen im Unterricht Haushalts- und Wirtschaftskunde" (Drescher, 1980)													X			

Arten von Didaktiken

Eingeschlossene Arbeiten

Nr. / Titel	Allgemeine Didaktik	Biologie	Mathematik	Physik	Geografie[12]	Deutsch	Fremdsprachen	Geschichte	Musik	Politik	Wirtschaft	Sachunterricht[13]	Ernährung und Hauswirtschaft	Pflege	Technik	Didaktik der beruflichen Bildung
53. „Die Reduktionsproblematik in der pädagogischen Literatur seit den sechziger Jahren" (Herkner & Vermehr, 1998)	X															
54. „Die Zweiseitigkeit des Exemplarischen. Wolfgang Klafki zum 60. Geburtstag" (Finckh, 1987)	X															
55. „Ein Modell zur Unterrichtsvorbereitung" (Kath, 1981)	X															
56. „Einwurzelung und Wissenschaftsorientierung. Zur Bedeutung des Exemplarischen, Sokratischen und Genetischen im Sachunterricht der Grundschule" (Soostmeyer, 1986)												X				
57. „Elementarisierung und Vereinfachung als Kernproblem des Lehr-/Lernprozesses" (Salzmann, 1982)	X															
58. „Erklären und Verstehen" (Lehner, 2018)	X															
59. „Erwachsenenpädagogische Grundlagen für die berufliche Weiterbildung" (Arnold, Krämer-Stürzl & Siebert, 2011)																X
60. „Exemplarik als bildungstheoretisches und didaktisches Prinzip an beruflichen Schulen" (Lisop, 1996)																X
61. „Exemplarik und Transfer" (Ringel, 2000)					X											
62. „Exemplarik und Transfer in der Geographie" (Köck, 2008)					X											
63. „Exemplarik und Transfer konkret" (Jahreiß, 2008)					X											
64. „Exemplarisch Lehren" (Berg & Huber, 1996)	X															
65. „Exemplarische Biologie in Unterrichtsbeispielen 1" (Kuhn, 1975b)		X														
66. „Exemplarische Biologie in Unterrichtsbeispielen 2" (Kuhn, 1975a)		X														
67. „Exemplarischer Physikunterricht" (Köhnlein, 1982)				X												
68. „Exemplarische Arbeiten im Erdkundeunterricht" (Knübel, 1960c)					X											
69. „Exemplarisches Lehren – Exemplarisches Lernen" (Ballauff & Meyer, 1960)	X															
70. „Exemplarisches Lehren und DIN-Normen" (Heidrich, 1987)															X	
71. „Exemplarisches Lehren und Lernen" (Klafki, 2007, S. 141-161)	X															

Arten von Didaktiken	Allgemeine Didaktik	Naturwissenschaften				Kulturwissenschaften							Ernährung und Hauswirtschaft	Pflege	Technik	Didaktik der beruflichen Bildung
		Biologie	Mathematik	Physik	Geografie[1]	Deutsch	Fremdsprachen	Geschichte	Musik	Politik	Wirtschaft	Sachunterricht[1]				
Eingeschlossene Arbeiten																
72. „Exemplarisches Lehren und Lernen durch das Arbeiten mit Beispielen" (Lohmann et al., 2013)	X											X				
73. „Exemplarisches Lernen" (Roth & Blumenthal, 1965)	X															
74. „Exemplarisches Lernen" (Nielsen, 1999)										X						
75. „Exemplarisches Lernen" (Grammes, 2014)										X						
76. „Exemplarizität in Lern-/Lehr-Arrangements des Berufsfeldes Ernährung und Hauswirtschaft" (Forßbohm & Lau, 2015)													X			
77. „Exemplary teaching: some possibilities for renovating and stimulating didactic practice" (van Dyke, 2006)	X															
78. „Exkurs: Didaktische Reduktion der Inhalte" (BMFSFJ, 2006c)	X															
79. „Fachdidaktik Naturwissenschaft" (Labudde & Metzger, 2019)		X	X	X												
80. „Genetisch - sokratisch - exemplarisches Lernen im Lichte der neueren Wissenschaftstheorie" (Labudde, 1996)	X															
81. „Genetisches Lehren und Lernen" (Möller, 2001)	X															
82. „Grundfragen der Biologiedidaktik" (Memmert, 1975)		X														
83. „Handbuch des Geographie-Unterrichts. Band 1" (Knübel, 1960c)					X											
84. „Inhalte als zentrale Aspekte einer Didaktik der Erwachsenenbildung" (Lehner, 2013)	X															
85. „Innovation Sachunterricht - Befragung der Anfänge nach zukunftsfähigen Beständen" (Köhnlein & Schreier, 2001)												X				
86. „Leitfaden Unterrichtsvorbereitung" (Meyer, 2018)	X															
87. „Lehrstoffanalyse" (Schott, 1975)	X															
88. „Lernfelder - die (ungenutzte) Wiederkehr des Exemplarischen" (Straßer, 2013)																X
89. „Meso- und mikromethodische Grundlegungen und Konzeptionen" (Mersch & Pahl, 2013)																X
90. „Methoden im Physikunterricht" (Kircher, 2015)				X												
91. „Methodik der Lehrzieldefinition und Lehrstoffanalyse" (Klauer, 1974)	X															

Eingeschlossene Arbeiten	Allgemeine Didaktik	Biologie	Mathematik	Physik	Geografie¹²	Deutsch	Fremdsprachen	Geschichte	Musik	Politik	Wirtschaft	Sachunterricht¹³	Ernährung und Hauswirtschaft	Pflege	Technik	Didaktik der beruflichen Bildung
92. „Methodik und Didaktik des Biologieunterrichts" (Siedentop, 1968)		X														
93. „Möglichkeiten der Integration von Berufs- und Allgemeinbildung durch das Prinzip des exemplarischen Lernens im Wirtschaftslehre-Unterricht" (Sievers, 1982)											X					
94. „Möglichkeiten des exemplarischen Lehrens im Deutschunterricht" (Haerkötter, 1966)						X										
95. „Musikdidaktik" (Kaiser & Nolte, 1989)									X							
96. „Nach welchen Prinzipien kann Biologieunterricht gestaltet werden?" (Köhler, 2013)	X	X														
97. „Neuere Entwicklungen im Bereich der Lehrstoffanalyse" (Klauer, 1976)	X															
98. „Neuzeitliche Unterrichtsgestaltung" (Stöcker, 1970)	X															
99. „Ökonomische Aspekte des Lehrens und Lernens" (Reinhardt, 1970)	X															
100. „Pädagogische Psychologie des Lehrens und Lernens" (Roth, 1970)	X															
101. „Prinzip des Exemplarischen" (Hiering et al., 2016)		X														
102. „Reduktion: Zielgruppenadäquate Vereinfachung von Themen" (Beutner, o. J.)	X															
103. „Rettet die Phänomene!" (Wagenschein, 1975)	X			X												
104. „Sachunterricht und Bildung" (Köhnlein, 2012)												X				
105. „Soziologische Phantasie und exemplarisches Lernen: Zur Theorie und Praxis der Arbeiterbildung" (Negt, 1975)																X
106. „Stofffülle[sic] und Stoffreduktion in der Weiterbildung" (Becker, 1993)	X															
107. „Stoff reduzieren" (Ritter-Mamczek, 2017)	X															
108. „Stufen des Exemplarischen" (Stenzel, 1968)	X															
109. „Transfer des Lernens" (Klauer, 2011)	X															
110. „Transfer und Exemplarität. Empirische Illustrationen zum Syndromansatz" (Rohde-Jüchtem, Schindler & Schneider, 2008)					X											

Arten von Didaktiken

Fachdidaktiken allgemeinbildender Fächer — Naturwissenschaften / Kulturwissenschaften

Fachdidaktiken in der beruflichen Bildung

Arten von Didaktiken / Eingeschlossene Arbeiten	Allgemeine Didaktik	Fachdidaktiken allgemeinbildender Fächer											Fachdidaktiken in der beruflichen Bildung			Didaktik der beruflichen Bildung
		Naturwissenschaften				Kulturwissenschaften						Sachunterricht¹³				
		Biologie	Mathematik	Physik	Geografie¹²	Deutsch	Fremdsprachen	Geschichte	Musik	Politik	Wirtschaft		Ernährung und Hauswirtschaft	Pflege	Technik	
111. „Überlegungen zum Problem von Unterrichtsentwürfen im Fach Musik" (Bergmeier, 1987)									X							
112. „Unterrichtsform, Sachbezug und Verstehen" (Köhnlein, 1988)				X												
113. „Ursprüngliches Verstehen und exaktes Denken" (Wagenschein, 1970b)	X															
114. „Verstehen lehren" (Wagenschein, 2010)	X															
115. „Vielperspektivisches Denken im Sachunterricht" (Köhnlein, Marquard-Mau & Schreier, 1999)												X				
116. „Viel Stoff – wenig Zeit. Wege aus der Vollständigkeitsfalle" (Lehner, 2015)	X															
117. „Vom historisch-genetischen Prinzip lernen" (Schorcht, 2012)	X							X								
118. „Von den Tücken des Exemplarischen" (Nuissl, 1998)	X															
119. „Wagenschein und die Didaktik des Physikunterrichts am Gymnasium" (Kubli, 1996)	X			X												
120. „Wolfgang Klafki. Eine Didaktik für das 21. Jahrhundert?" (Meyer & Meyer, 2007)	X															
121. „Zum Begriff des exemplarischen Lehrens" (Wagenschein, 1959a)	X															
122. „Zum Exemplarischen im Geschichtsunterricht" (Nitsch, 1967)								X								
123. „Zum Problem der didaktischen Reduktion ingenieur- und naturwissenschaftlicher Aussagen" (Kirschner, 1984)	X															
124. „Zur Auswahlproblematik von Lerninhalten und zur didaktischen Reduktion wissenschaftlicher Aussagen" (Hauptmeier et al., 1975)	X															
125. „Zur Praxis und Theorie exemplarischen Lehrens" (Michelsen & Binstadt, 1987)	X															
126. „Zur Theorie und Praxis exemplarischen Lernens. Exemplum „Hauptzeitberechnung beim Drehen"" (Häuser, 1987)															X	
127. „Zur Theorie der didaktischen Reduktion im Fach Wirtschaftslehre. Teil 1" (Golas, Stern & Voss, 1976a)											X					
128. „Zur Theorie der didaktischen Reduktion im Fach Wirtschaftslehre. Teil 2" (Golas, Stern & Voss, 1976b)											X					
129. „Zur Praxis und Theorie exemplarischen Lehrens" (Michelsen & Binstadt, 1987)	X														X	

Anhang B Übersicht der nach der Volltext-Analyse eingeschlossenen Arbeiten

Eingeschlossene Arbeiten	Allgemeine Didaktik	Biologie	Mathematik	Physik	Geografie[14]	Deutsch	Fremdsprachen	Geschichte	Musik	Politik	Wirtschaft	Sachunterricht[15]	Ernährung und Hauswirtschaft	Pflege	Technik	Didaktik der beruflichen Bildung
1. „ABC der Geographiedidaktik" (Köck & Stonjek, 2005)					X											
2. „Bausteine beruflichen Lernens im Bereich ‚Arbeit und Technik" (Pahl, 2013)															X	
3. „Biologiedidaktik. Grundlagen und Methoden" (Berck & Graf, 2018)		X														
4. „Biologieunterricht – exemplarisch für das Exemplarische" (Berck, 1996)		X			X											
5. „Bodenzerstörung und Bodenerhaltung in den Prärieebenen der USA" (Brucker & Hausmann, 1972)	X															
6. „Das ‚Exemplarische' im Bildungsraum des Gymnasiums" (Derbolav, 1957)	X															
7. „Das Exemplarische im Mathematikunterricht" (Malsch, 1965)			X													
8. „Das Exemplarische Lehren als ein Weg zur Erneuerung des Unterrichts an dem Gymnasium" (Wagenschein, 1970a)	X			X												
9. „Das exemplarische Verfahren" (Büthe, 1968)	X															
10. „Das Prinzip des Exemplarischen im reformierten lernzielorientierten-thematischen[sic] Erdkundeunterricht" (Geibert, 1980)					X											
11. „Didaktik der Musik" (Alt, 1968)									X							
12. „Didaktik des Krankenpflegeunterrichts" (Bäuml-Roßnagl & Bäuml, 1981)														X		

[14] Nach einem Urteil des Verwaltungsgerichts Trier ist die Zuordnung der Geografie zu den Gesellschaftswissenschaften im schulischen Kontext nicht zu beanstanden (vgl. VG Trier, Urt. v. 20.11.2013 – 5 K 643/13.TR). Gleichzeitig wird die Geografie im universitären Kontext den Naturwissenschaften zugeordnet.

[15] Da der Sachunterricht kulturwissenschaftliche (und hier insbesondere sozialwissenschaftliche), naturwissenschaftliche und berufswissenschaftlich (hier insbesondere Technik) Komponenten miteinander verschränkt (Gesellschaft für Didaktik des Sachunterrichts, 2013, S. 13), wird er hier unter Kulturwissenschaften gelistet.

| Arten von Didaktiken | Allgemeine Didaktik | Fachdidaktiken allgemeinbildender Fächer | | | | | | | | | | | Fachdidaktiken in der beruflichen Bildung | | | Didaktik der beruflichen Bildung |
| | | Naturwissenschaften | | | | Kulturwissenschaften | | | | | | Sachunterricht[15] | | | | |
		Biologie	Mathematik	Physik	Geografie[14]	Deutsch	Fremdsprachen	Geschichte	Musik	Politik	Wirtschaft		Ernährung und Hauswirtschaft	Pflege	Technik	
Eingeschlossene Arbeiten																
13. „Die Anwendung des elementaren und exemplarischen Prinzips in der metallgewerblichen Berufsausbildung" (Pukas, 1979)															X	
14. „Die exemplarische Lehre" (Scheuerl, 1958)	X															
15. „Die Notwendigkeit und die Problematik des Exemplarischen im Biologieunterricht der Gymnasien" (Brüggemann, 1965)		X														
16. „Die Prinzipien des Elementaren, des Exemplarischen und des Fundamentalen im Unterricht Haushalts- und Wirtschaftskunde" (Drescher, 1980)													X			
17. „Exemplarik und Transfer" (Ringel, 2000)					X											
18. „Exemplarik und Transfer in der Geographie" (Köck, 2008)					X											
19. „Exemplarik und Transfer konkret" (Jahreiß, 2008)					X											
20. „Exemplarische Biologie in Unterrichtsbeispielen 1" (Kuhn, 1975b)		X														
21. „Exemplarischer Physikunterricht" (Köhnlein, 1982)				X												
22. „Exemplarisches Lehren und Lernen" (Klafki, 2007, S. 141-161)	X															
23. „Exemplarisches Lehren und Lernen durch das Arbeiten mit Beispielen" (Lohmann et al., 2013)	X											X				
24. „Exemplarizität in Lern-Lehr-Arrangements des Berufsfeldes Ernährung und Hauswirtschaft" (Forßbohm & Lau, 2015)													X			
25. „Grundfragen der Biologiedidaktik" (Memmert, 1975)		X														
26. „Handbuch des Geographie-Unterrichts. Band 1" (Knübel, 1960c)					X											
27. „Methoden im Physikunterricht" (Kircher, 2015)				X												
28. „Möglichkeiten der Integration von Berufs- und Allgemeinbildung durch das Prinzip des exemplarischen Lernens im Wirtschaftslehre-Unterricht" (Sievers, 1982)											X					

Arten von Didaktiken / Eingeschlossene Arbeiten	Allgemeine Didaktik	Fachdidaktiken allgemeinbildender Fächer											Fachdidaktiken in der beruflichen Bildung			
		Naturwissenschaften				Kulturwissenschaften										
		Biologie	Mathematik	Physik	Geografie[14]	Deutsch	Fremdsprachen	Geschichte	Musik	Politik	Wirtschaft	Sachunterricht[15]	Ernährung und Hauswirtschaft	Pflege	Technik	Didaktik der beruflichen Bildung
29. „Möglichkeiten des exemplarischen Lehrens im Deutschunterricht" (Haerkötter, 1966)						X										
30. „Musikdidaktik" (Kaiser & Nolte, 1989)									X							
31. „Prinzip des Exemplarischen" (Hiering et al., 2016)		X														
32. „Sachunterricht und Bildung" (Köhnlein, 2012)												X				
33. „Zum Exemplarischen im Geschichtsunterricht" (Nitsch, 1967)								X								

Anhang C   Ergebnisse der Literaturrecherche: Allgemeindidaktik

Synopse der Ergebnisse in Bezug auf Fragestellung 1: Kriterien zur Bestimmung des Wesentlichen

Autoren \ Schlüsselbegriffe	Derbolav (1957)	Scheuerl (1958)	Büthe (1968)	Wagenschein (1970a)	Klafki (2007)
Modelle	Modelle (Derbolav, 1957, S. 63)	Modell (Scheuerl, 1958, S. 65)			Fähigkeiten (Klafki, 2007, S. 143, 144)
Gesetze		Gesetz (Scheuerl, 1958, S. 63)	Gesetzmäßigkeiten (Büthe, 1968, S. 80, 81)		Gesetzmäßigkeiten (Klafki, 2007, S. 143, 144)
Analogien		Analogie (Scheuerl, 1958, S. 74)			
Typische Arbeitsweisen			Arbeitsmethoden (Büthe, 1968, S. 80, 81)	Typische Arbeitsweisen (Wagenschein, zit. nach Knübel, 1960a, S. 14, 15)	
Begriffe			Begriffe		
Regeln			Regeln (Büthe, 1968, S. 80, 81) / Formeln		Strukturelles
Zusammenhänge					Zusammenhänge (Klafki, 2007, S. 143, 144)
Prinzipien					Prinzipielles

Synopse der Ergebnisse in Bezug auf Fragestellung 2: Kriterien zur Auswahl eines geeigneten Exempels

Autoren / Schlüsselbegriffe	Derbolav (1957)	Scheuerl (1958)	Büthe (1968)	Wagenschein (1970a)	Klafki (2007)
Persönlichkeitsentwicklung	Menschliches Selbstverständnis (Derbolav, 1957, S. 71)			Persönlichkeitsentwicklung (Wagenschein, zit. nach Knübel, 1960a, S. 14, 15)	Bildungskonsens (Klafki, 2007, S. 153)
Grundlegendes	Grundlegend (Derbolav, 1957, S. 64)				
Aufschließendes	Aufschließend (Derbolav, 1957, S. 64)				
Grundfragen der Wissenschaftsbereiche	Grundfragen der Wissenschaftsbereiche (Derbolav, 1957, S. 71)				
Erschließung	Erschließung				
Repräsentativität		Typisches (Scheuerl, 1958, S. 54)	Repräsentativität (Büthe, 1968, S. 79, 80)	Repräsentativ (Wagenschein, zit. nach Knübel, 1960a, S. 14, 15)	Repräsentatives (Klafki, 2007, S. 160, 161)
Transfer		Transfer (Scheuerl, 1958, S. 74)	Weist über sich hinaus (Büthe, 1968, 78)	Vertreter	
Variierbarkeit		Variierbarkeit (Scheuerl, 1958, S. 65)			
Prägnanz			Prägnanz (Büthe, 1968, S. 78); Anschaulich (Büthe, 1968, 82); Deutlich	Mustergültig (Wagenschein, zit. nach Knübel, 1960a, S. 14, 15)	
Greifbarkeit			Greifbar (Büthe, 1968, S. 82)		
Modellfall				Modellfall (Wagenschein, zit. nach Knübel, 1960a, S. 14, 15)	Klassisches (Klafki, 2007, S. 160, 161)
Vielschichtig				Vielschichtig	
Gegenwartsbedeutung					Gegenwartsbedeutung (Klafki, 2007, S. 153)

Synopse der Ergebnisse in Bezug auf Fragestellung 2: Kriterien zur Auswahl eines geeigneten Exempels

Autoren / Schlüsselbegriffe	Derbolav (1957)	Scheuerl (1958)	Büthe (1968)	Wagenschein (1970a)	Klafki (2007)
Zukunftsbedeutung					Zukunftsbedeutung
Schlüsselprobleme					Schlüsselprobleme (Klafki, 2007, S. 154)

Wagenschein (1970a)

Beschreibungen	Schlüsselbegriffe
Der Stoff muss das Wesen und die Eigenart des Faches hervortreten lassen. Dies gelingt, wenn er mustergültig und repräsentativ, wenn er ein „kennzeichnender Modellfall" ist (Wagenschein, zit. nach Knübel, 1960a, S. 14, 15).	Mustergültig Repräsentativ Modellfall
Der Stoff muss tiefgründig und vielschichtig sein und eine innere Problematik bergen, die immer tiefer „beleuchtet" werden kann (Wagenschein, zit. nach Knübel, 1960a, S. 14, 15).	Vielschichtig
Der Stoff muss ein Vertreter für viele gleiche und ähnliche Fälle sein (Wagenschein, zit. nach Knübel, 1960a, S. 14, 15).	Vertreter
Der Stoff muss eine typische Arbeitsweise des Faches besonders gut sichtbar machen (Wagenschein, zit. nach Knübel, 1960a, S. 14, 15).	Typische Arbeitsweisen
Der Stoff muss zur Entwicklung der Persönlichkeit beitragen (Wagenschein, zit. nach Knübel, 1960a, S. 14, 15).	Persönlichkeitsentwicklung

Derbolav (1957): Das Exemplarische im Bildungsraum des Gymnasiums

Beschreibungen	Schlüsselbegriffe
„[...] Vermittlung der elementaren Grundlagen. Anders gesagt: exemplarisches Lernen kann, von der Sache her gesehen, nur grundlegend sein: grundlegend für das Gebäude der Wissenschaft und grundlegend für eine mögliche selbstständige Erarbeitung." (Derbolav, 1957, S. 64)	Grundlegend
„[...] nicht nur jeweils grundlegend für das ‚Ganze`, sondern zugleich auch aufschließend für ‚Anderes` und ‚Weiteres` ist." (Derbolav, 1957, S. 64)	Aufschließend
Mögliche Repräsentationsweise des Exemplarischen: Das Modellmäßig-Vereinfachte „in bezug [sic] auf die erscheinungsmäßige Vielfalt und Mannigfaltigkeit eines Gegenstandsgebietes" (Derbolav, 1957, S. 63)	Modelle
„[...] erhellend ist das Exemplarische, insofern es über seine (gegenstandsbezogene) grundlegende und aufschließende Intention noch etwas deutlich und problembewußt [sic], was in jenem Intentionsfeld nicht aufgeht: wir meinen erstens die Grundfragen und kategorialen Voraussetzungen der Wissenschaftsbereiche bzw. der ihnen zugrunde liegenden Sinnebenen; zweitens die methodischen Wege ihrer Erschließung und drittens die Möglichkeiten eines erweiterten und veränderten menschlichen Selbstverständnisses, die uns Wagnis und Leistung moderner Wissenschaftlichkeit und Weiterschließung zur Erfahrung bringen." (Derbolav, 1957, S. 71)	Grundfragen der Wissenschaftsbereiche Erschließung Menschliches Selbstverständnis

(Scheuerl, 1958): Die exemplarische Lehre

Beschreibungen	Schlüsselbegriffe
„Es kann das Typische zwar in Einzelfall sichtbar machen, vielleicht an mehreren Einzelfällen, die in ihrer Stellung zueinander Grundlinien einer möglichen Typologie andeuten. Darüber hinaus muß[sic] es sich aber wesenhaft damit begnügen, den methodischen Blick des typologischen Sehens an Beispielen zu schulen. Inhaltliche Vollständigkeit ist weder erreichbar noch innerhalb irgendeines Lehrgangs überhaupt anstrebenswert." (Scheuerl, 1958, S. 54)	Typisches
„Muster, ist zunächst das Gezeigte. Aber es wird nicht einfach nur so für sich gezeigt, sondern als verpflichtend für anderes. Das Gezeigte ist Vorlage oder Probe und zeigt die Norm, nach welcher anderes gemacht werden soll oder schon gemacht worden ist. Und dieser Norm gegenüber gibt es keinerlei Skepsis. Musterhaftes gilt schlechthin. Alles weitere hat ebenso auszusehen wie das Gezeigte." (Scheuerl, 1958, S. 63)	Gesetz
Modellen ist „ihr Vor- und Abbildcharakter" gemeinsam (Scheuerl, 1958, S. 64) – Jedes Modell „ist unter einem bestimmten Gesichtspunkt konstruiert und vereinfacht das Objekt in charakteristischer Weise" (Scheuerl, 1958, S. 65). Sie haben den Vorteil „gegenüber den wirklichen Ernstfällen des Lebens die Isolierbarkeit und Variierbarkeit der mitspielenden Komponenten" (Scheuerl, 1958, S. 65).	Modell Variierbarkeit
„Das Erlernte muss transportiert werden. Prinzip dieser Übertragung ist die Analogie [...] Analogie ist eine Entsprechung zwischen Verhältnissen, die nicht unmittelbar auseinander ableitbar sind." (Scheuerl, 1958, S. 74)	Transfer Analogie

Büthe (1968): Das exemplarische Verfahren

Beschreibungen	Schlüsselbegriffe
- Das Exemplum ist mehr als bloßes An-sich-Sein: Das Exemplum erschöpft sich nicht in sich selbst, es weist aus sich heraus; dies liegt im Vorgang des Heraus-nehmers. Der Vollzug des Herausnehmens, in dem ein Etwas zum Exemplum wird, ist nur möglich, wenn was vorhanden ist, dem ich dies Etwas entnehme. Vor und nach dem Herausnehmen muß [sic]mehr da sein als das, was herausgenommen wird; denn man kann ein Objekt nicht aus sich selbst herausnehmen. Das bedeutet Alles Nur-Einmalige, Nur-Singulare, Nur-individuelle kann nicht Exemplum sein." (Büthe, 1968, S. 78)	Weist über sich hinaus
- Das Exemplum enthält Identisches: Das „Herausgenommene", das Exemplum, hat nicht den Charakter des zufälligen und Beliebigen. Das „Herausgenommene" kann sein - Kopie, Abschrift: ist inhaltlich identisch mit dem Original. - Muster, Vorbild, Ideal: Muster ist eigentlich das vorgezeigte Probestück, Vorbild, nach dem im gewerblichen Bereich anderes angefertigt, verkauft und geliefert wurde. Es ist offensichtlich, daß [sic] dabei Übereinstimmung, Gleichheit, Identität zwischen der vorgezeigten Probe und dem anderen vorhanden sein muß[sic!]. Beim – ethische- Vorbild" oder „Ideal" handelt es sich darum, das praktisch-ethische Verhalten der Menschen im Sinne des – gedanklich oder praktisch vorgelebte – „Vorbilds", „Ideals", zu beeinflussen; man möchte Gleichheit, Identität, herstellen zwischen der Verhaltensweise, die im „Vorbild", „Ideal" zum Ausdruck kommt, und der Verhaltensweise der Menschen. - Beispiel: ist im Grunde ein „Gleichnis", wobei „gleich" bedeutet: von derselben Gestalt und Beschaffenheit, von demselben Wert. Auch beim „Beispiel" ist Gleichheit, Identität, vorhanden zwischen diesem Beispiel und einem anderen Etwas (Vorstellung, Sache, Vorgang, Verhalten) - Warnendes Beispiel Wenn die verschiedenen Grundbedeutungen nur durch den einen Terminus „exemplum" ausgedrückt werden, dann muß [sic] ihnen das Wesentliche gemeinsam sein. Das ist in der Tat der Fall; alle erheben den Anspruch auf Gleichheit, auf Identität." (Büthe, 1968, S. 78)	Prägnanz
- Das Exemplum drückt ein Allgemeines aus: Das, worauf die Verweisung des Exemplums zielt und zu dem das Verhältnis der Identität besteht, muß [sic] den Charakter des Allgemeinen haben; es muß [sic] allen Teilen oder Gliedern jener anfänglichen Vielfalt gemein(sam) sein. D.h. Es muß [sic] sich durch einen Allgemeinbegriff ausdrücken lassen, durch den Begriff also, dessen Inhalt von allen Teilen, einzeln genommen, mit Vervielfältigung seiner selbst ausgesagt werden kann." (Büthe, 1968, S. 79, 80)	Repräsentativität
- Was ist nun ein solches – Allgemeines, auf das sich die Verweisung des Exemplums richtet, das was es meint?" (Büthe, 1968, S. 80, 81) - Allg. abstrakte Begriffe - Allg. Gesetzmäßigkeiten - Regeln - Formeln - Arbeitsmethoden	Begriffe Gesetzmäßigkeiten Regeln Formeln Arbeitsmethoden
- Das Exemplum verbildlicht, verdeutlicht, konkretisiert: Das Allgemeine, das ja ein Abstraktum ist, ist begrifflich schwer zu fassen; das wird immer wieder praktische erfahren. Im Exemplum nun gewinnt es eine Wirklichkeit: es wird anschaubar, deutlich, konkret, greifbar". Dies ist von außerordentlicher Bedeutung für den Menschen, vor allem für den heran-wachsenden, der den Gegenständlich-Dinglichen so sehr verhaftet ist: Im Exemplum gewinnt er Zugang zum Abstrakt-Allgemeinen." (Büthe, 1968, S. 82)	Anschaulich Deutlich Greifbar

Klafki (2007): Neue Studien zur Bildungstheorie und Didaktik. Zeitgemäße Allgemeinbildung und kritisch-konstruktive Didaktik

Beschreibungen	Schlüsselbegriffe
Bildendes Lernen wird an einer begrenzten Zahl von ausgewählten Beispielen (Exempeln) aktiv gewonnen, die allgemeine, genauer: mehr oder minder weitreichend verallgemeinerbare Kenntnisse, Fähigkeiten, Einstellungen erarbeitet, sprich: Wesentliches, Strukturelles, Prinzipielles, Typisches, Gesetzmäßigkeiten, übergreifende Zusammenhänge (Klafki, 2007, S. 143, 144).	Fähigkeiten Strukturelles Prinzipielles Gesetzmäßigkeiten

Klafki (2007): Neue Studien zur Bildungstheorie und Didaktik. Zeitgemäße Allgemeinbildung und kritisch-konstruktive Didaktik

Beschreibungen	Schlüsselbegriffe
	Zusammenhänge
[K]riterien für die Bestimmung dessen, was im exemplarischen Lehren und Lernen erarbeitet werden soll können nicht ‚aus der Wissenschaft abgeleitet' werden, so gewiß[sic] wissenschaftliche Erkenntnisse in ihre Bestimmung eingehen müssen. Jene Kriterien können letztlich nur in einem immer wieder neu zu entwickelnden Konsens darüber festgelegt werden, was an Erkenntnissen, Fähigkeiten, Einstellungen für junge Menschen heute und im Vorblick auf ihre vermutliche Zukunft notwendig ist, um ihnen Selbstbestimmung und Solidaritätsfähigkeit, m.a.W. eine humane und demokratische Gestaltung ihrer politischen, sozialen und individuellen Lebensbedingungen, verantwortbare Entscheidungen und die Wahrnehmung offener Lebenschancen zu ermöglichen." (Klafki, 2007, S. 153)	Bildungskonsens Gegenwartsbedeutung Zukunftsbedeutung
Im erheblichen Umfang werden es „Schlüsselproblem" unserer in weltweite Zusammenhänge verflochtenen individuellen und gesellschaftlich-politischen Existenz sein müssen, die, im Horizont der jeweiligen Erfahrungs-, Erkenntnis-, Verarbeitungs- und Handlungsmöglichkeiten der Kinder und Jugendlichen, die Themen exemplarischen Lehrens und Lernens sein müssen. (Klafki, 2007, S. 154)	Schlüsselprobleme
Der für das exemplarische Lehren und Lernen generell grundlegende Zusammenhang von Allgemeinem und Besonderem kann mindestens in folgenden Grundformen auftreten: (Klafki, 2007, S. 160, 161) - als das „Klassische" im Sinne der einmaligen, prägnanten „vorbildlichen" Darstellung einer Grundmöglichkeit ästhetischer Gestaltung, individueller oder sozialer Lebensentscheidung, politischen Denkens oder Handelns; - als das historisch-politisch Repräsentative, Wieder-Vergegenwärtigende.	Klassisches Repräsentatives

Anhang D   Ergebnisse der Literaturrecherche: Fachdidaktik Biologie

Synopse der Ergebnisse in Bezug auf Fragestellung 1: Kriterien zur Bestimmung des Wesentlichen

Autoren / Schlüsselbegriffe	Brüggemann (1965)	Memmert (1975)	Kuhn (1975b)	Berck (1996)	Hiering et al. (2016)	Berck und Graf (2018)
Anwendung von Denk- und Arbeitsmethoden					Anwendung von Denk- und Arbeitsmethoden (Hiering et al., 2016, S. 46)	
Gesetzlichkeiten					Gesetzlichkeiten	
Begriffe					Begriffe	
Methoden					Methoden	
Begegnung mit Phänomenen				Begegnung mit Phänomenen (Berck, 1996, S. 19)		Begegnung mit Phänomenen (Berck & Graf, 2018, S. 117)

Synopse der Ergebnisse in Bezug auf Fragestellung 2: Kriterien zur Auswahl eines geeigneten Exempels

Autoren / Schlüsselbegriffe	Brüggemann (1965)	Memmert (1975)	Kuhn (1975b)	Berck (1996)	Hiering et al. (2016)	Berck und Graf (2018)
Bedeutung für das Gesamtsystem	Strukturen der Wissenschaften (Brüggemann, 1965, S. 49)	Bedeutung für das Gesamtsystem (Memmert, 1975, S. 40)				
Repräsentanz	Exemplarische Repräsentanz (Brüggemann, 1965, S. 49)	Prägnanz	Stellvertretung / Beispielhaftigkeit (Kuhn, 1975b, S. 7)		Stellvertretung / Beispielhaftigkeit (Hiering et al., 2016, S. 46) / Repräsentativität für das Ganze (Hiering et al., 2016, S. 45, 46)	
Exemplarische Kraft	Exemplarische Kraft		Allgemeingültiges / Grundschema			

Synopse der Ergebnisse in Bezug auf Fragestellung 2: Kriterien zur Auswahl eines geeigneten Exempels

Schlüsselbegriffe / Autoren	Brüggemann (1965)	Memmert (1975)	Kuhn (1975b)	Berck (1996)	Hiering et al. (2016)	Berck und Graf (2018)
Bedeutsamkeit	Exemplarische Bedeutsamkeit (Brüggemann, 1965, S. 49)		Grundkategorien			
Repräsentationsformen	Formen der exemplarischen Repräsentation (Brüggemann, 1965, S. 50, 52-58)					
Transferfähigkeit		Gegenwärtige und zukünftige Entscheidungssituationen (Memmert, 1975, S. 40)	Transferfähigkeit (Kuhn, 1975b, S. 7)			
Subjektorientierung		Entwicklungspsychologische Gegebenheiten				
Simplifizierbarkeit					Simplifizierbarkeit (Hiering, et al., 2016, S. 47)	

Brüggemann (1965): Die Notwendigkeit und die Problematik des Exemplarischen im Biologieunterricht der Gymnasien

Beschreibungen	Schlüsselbegriffe
Die objektiv gegebenen Strukturen der wissenschaftlichen Fakten nach ihrer „exemplarischen Funktion" befragen (Brüggemann, 1965, S. 49). Analyse dieser Fakten auf:	
- Möglichkeiten einer „exemplarischen Repräsentanz" im Sinne einer Konzentration auf das sachlich Wesentliche (Brüggemann, 1965, S. 49).	Strukturen der Wissenschaften
- Ihre „exemplarische Kraft" zur Erhellung des an den Sachstrukturen von der Wissenschaft entwickelten Kategorien- und Methodengefügen (Brüggemann, 1965, S. 49).	Exemplarische Repräsentanz
- Ihre „exemplarische Bedeutsamkeit" für die personale Entwicklung des jungen Menschen, also auf die bildende Wirkung durch das jeweils einzelne Faktum und das ihm zugeordnete Beziehungsgefüge (Brüggemann, 1965, S. 49).	Exemplarische Kraft
	Exemplarische Bedeutsamkeit
Verschiedene Formen der exemplarischen Repräsentation im biologischen Unterricht:	
- Das biologische Beispiel begründet sich darauf, dass alle Lebewesen charakteristische Gemeinsamkeiten aufweisen, die es gestatten, wesentliche Züge alles Lebendigen an beinah jedem beliebigen Individuum oder an jeder beliebigen Spezies zu demonstrieren. (Brüggemann, 1965, S. 50).	Formen der exemplarischen Repräsentation

Brüggemann (1965): Die Notwendigkeit und die Problematik des Exemplarischen im Biologieunterricht der Gymnasien

Beschreibungen	Schlüsselbegriffe
- Das Modell, als ein mehr oder weniger vereinfachtes Abbild der Realität (z.B. von Strukturen, Funktionen, Lebensvorgängen) das nie denselben Komplikationsgrad wie das lebende Vorbild erreicht. (Brüggemann, 1965, S. 52, 53, 54, 55)	
- Der Typus-Begriff, in dem durchgängig übereinstimmende charakteristische Merkmale von Einzelerscheinungen hervorgehoben und verbunden sind. Dieser vermittelt ein anschauliches, abstraktes und wertfreies Durchschnittsbild bzw. Tatbestand. (Brüggemann, 1965, S. 55, 56, 57, 58)	

Memmert (1975): Grundfragen der Biologie-Didaktik

Beschreibungen	Schlüsselbegriffe
Rechtfertigung hinsichtlich entwicklungs-psychologischer Gegebenheiten (Motivation, Interessenlage, Verständnishorizont, Auffassungsgabe, Vorwissen etc.) (Memmert, 1975, S. 40)	Entwicklungs-psychologische Gegebenheiten
Rechtfertigung hinsichtlich praktischer Voraussetzungen (Memmert, 1975, S. 40) - Prägnanz	Prägnanz
Rechtfertigung direkt im Hinblick auf gegenwärtige oder zukünftige Entscheidungssituationen (Memmert, 1975, S. 40)	Gegenwärtige und zukünftige Entscheidungssituationen
Rechtfertigung indirekt im Hinblick auf das Gesamtsystem und auf spätere Lehrplaninhalte (Memmert, 1975, S. 40)	Bedeutung für das Gesamtsystem

Kuhn (1975b): Exemplarische Biologie in Unterrichtsbeispielen. 1 Teil

Beschreibungen	Schlüsselbegriffe
Es geht darum, geeignete Modellfälle zu finden, die (Kuhn, 1975b, S. 7):	
- stellvertretend und beispielhaft Leitlinien aufzeigen	Stellvertretung, Beispielhaftigkeit
- das Allgemeingültige in jedem besonderen „Fall" zur Darstellung bringen, der für „die Fälle wirklich vorkommender Erscheinungen das Grundschema abgibt"	Allgemeingültiges Grundschema
- „die geistigen Grundkategorien vermitteln, die eine zulängliche Orientierung auch in den übrigen Sacheinheiten des Gegenstandsbereiches erlauben"	Grundkategorien, Transferfähigkeit

Berck (1996): Biologieunterricht - exemplarisch für das Exemplarische

Beschreibungen	Schlüsselbegriffe
Themen müssen die „Begegnung mit den Realobjekten, den Ausgangssituationen, den Phänomenen ermöglichen" und nicht zu einer „vorschnellen Verwendung komplizierter Fachbegriffe, von Apparaten und Mathematisierungen" führen (Berck, 1996, S. 19).	Begegnung mit Phänomenen

Hiering et al. (2016): Prinzip des Exemplarischen (in: Biologieunterricht heute)

Beschreibungen	Schlüsselbegriffe
„Exemplarisch" stammt aus dem Lateinischen „eximere" für „herauszunehmen". Um etwas herauszunehmen, bedarf es eines größeren Ganzen (Hiering et al., 2016, S. 45), wobei das Herausgenommene in einem besonderen Verhältnis zum Ganzen steht. Das Exemplum ist damit kein beliebiges Beispiel, an dessen Stelle irgendein anderes stehen könnte, sondern es muss für das Ganze stehen („Spiegel des Ganzen") (Hiering et al., 2016, S. 45, 46).	Repräsentativität für das Ganze
Gesetzlichkeiten, Begriffe oder Methoden von allgemeiner Bedeutung müssen daran erschließbar sein (Hiering et al., 2016, S. 46).	Gesetzlichkeiten Begriffe Methoden
Damit ein Lerninhalt zum Exemplum erhoben werden kann, muss er folgende Merkmale erfüllen (Hiering et al., 2016, S. 46):	
- Er muss beispielhaft und stellvertretend für zahlreiche gleiche oder ähnliche Fälle Allgemeingültiges zur Geltung bringen	Stellvertretung, Beispielhaftigkeit
- Er muss geeignet sein, Denk- und Arbeitsmethoden des Faches anzuwenden	Anwendung von Denk- und Arbeitsmethoden
Weitere didaktische Gesichtspunkte für die exemplarische Stoffauswahl, um dasjenige Beispiel mit der besten exemplarischen Schärfe zu bestimmen (Hiering et al., 2016, S. 47):	

Hiering et al. (2016): Prinzip des Exemplarischen (in: Biologieunterricht heute)

Beschreibungen	Schlüsselbegriffe
- Erfahrungshorizont, Verständnis, Interessenlage, Lebensnähe der Lernenden	Subjektorientierung
- Bei schwierigen Vorgängen die Möglichkeit des Vereinfachens, ohne zu fachlich bedenklichen Aussagen zu kommen	Simplifizierbarkeit

Berck und Graf (2018): Biologiedidaktik. Grundlagen und Methoden

Beschreibungen	Schlüsselbegriffe
Inhalte und Themen müssen die „Begegnung mit den Realobjekten, den Ausgangssituationen, den Phänomenen ermöglichen" und nicht zu einer „vorschnellen Verwendung komplizierter Fachbegriffe, von Apparaten und Mathematisierungen" führen (Berck & Graf, 2018, S. 117)	Begegnung mit Phänomenen

Anhang E Ergebnisse der Literaturrecherche: Fachdidaktik Deutsch

Übersicht der Ergebnisse in Bezug auf Fragestellung 1: Kriterien zur Bestimmung des Wesentlichen

Schlüsselbegriffe / Autor	Haerkötter (1966)
Regeln	(Haerkötter, 1966, S. 235)
Aufsatztypen	(Haerkötter, 1966, S. 236)

Übersicht der Ergebnisse in Bezug auf Fragestellung 2: Kriterien zur Auswahl eines geeigneten Exempels

Schlüsselbegriffe / Autor	Haerkötter (1966)
Subjektbezug	(Haerkötter, 1966, S. 237)
Welterhellende Kraft	
Transfermöglichkeiten	(Haerkötter, 1966, S. 237, 238)

Haerkötter (1966): Möglichkeiten des exemplarischen Lehrens im Deutschunterricht

Beschreibungen	Schlüsselbegriffe
Überlegungen, welche Gebiete des Deutschunterrichtes exemplarisch wirksamer als nach hergebrachter Methode zu lehren sind.	
- Rechtschreibung: Regeln z.B. für Groß- und Kleinschreibung (Haerkötter, 1966, S. 235).	Regeln
- Aufsatzkunde: gute Beispiele, Aufsatztypen (Beschreibung, Inhaltsangabe, Charakteristik, Erörterung) (Haerkötter, 1966, S. 236)	Aufsatztypen
- Grammatik: Regeln und Beispiele zu den Fällen (Nominativ, Genitiv, Dativ, Akkusativ), z.B. „Über, unter, auf, an, vor und zwischen" oder so ähnlich stehen mit dem Dativ (Haerkötter, 1966, S. 236).	
- Dichtung: Werke, welche der Welt der Schüler entsprechen, die sie auszuloten vermögen, bei deren Interpretation nicht schöne Kieselsteine gesammelt, die Edelsteine aber übersehen werden (Haerkötter, 1966, S. 237).	Subjektbezug
- Die exemplarische Interpretation (Haerkötter, 1966, S. 237, 238):	Welterhellende Kraft
Erster Schritt: ein besonders erregendes Textbeispiel herausgreifen, welches das Interesse (die Neugierde) weckt, so daß Anstoß zum Weiterarbeiten gegeben ist. ... daß sie ein Vordringen zum Kern, zum Symbolgehalt des Werkes erlauben	Transfermöglichkeiten
Zweiter Schritt: welterhellende Kraft erleben, die uns hilft bei der Deutung unserer Fragen.	
Dritter Schritt: führt aus dem Werk heraus, entweder zum Schüler selbst zurück oder zur Gegenwart, zur Vergangenheit, zu allgemein menschlichen Problemen, zu Gattungsfragen der Dichtung, zum Dichter und seinem Werk usw.	

Anhang F   Ergebnisse der Literaturrecherche: Fachdidaktik Ernährung und Hauswirtschaft

Synopse der Ergebnisse in Bezug auf Fragestellung 1: Kriterien zur Bestimmung des Wesentlichen

Schlüsselbegriffe	Autoren	Drescher (1980)	Fortbohm und Lau (2015)
Modell		(Drescher, 1980, S. 42)	
Analogie			
Grundbegriffe			
Kunst und Technik		(Drescher, 1980, S. 44)	
Phänomene			

Synopse der Ergebnisse in Bezug auf Fragestellung 2: Kriterien zur Auswahl eines geeigneten Exempels

Schlüsselbegriffe	Autoren	Drescher (1980)	Fortbohm und Lau (2015)
Typisches		(Drescher, 1980, S. 42)	
Qualifikationsanforderungen			(Fortbohm & Lau, 2015, S. 8)
Situative Voraussetzungen			(Fortbohm & Lau, 2015, S. 13, 14)
Zielsignifikanz			
Subjektadäquanz			(Fortbohm & Lau, 2015, S. 14)

Drescher (1980): Die Prinzipien des Elementaren, des Exemplarischen und des Fundamentalen im Unterricht Haushalts- und Wirtschaftskunde

Beschreibungen	Schlüsselbegriffe
Repräsentationsformen des Exemplarischen (Drescher, 1980, S. 42)	
- Grundform eines Gegenstandes von bestimmten Weseneigenschaften	Typisches
- Modell oder Gleichnis (bildhafte Veranschaulichung eines abstrakten Sinnes)	Modell
- Analogie (Herausstellen einer Ähnlichkeit)	Analogie
"Elementarisch" sind stets Grundvorstellungen, Grundbegriffe, Grundlagen der Kunst, Technik, Religion, sind Urfaktoren, "Urphänomene", auf die komplizierte Phänomene zurückgeführt werden müssen, um ihrer Komplexität verstehbar zu werden. (Drescher, 1980, S. 44)	Grundbegriffe, Kunst und Technik, Phänomene

Forßbohm und Lau (2015): Exemplarizität in Lern-Lehr-Arrangements des Berufsfeldes Ernährung und Hauswirtschaft.

Beschreibungen	Schlüsselbegriffe
In Anlehnung an Klafkis Konzept der Schlüsselkategorien stellt Horlacher (2013, S. 13) acht zukünftige Qualifikationsanforderungen an Auszubildende im Berufsfeld Ernährung und Hauswirtschaft (Forßbohm & Lau, 2015, S. 8): - Verfahrens- und Begründungswissen - Lebensmittelqualität und -recht - Domänenbezogenes Ernährungswissen - Interkulturelle Kompetenzen - Ökonomische Bereichswissen - Nachhaltigkeit - Dienstleistungsorientierung - Anleitung von Mitarbeiter/-innen	Qualifikationsanforderungen
Entscheidungsdiagramm für exemplarische Lerninhalte (Forßbohm & Lau, 2015, S. 13). Kriterien sind: - Lernende - Lernumgebung - Lehrende - Handlungskompetenz (Berufliche Handlungskompetenz, u.U. Alltagskompetenz) Die Kriterien stehen in Interdependenz (Forßbohm & Lau, 2015, S. 14).	Situative Voraussetzungen
Kriterien (Forßbohm & Lau, 2015, S. 14) (in Anlehnung an Ringel 2000, S. 19): - Zielsignifikanz (z.B. Handlungskompetenz; zieladäquate aktuelle räumliche Streuung auf regionaler und globaler Ebene; zieladäquate zeitliche Aktualität, wie technische und interkulturelle Kompetenz im Spiegel der Zeit) - Subjektadäquanz (Lernenden vs. Lehrende)	Zielsignifikanz Subjektadäquanz

Anhang G Ergebnisse der Literaturrecherche: Fachdidaktik Geografie

Synopse der Ergebnisse in Bezug auf Fragestellung 1: Kriterien zur Bestimmung des Wesentlichen

Schlüsselbegriffe \ Autoren	Brucker und Hausmann (1972)	Geibert (1980)	Köck (1986c)	Ringel (2000)	Köck und Stonjek (2005)	Köck (2008)	Jahreiß (2008)
Gesetzhaftes						Gesetzhaftes (Köck, 2008, S. 11, 12)	Wesentliche Zusammenhänge (Jahreiß, 2008, S. 27, 28)
Begriffe							Begriffe (Jahreiß, 2008, S. 28)
Regeln							Regeln

Synopse der Ergebnisse in Bezug auf Fragestellung 2: Kriterien zur Auswahl eines geeigneten Exempels

Schlüsselbegriffe \ Autoren	Brucker und Hausmann (1972)	Geibert (1980)	Köck (1986c)	Ringel (2000)	Köck und Stonjek (2005)	Köck (2008)	Jahreiß (2008)
Inhaltlich-kategorialer Aspekt		Struktureinsichten im Sinne kategorialer Bildung (Geibert, 1980, S. 366)					Inhaltlich-kategorialer Aspekt (Jahreiß, 2008, S. 27, 28)
Repräsentativität	Repräsentativität		Repräsentativität (Köck, 1986a, S. 167)		Repräsentativität (Köck, 2005a, S. 89)		
Merkmalsprägnanz	Exemplarische Eigenschaft (Brucker & Hausmann, 1972, S. 37)	Aufzeigen des zu Veranschaulichenden (Geibert, 1980, S. 367)	Idealausprägung der Merkmale des zugehörigen Typus (Köck, 1986b, S. 186)	Merkmalsprägnanz (Ringel, 2000, S. 18)	Exemplarische Eigenschaft (Köck, 2005b, S. 225)		Merkmalsprägnanz (Jahreiß, 2008, S. 27)
Wissenschaftsbezug	Fach-Eigenschaft	Wissenschaftliche Aufbereitung	Fachwissenschaftlicher Bezug (Köck, 1986a, S. 167)		Facheigenschaft	Fachwissenschaftliche Bedeutsamkeit (Köck, 2008, S. 17)	

Synopse der Ergebnisse in Bezug auf Fragestellung 2: Kriterien zur Auswahl eines geeigneten Exempels

Schlüsselbegriffe / Autoren	Brucker und Hausmann (1972)	Geibert (1980)	Köck (1986c)	Ringel (2000)	Köck und Stonjek (2005)	Köck (2008)	Jahreiß (2008)
Problemgehalt	Problemeigenschaft	Problemgehalt	Problemgehalt		Problemgehalt		
Räumliche Streuung		Räumliche Streuung		Zieladäquate, räumliche Streuung (Ringel, 2000, S. 19)			Zieladäquate, räumliche Streuung (Jahreiß, 2008, S. 27)
Zielsignifikanz			Zielsignifikanz (Köck, 1986a, S. 166, 167)	Zielsignifikanz (Ringel, 2000, S. 18)	Zieladäquanz	Zielsignifikanz (Köck, 2008, S. 17)	Zielsignifikanz
Subjektadäquanz	Psychologische Eigenschaft		Subjektadäquanz (Köck, 1986a, S. 166)	Subjektadäquanz (Ringel, 2000, S. 19)	Psychologische Eigenschaft	Subjektadäquanz	Subjektadäquanz
Operationalisierbarkeit	Eigenschaft der einsehbaren (intelligible) Struktur (Brucker & Hausmann, 1972, S. 37)		Operationalisierbarkeit (Köck, 1986a, S. 167)		Einsehbare Struktur (Köck, 2005b, S. 225)		
Methodische Ergiebigkeit			Methodische Ergiebigkeit	Methodische Ergiebigkeit (Ringel, 2000, S. 19)	Methodische Eignung	Methodische Ergiebigkeit (Köck, 2008, S. 17)	Methodische Ergiebigkeit (Jahreiß, 2008, S. 27)
Anthropologische Eigenschaft	Anthropologische Eigenschaft (Brucker & Hausmann, 1972, S. 37)				Anthropologische Eigenschaft		

Brucker und Hausmann (1972): Bodenzerstörung und Bodenerhaltung in den Prärieebenen der USA

Beschreibungen	Schlüsselbegriffe
Damit Schüler bestimmte Verhaltensweisen bzw. Verhaltensdispositionen erwerben können, muss ein signifikanter Lerngegenstand (geographisches Phänomen, typischen geographischen Raum) ausgewählt werden. Dieser sollte folgende Anforderungen erfüllen (Brucker & Hausmann, 1972, S. 37):	
- Eigenschaft der einsehbaren (intelligiblen) Struktur, d.h. dem Alter der Schüler entsprechende einfache, einsichtige Struktur aufweisen.	Eigenschaft der einsehbaren (intelligible) Struktur
- Psychologische Eigenschaft, d.h. entwicklungs- und lernpsychologischen Bedingungen gerecht werden.	Psychologische Eigenschaft
- Fach-Eigenschaft, d.h. mustergültig und repräsentativ für das Fach stehen.	Fach-Eigenschaft
- Exemplarische Eigenschaft, d.h. beispielhaft für andere Räume und Phänomene stehen können.	Exemplarische Eigenschaft
- Problemeigenschaft, d.h. tiefgründig und vielschichtig sein sowie eine starke innere Problematik aufweisen.	Problemeigenschaft
- Anthropologische Eigenschaft, d.h. den gesellschaftlichen Bezug der Geographie bzw. der Schul-Erdkunde aufzeigen.	Anthropologische Eigenschaft
- Methodische Eigenschaft, d.h. Gelegenheit zu übungsmäßiger Anwendung typisch geographischer Arbeitsweisen geben.	Methodische Eigenschaft

Geibert (1980): Das Prinzip des Exemplarischen im reformierten lernzielorientierten-thematischen Erdkundeunterricht

Beschreibungen	Schlüsselbegriffe
Bestimmung für die Auswahl eines Raumbeispiels (Geibert, 1980, S. 367):	
- es muss exemplarisch sein, d. h. repräsentativ	Repräsentativität
- es muss (für alle Schüler sichtbar) das zu Veranschaulichende (ein Phänomen, eine Struktur, einen Prozess) aufzeigen	Aufzeigen des zu Veranschaulichenden
- der Lehrer muss es kennen	
- . . die Schüler müssen es kennen oder kennenlernen können	
- es muss wissenschaftlich aufbereitet sein und es muss statistisches und Kartenmaterial dazu geben	Wissenschaftliche Aufbereitung
- es muss allgemeine Probleme deutlich machen	Problemgehalt
- die Beispiele müssen in weiter Streuung verschiedene und verschiedenartige Räume abdecken: Nähe und Ferne, große oder kleine Ausschnitte, von einem oder wenigen Faktoren geprägte und komplexe, vielschichtige räumliche Gebäude	Räumliche Streuung
Der Begriff des „Exemplarischen" muss fachbezogen in zweierlei Hinsicht gesehen werden (Geibert, 1980, S. 366): - in tradierten länderkundlichen Sinn (gewählter Unterrichtsinhalt = dienende Funktion) - im Sinne des neuen lernzielorientierten-thematischen Ansatzes in der Schulerdkunde (Techniken = instrumentelles Lernfeld; Kenntnisse = affirmatives Lernfeld; Erkenntnisse/Einsichten = kognitives Lernfeld) - Hans Knübel spricht von übergeordneten Funktionszielen („Fundamentalia" im Sinne von Klafki), die alle in die Grunderfahrung des Erdkundeunterrichtes münden: Formen und Grade der Auseinandersetzung des Menschen in unterschiedlich großen und aktiven sozialen Verbänden mit dem ihn umgebenden räumlichen Bedingtheiten erkennen. - Arnold Schultze spricht in diesem Zusammenhang von drei „möglichen Strukureinsichten im Sinne kategorialer Bildung": Ordnung im Raum, Auseinandersetzung des Menschen mit der Natur als Kulturlandschaftsproblem und Individualität des geographischen Gegenstandes An welchem Raumbeispiel/Unterrichtsgegenstand lässt sich am besten, d.h. exemplarisch erkennen, wie der Mensch z. B: - wenig entwickelte Räume durch landwirtschaftliche, industrielle, verkehrs-, fremdenverkehrstechnische Nutzung inwertsetzt? - die Struktur eines Agrar-, Industrieraumes verändert? - sein Lebensraum von Naturkatastrophen bedroht werden? - . . .	Struktureinsichten im Sinne kategorialer Bildung

Köck (1986c): Handbuch des Geographie-Unterrichts. Band 1: Grundlagen des Geographieunterrichts

Beschreibungen	Schlüsselbegriffe
Auswahlkriterien (Köck, 1986b, S. 186):	
- **Zielsignifikanz** Im engeren Sinne: Eigenschaft, dass ein bestimmtes Raumbeispiel geeignet ist, die Vermittlung durch das jeweilige Ziel intendierten Qualifikation zu leisten. Dies trifft dann zu, wenn es für die mit dem jeweiligen Ziel korrespondierende Verwendungssituation konstitutiven raumstrukturellen Bedingungsvariablen in prägnanter Ausprägung beinhaltet. (Köck, 1986a, S. 166, 167)	Zielsignifikanz
- **Subjektadäquanz** Die zu vermittelnden Verhaltensdispositionen müssen den jeweiligen entwicklungs- und lernpsychologischen, soziokulturellen und schulsituationsspezifischen Bedingungen und Möglichkeiten sowie den begründeten Interessen und Bedürfnissen der jeweiligen Lernsubjekte angemessen Rechnung tragen (Köck, 1986a, S. 166).	Subjektadäquanz
- **Fachwissenschaftlicher Bezug** Vor allem solche Raumbeispiele, die in der geografischen Wissenschaft (und ihr den benachbarten Raumwissenschaften) eine bedeutende Rolle spielen und hinsichtlich fachspezifischer Kategorien und Strukturen in besonderem Maße aufschlussreich sind (Köck, 1986a, S. 167).	Fachwissenschaftlicher Bezug
- **Exemplarische Bedeutung** In dem jeweils gesuchten exemplarischen Fall als Raumindividuum müssen die Merkmale, die den zugehörigen Typen definieren, möglichst ideal ausgeprägt sein; dann ist es „Spiegel des Ganzen" und gewährleistet, dass die die vermittelten Verhaltensdispositionen auch auf andere gleichartige Raumbeispiele übertragen werden können (Köck, 1986b, S. 186).	Idealausprägung der Merkmale des zugehörigen Typus
Das Raumbeispiel muss im Blick auf die intendierte Verhaltensdisposition einen möglichst hohen raumstrukturellen Transfergehalt (eine möglichst große exemplarische Reichweite) haben und damit für möglichst viele ähnliche Raumindividuen repräsentativ für einen ganzen Raumtypus sowie gehaltvoll im Blick auf allgemeine Raumstrukturen, -gesetze etc. sein (Köck, 1986a, S. 167).	Repräsentativität
- **Problemgehalt** Hinreichender innerer Problemgehalt, durch den die erforderlichen dosierten Diskrepanzen ausgelöst sowie innere Betroffenheit erreicht. Das betreffende Raumbeispiel muss durch einen hinreichenden Problemgehalt des Fragens wert sein. (Köck, 1986a, S. 167)	Problemgehalt
- **Operationalisierbarkeit** Raumbeispiel muss einen im Hinblick auf die Intentionen des jeweiligen Zieles geeigneten Zugriff ermöglichen. Des Weiteren müssen die zielrelevanten raumstrukturellen Sachverhalte mühelos aus ihm herausgefiltert und unterrichtlich gehandhabt werden können. (Köck, 1986a, S. 167)	Operationalisierbarkeit
- **Methodische Ergiebigkeit** Das Raumbeispiel sollte geeignet sein, der Vermittlung und Anwendung/Übung von Verfahren, Methoden, Arbeitsweisen und -techniken zu dienen, die für die geografische Raumkognition konstitutiv sind (Köck, 1986a, S. 167).	Methodische Ergiebigkeit

Ringel (2000): Exemplarik und Transfer

Beschreibungen	Schlüsselbegriffe
Auswahlkriterien für geeignete Beispiele in Anlehnung an Köck (1986b).	
- Zielsignifikanz und Merkmalsprägnanz Beispiel muss geeignet sein, die angestrebten Ziele zu erreichen: Dazu müssen die typischen allgemeingeographischen Merkmale, Strukturen usw. deutlich erkennbar sein (Ringel, 2000, S. 18).	Zielsignifikanz Merkmalsprägnanz
- Subjektadäquanz Beispiel soll in Interessen sowie den entwicklungs- und lernpsychologischen, soziokulturellen und schulsituationsspezifischen Bedingungen und Möglichkeiten der Schüler Rechnung tragen. Insbesondere der Problemgehalt des Beispiels, der Fragen der Schüler anregt, ist bedeutsam: „dosierte Diskrepanzen". (Ringel, 2000, S. 19).	Subjektadäquanz
- Zieladäquate, räumliche Streuung der Beispiele Beispiele müssen zweckentsprechend und ausgewogen aus dem Nahraum über Regionen bis zur globalen Ebene ausgewählt werden und sollten alle Kontinente der Erde berücksichtigen (Ringel, 2000, S. 19).	Zieladäquate, räumliche Streuung
- Methodische Ergiebigkeit Beispiele sollten so ausgewählt werden, dass vielfältige Methoden, Verfahrensweisen, Arbeitstechniken vermittelt, angewendet und geübt werden können (Ringel, 2000, S. 19).	Methodische Ergiebigkeit

Köck und Stonjek (2005): ABC der Geografiedidaktik

Beschreibungen	Schlüsselbegriffe
An ausgewählten repräsentativen Raumsachverhalten („signifikante Raumbeispiele") werden übertragbare allgemeine raumbezogene Erkenntnisse und Verhaltensdispositionen aufgebaut (Köck, 2005a, S. 89).	Repräsentativität
Signifikanzkriterien für (signifikante) Raumbeispiele (Köck, 2005b, S. 225):	
- Zieladäquanz	Zieladäquanz
- Einsehbare Struktur	Einsehbare Struktur
- Psychologische Eigenschaft	Psychologische Eigenschaft
- Facheigenschaft	Facheigenschaft
- Exemplarische Eigenschaft	Exemplarische Eigenschaft
- Problemeigenschaft	Problemgehalt
- Anthropologische Eigenschaft	Anthropologische Eigenschaft
- Methodische Eignung	Methodische Eignung

Köck (2008): Exemplarik und Transfer in der Geographie. Erkenntnis- und lerntheoretische Grundlagen

Beschreibungen	Schlüsselbegriffe
Im Gegenstandsbereich der Fachwissenschaft bzw. des Unterrichtsfaches müssen von Elementen vorliegen. Die Gleichheit der Elemente je Klasse repräsentiert dann das Gesetzhafte, um dessen exemplarische Erschließung und Rückübertragung auf die Gesamtheit der Elemente es dann geht. Dies muss nachgewiesen werden. (Köck, 2008, S. 11) In der Tatsache, dass die geografische Grundmenge aus Teilmengen bzw. Klassen besteht, manifestiert sich deren Gesetzmäßigkeit (Köck, 2008, S. 12): „Sowohl hinsichtlich der Beschaffenheit als auch hinsichtlich der Kausalität der Elemente A1 bis An einer Raumsachverhaltsklasse A stehen über alle Elemente hinweg mindestens zwei Merkmale in einer invarianten Beziehung zueinander" (Köck & Rempfler, 2004, S. 70).	Gesetzhaftes
- Beispiele für deskriptive Gesetzlichkeiten: Je-Desto; Wenn-Dann	
- Beispiele für Kausalgesetze: Immer (Wenn)	
Auswahlkriterien für ein geeignetes Beispiel (Köck & Rempfler, 2004, S. 17):	
- Subjekt- bzw. Lerneradäquanz	Subjektadäquanz
- Zielsignifikanz	Zielsignifikanz
- Fachwissenschaftliche Bedeutsamkeit	Fachwissenschaftliche Bedeutsamkeit
- Methodische Ergiebigkeit	Methodische Ergiebigkeit
- usw. (Verweise auf Köck (1986b) und Ringel (2000)).	

Jahreiß (2008): Exemplarik und Transfer konkret. Eine Studie zur theoriegeleiteten Umsetzung im Geographieunterricht der bayrischen Hauptschule

Beschreibungen	Schlüsselbegriffe
Inhaltlich-kategorialer Aspekt (Jahreiß, 2008, S. 27): - Zonierung der Erde - Industriegebiete, Ballungsraum - Plattentektonik - Kulturerdteil - Globalisierung	Inhaltlich-kategorialer Aspekt
Checkliste in Anlehnung an Ringel (2000):	
- Zielsignifikanz Mit den Beispielen sind die angestrebten Ziele erreichbar.	Zielsignifikanz
- Subjektadäquanz Beispiele orientieren sich an den Interessen und an den lern- und entwicklungspsychologischen, an soziokulturellen und schulsituationsspezifischen Bedingungen der Schüler.	Subjektadäquanz
- Zieladäquate räumliche Streuung Beispiele berücksichtigen zielkonform und in einem ausgewogenen Verhältnis alle Maßstabsebenen und alle Kontinente.	Zieladäquate räumliche Streuung
- Methodische Ergiebigkeit Beispiele ermöglichen die Anwendung und das Üben vieler sowie unterschiedlicher Methoden, Verfahren, Arbeitstechniken.	Methodische Ergiebigkeit
- Merkmalsprägnanz In den Beispielen lassen sich typische allgemeingeografische Merkmale, Strukturen etc. erkennen.	Merkmalsprägnanz
Raumtypen sollten nach Ringel (2000, S. 18) (Jahreiß, 2008, S. 27, 28): - Entweder möglichst viele einzelne Raumbeispiele oder möglichst grundlegende Prozesse erfassen, die zur Erklärung wesentlicher Zusammenhänge benötigt werden.	Wesentliche Zusammenhänge
- Dürfen in der Hierarchie nicht zu weit oben stehen, da sie sonst aufgrund des zusammenfassenden Charakters ungeeignet für eine sinnvolle Erarbeitung an einem konkreten Beispiel sind	Abstraktionsgrad des Raumtypus
Bei der Verallgemeinerung geht es um Begriffe und Regeln (Jahreiß, 2008, S. 28).	Begriffe Regeln

Anhang H   Ergebnisse der Literaturrecherche: Fachdidaktik Geschichte

Übersicht der Ergebnisse in Bezug auf Fragestellung 1: Kriterien zur Bestimmung des Wesentlichen

Schlüsselbegriffe	Autor Nitsch (1967)
Modelle	
Beispielhafte Handlungen	(Nitsch, 1967, S. 109)

Übersicht der Ergebnisse in Bezug auf Fragestellung 2: Kriterien zur Auswahl eines geeigneten Exempels

Schlüsselbegriff	Autor Nitsch (1967)
Wesen der Geschichte	(Nitsch, 1967, S. 109)

Nitsch (1967): Zum Exemplarischen im Geschichtsunterricht. Vorüberlegungen zur Unterrichtsvorbereitung des Lehrers

Beschreibungen	Schlüsselbegriffe
Didaktische Vorzeichen des Exemplarischen (Nitsch, 1967, S. 109):	
- Ein Unterrichtsgegenstand, der nach dem Wesen der Geschichte fragen läßt [sic], ist anderen Stoffbereichen vorzuziehen.	Wesen der Geschichte
- Eine Modellvorstellung politischer Entscheidungen wird erkennbar: die Staatsführung begeht Unrecht; der Vertrag zwischen Regierenden und Volk wird mißachtet[sic!], womit gleichermaßen Würde wie Sicherheit des Staatsbürgers gefährdet werden. Die Auflehnung will den Ordnungsprinzipien wieder Geltung verschaffen.	Modelle
Es kommt darauf an, die Geschichte an beispielhaften Gestalten und Handlungen konkret und faßbar[sic!] zu machen und eine begriffliche Klärung behutsam vorzubereiten, damit sich in einer Zivilisationswelt, die von Geschichtsstoff erfüllt ist, nicht frühzeitig Vorurteile und Denkschemata festsetzen. Es müßte[sic!] auch möglich sein, die Jugendlichen in dieser Altersstufe schon zur nachdenklichen Überprüfung von geschichtlichen Situationen und Entscheidungen zu bringen, die unsere Gegenwart geformt haben ...." (Nitsch, 1967, S. 109)	Beispielhafte Handlungen

Anhang I   Ergebnisse der Literaturrecherche: Fachdidaktik Mathematik

Übersicht der Ergebnisse in Bezug auf Fragestellung 1: Kriterien zur Bestimmung des Wesentlichen

Autor / Schlüsselbegriffe	Malsch (1965)	
Begriffsbildung	Begriffsbildung	(Malsch, 1965, S. 67)
Beweisprinzipien	Beweisprinzipien	
Gesetze	Gesetze	(Malsch, 1965, S. 70)
Begriffe	Begriffe	
Methoden	Methoden	(Malsch, 1965, S. 78)
Verfahren	Verfahren	

Übersicht der Ergebnisse in Bezug auf Fragestellung 2: Kriterien zur Auswahl eines geeigneten Exempels

Autor / Schlüsselbegriffe	Malsch (1965)	
Subjektbezug	Subjektbezug	(Malsch, 1965, S. 70)
Ausstrahlend	Ausstrahlend	
Fruchtbar	Fruchtbar	
Modellfall	Modellfall	
Typisch	Typisch	(Malsch, 1965, S. 74)
Mustergültig	Mustergültig	
Prägnant	Prägnant	
Repräsentativ	Repräsentativ	
Aufschließend	Aufschließend	

Malsch (1965): Das Exemplarische im Mathematikunterricht

Beschreibungen	Schlüsselbegriffe
Und von der Mathematik sind im besonderen genannt: „mathematische Begriffsbildung und die verschiedenen Beweisprinzipien." (Malsch, 1965, S. 67)	Begriffsbildung Beweisprinzipien
Sondern wir sprangen mitten hinein in den Gegenstand, der dem Schüler meist geläufig ist, und entdecken von da aus durch Veranschaulichung und Überlegungen „das Einfache", d.h. die Gesetze. Wir begriffen aus der Fülle der Welt ihren inneren Zusammenhang, wir lernten Begriffe, Gesetze, Beweisen der Gesetze. (Malsch, 1965, S. 70)	Subjektbezug Gesetze
Das „Exemplarische" soll ausstrahlend, fruchtbar, Modellfall, typisch, mustergültig, prägnant, repräsentativ, aufschließend sein. (Malsch, 1965, S. 74)	Ausstrahlend Fruchtbar Modellfall Typisch Mustergültig Prägnant Repräsentativ Aufschließend
Zwei Archetypen des Exemplarischen (Malsch, 1965, S. 78): - „1. Archetypen der mathematischen Erkenntnis, d.h. solche Gegenstände, Begriffe, Methoden und Verfahren, die im ganzen Gebiet eine Rolle spielen. Natürliche Zahlen, Begriff der bestimmten Zahl (Konstante) und der Variablen, Begriff der Schranke oder Beschränkung, die Symbolik, der Begriff der Vertauschbarkeit und Umkehrbarkeit, die Begriffe Abhängigkeit und Unabhängigkeit, den indirekten Beweis, den Schluß[sic!] von n auf n+(!)], den Grenzbegriff. - 2. Archetypen, die nur für einzelne Gebiete oder Verfahren bestimmt sind oder in sie hineinragen."	Begriffe Methoden Verfahren

Anhang J   Ergebnisse der Literaturrecherche: Fachdidaktik Musik

Synopse der Ergebnisse in Bezug auf Fragestellung 1: Kriterien zur Bestimmung des Wesentlichen

Autoren Schlüsselbegriffe	Kaiser und Nolte (1989)
	Es wird nicht auf Kriterien zur Bestimmung des Wesentlichen eingegangen.

Synopse der Ergebnisse in Bezug auf Fragestellung 2: Kriterien zur Auswahl eines geeigneten Exempels

Autoren Schlüsselbegriffe	Alt (1968)		Kaiser und Nolte (1989)
Starker Eindruck		(Alt, 1968, S. 205, 206)	
Simplifizierbarkeit		(Alt, 1968, S. 206, 208)	
Einsichtigkeit	Einsichtigkeit		(Kaiser & Nolte, 1989, S. 120)
Typisches	Typisches	(Alt, 1968, S. 208, 209)	(Kaiser & Nolte, 1989, S. 120, 121)
Klassisches	Klassisches	(Alt, 1968, S. 209)	(Kaiser & Nolte, 1989, S. 120)
Übergreifende Sinn- und Formstrukturen	Übergreifende Sinn- und Formstrukturen		(Kaiser & Nolte, 1989, S. 119)
Repräsentatives	Repräsentatives		(Kaiser & Nolte, 1989, S. 120)

Alt (1968): Didaktik der Musik. Orientierung am Kunstwerk

Beschreibungen	Schlüsselbegriffe
Einführung in einen neuen kategorialen Werkbereich der Musik vollzieht sich an eindrucksvollen Werken bzw. an einer auf Eindruck gestellten Konfrontation mit diesem. (Alt, 1968, S. 205, 206).	Starker Eindruck
Elementares Werk - Die Kunst zusammenfassend (das Bündige) - Die Kunst vereinfachend - Die Kunst überschaubar erscheinen lassend (das Überschaubare) - Die Kunst unmittelbar verständlich erscheinen lassend (das Einsichtige) (Alt, 1968, S. 206, 208)	Simplifizierbarkeit Einsichtigkeit
Typisches Werk - Das Eigentümliche des Typischen - Das Kennzeichnende des Typischen - Das Unverkennbare des Typischen - Das Ausgeprägte des Typischen - Das Mustergültige des Typischen - Das unverkennbar Eigentümliche des Typischen (Alt, 1968, S. 208, 209)	Typisches

Alt (1968): Didaktik der Musik. Orientierung am Kunstwerk

Beschreibungen	Schlüsselbegriffe
Klassisches Werk Jene Werke sind zu wählen, die im Zeichen der „großen Namen" stehen (im Sinne einer Wertorientierung). (Alt, 1968, S. 209).	Klassisches

Kaiser und Nolte (1989): Musikdidaktik. Sachverhalte - Argumente - Begründungen

Beschreibungen	Schlüsselbegriffe
Ausgangsproblem: das Ganze der Musik auf fassliche und überschaubare Grundstrukturen, auf übergreifende Sinn- und Formzusammenhänge elementarisieren (Kaiser & Nolte, 1989, S. 119).	Übergreifende Sinn- und Formstrukturen
Das erste wesentliche Element des „Exemplarischen" ist das Elementare (jene einfachen Werke, in denen die Kunst ebenso zusammengefasst wie vereinfacht, überschaubar und unmittelbar verständlich erscheint) (Kaiser & Nolte, 1989, S. 120): - Bündigkeit - Überschaubarkeit - Einsichtigkeit	Einsichtigkeit
Zusätzlich muss auch das Werk auch das Merkmal des Typischen aufweisen: - Das Eigentümliche des Typischen (Kaiser & Nolte, 1989, S. 120) - Das Kennzeichnende des Typischen (Kaiser & Nolte, 1989, S. 120) - Das Unverkennbare des Typischen (Kaiser & Nolte, 1989, S. 120) - Das Ausgeprägte des Typischen (Kaiser & Nolte, 1989, S. 120) - Das Mustergültige des Typischen (Kaiser & Nolte, 1989, S. 121) Je entschiedener das Werk den reinen Typus darstellt, um so prägnanter ist seine aufschließende Bedeutung für das ihm zugeordnete Feld der Musik (Kaiser & Nolte, 1989, S. 120).	Typisches
Neben dem Typischen steht das „Repräsentative" als Ausprägung einer bestimmten Haltung oder Aussage, die erneut „präsent" werden muss – im Musikunterricht werden vor allem solche Werke als „repräsentativ" gelten, die noch aktuell oder aktualisierbar sind (Kaiser & Nolte, 1989, S. 120).	Repräsentatives
Der vierte Aspekt ist das Klassische – in der Didaktik zielt dieser Begriff auf menschliche Qualitäten und sittliche Vorbildwerte; in der Musikpädagogik beinhaltet er musikalische Vorrangigkeit, Wertvordringlichkeit, einen besonderen künstlerischen Wertrang (Kaiser & Nolte, 1989, S. 120).	Klassisches

Anhang K   Ergebnisse der Literaturrecherche: Fachdidaktik Pflege

Übersicht der Ergebnisse in Bezug auf Fragestellung 1: Kriterien zur Bestimmung des Wesentlichen

Autor	Bäuml-Roßnagl und Bäuml (1981)
Schlüsselbegriffe	
Regeln	
Gesetzmäßigkeiten	(Bäuml-Roßnagl & Bäuml, 1981, S. 32)

Übersicht der Ergebnisse in Bezug auf Fragestellung 2: Kriterien zur Auswahl eines geeigneten Exempels

Autor	Bäuml-Roßnagl und Bäuml (1981)
Schlüsselbegriffe	
Charakteristisch	
Typisch	
Paradigmatisch	(Bäuml-Roßnagl & Bäuml, 1981, S. 32)

Bäuml-Roßnagl und Bäuml (1981): Didaktik des Krankenpflegeunterrichts

Beschreibungen	Schlüsselbegriffe
Darbietung von	
- charakteristischen,	Charakteristisch
- typischen,	Typisch
- paradigmatischen	Paradigmatisch
Beispielen (Modellfällen), die stellvertretend für ähnliche Unterrichtsgegenstände stehen und an denen	
- Regeln und	Regeln
- Gesetzmäßigkeiten	Gesetzmäßigkeiten
erarbeitet werden können (Bäuml-Roßnagl & Bäuml, 1981, S. 32).	

Anhang L   Ergebnisse der Literaturrecherche: Fachdidaktik Physik

Synopse der Ergebnisse in Bezug auf Fragestellung 1: Kriterien zur Bestimmung des Wesentlichen

Schlüsselbegriffe \ Autoren	Köhnlein (1982)	Kircher (2015)	
Begriffliche Struktur		Begriffliche Struktur	
Methodische Struktur	Physikverständnis (Köhnlein, 1982, S. 10)	Methodische Struktur	(Kircher, 2015, S. 161)
Metastruktur		Metastruktur	
Typische Arbeits- und Verfahrensweisen		Typische Arbeits- und Verfahrensweisen	(Kircher, 2015, S. 162)
Repräsentative Erkenntnismethoden		Repräsentative Erkenntnismethoden	

Synopse der Ergebnisse in Bezug auf Fragestellung 2: Kriterien zur Auswahl eines geeigneten Exempels

Schlüsselbegriffe \ Autoren	Köhnlein (1982)	Kircher (2015)	
Verständnis öffnend	Verständnis öffnend (Köhnlein, 1982, S. 5, 6)		
Subjektorientierung	Lebensweltbezug (Köhnlein, 1982, S. 7)		
	Lernniveau (Köhnlein, 1982, S. 8)		
	Zuschnitt auf Lernergruppe (Köhnlein, 1982, S. 9)		
Sichtbarkeit des zu Zeigenden	Sichtbarkeit des zu Zeigenden (Köhnlein, 1982, S. 8)		
Variationsmöglichkeiten	Variationsmöglichkeiten (Köhnlein, 1982, S. 9)	Variationsmöglichkeiten	(Kircher, 2015, S. 161)

Köhnlein (1982): Exemplarischer Physikunterricht

Beschreibungen	Schlüsselbegriffe
Beispiele sollen überzeugen, Verständnis wecken und etwas zum Bewusstsein bringen (Köhnlein, 1982, S. 5).	Verständnis öffnend
Beispiele sind in der Lebenswelt der Schüler zu suchen (Köhnlein, 1982, S. 7).	Lebensweltbezug
Beispiele müssen zur Klasse aller Fälle gehören, die dem gleichen Gesetz unterliegen und eine besondere Ausprägung des Allgemeinen darstellen (Köhnlein, 1982, S. 8).	Zugehörigkeit zu einer Klasse gleichartiger Fälle
Im Beispiel muss das, was gezeigt werden soll, gut sichtbar sein, was immer auch eine Frage des Lernniveaus der Schüler ist (Köhnlein, 1982, S. 8).	Sichtbarkeit des zu Zeigenden; Lernniveau
Indem der Lehrende ein Beispiel als einen Repräsentanten für ein Allgemeines einsetzt, erhebt er es zum Musterexemplar, das nicht nur die gemeinsame Eigenschaft aller Fälle zeigt, die es vertritt, sondern es gibt zugleich an, wie ihr Bild in der Vorstellung der Lernenden aussehen soll. Das Musterbeispiel weist über sich hinaus, das Beispiel gewinnt normative Bedeutung (Köhnlein, 1982, S. 8).	
Der exemplarische Fall ist Element des Sachzusammenhanges und zugleich Element des individuellen Lernzusammenhanges – Beispiele werden für eine bestimmte Lernergruppe und im Hinblick auf ein Allgemeines ausgewählt (Köhnlein, 1982, S. 9).	Zuschnitt auf die Lernergruppe
Das Beispiel darf nicht zu eng gefasst sein, es muss vergleichendes Erforschen von Variationsmöglichkeiten und die Herausarbeitung des Gemeinsamen als Vermutung oder ein methodisches Prinzip ermöglichen (Köhnlein, 1982, S. 9).	Variationsmöglichkeiten
Das Beispiel, auf das sich der exemplarische Unterricht gründet, ist also nicht der isolierte, unwandelbare Fall. Das Ausgangsbeispiel darf nicht statisch, es muss dynamisch gesehen werden. Das Besondere, von dem die Erkenntnis ausgeht, ist also der variierbare Fall, d.h. die am einzelnen Fall ermittelten und für diesen Fall interpretierbaren Daten (Köhnlein, 1982, S. 10).	
Das Allgemeine erhält seinen Charakter als Superzeichen dadurch, dass es erlaubt, die Fülle und die unendliche Vielfalt der physikalischen Einzelerfahrungen zu beherrschen und sie erfahrbar zu machen (Köhnlein, 1982, S. 10).	Physikverständnis

Kircher (2015): Methoden im Physikunterricht (in: Physikdidaktik. Theorie und Praxis)

Beschreibungen	Schlüsselbegriffe
Ausgewählte Inhalte entstammen (Kircher, 2015, S. 161):	
- der begrifflichen Struktur der Physik,	Begriffliche Struktur
- der methodischen Struktur der Physik und	Methodische Struktur
- der Metastruktur der Physik.	Metastruktur
Ein Beispiel ist dann Kern der exemplarischen Methode, wenn man nach Köhnlein (1982, S. 9) „das vergleichende Erforschen der Variationsmöglichkeiten eines Beispiels und die Heraushebung des Gemeinsamen als eine Vermutung oder ein methodisches Prinzip" möglich ist (Kircher, 2015, S. 161).	Variationsmöglichkeiten
Kriterien für die Auswahl der Themen (Kircher, 2015, S. 162):	
- Typische physikalische Arbeits- und Verfahrensweisen	Typische Arbeits- und Verfahrensweisen
- Repräsentative Erkenntnismethoden	Repräsentativen Erkenntnismethoden

Anhang M   Ergebnisse der Literaturrecherche: Fachdidaktik Sachunterricht

__Synopse der Ergebnisse in Bezug auf Fragestellung 1__: Kriterien zur Bestimmung des Wesentlichen

Autoren Schlüsselbegriffe	Köhnlein (2012)	Lohrmann et al. (2013)
Typisches Phänomen	Typisches Phänomen	
Allgemeine Regel	Allgemeine Regel	
(natur-)gesetzlicher Zusammenhang	(natur-)gesetzlicher Zusammenhang (Köhnlein, 2012, S. 67)	
Denk-/Verhaltensmodell	Denk-/Verhaltensmodell	
Zentraler Begriff	Zentraler Begriff	

__Synopse der Ergebnisse in Bezug auf Fragestellung 2__: Kriterien zur Auswahl eines geeigneten Exempels

Autoren Schlüsselbegriffe	Köhnlein (2012)	Lohrmann et al. (2013)
Zugänglichkeit	Zugänglichkeit (Köhnlein, 2012, S. 29,30)	Nachvollziehbarkeit (Lohrmann et al., 2013, S. 164)
Ergiebigkeit	Ergiebigkeit (Köhnlein, 2012, S. 30)	
Subjektive Bedeutsamkeit	Subjektive Bedeutsamkeit (Köhnlein, 2012, S. 67)	
Dimensionen des Sachunterrichts	Dimensionen des Sachunterrichts (Köhnlein, 2012, S. 64)	
Zeitkriterium	Zeitkriterium	
Sinnkriterium	Sinnkriterium (Köhnlein, 2012, S. 67)	
Bedeutsamkeit	Bedeutsamkeit (Köhnlein, 2012, S. 29)	
Horizontalkriterium	Horizontalkriterium	
Vertikalkriterium	Vertikalkriterium (Köhnlein, 2012, S. 67)	
	Analogisierung	
Variationsmöglichkeiten	Diskriminierung Kategorisierung (Köhnlein, 2012, S. 127)	Variationsmöglichkeiten (Lohrmann et al., 2013, S. 163)
Deutlichkeit		Deutlichkeit (Lohrmann et al., 2013, S. 164)

Köhnlein (2012): Sachunterricht und Bildung

Beschreibungen	Schlüsselbegriffe
Die Auswahl folgt den Kriterien (Köhnlein, 2012, S. 64):	
- Bedeutsamkeit (Köhnlein, 2012, S. 29)	Bedeutsamkeit
o Normativer Aspekt: Bedeutsamkeit nach Maßgabe der allgemeinen und speziellen Ziele des Sachunterrichts.	
o Curriculärer Aspekt: Bedeutsamkeit für die gegenwärtige und zukünftige Leben und Lernen der Kinder.	
o Exemplarischer Aspekt: Bedeutsamkeit für die Orientierung in der Welt und für das Verstehen relevanter Sachverhalte mit dem Ziel einer verständigen Teilhabe an der Kultur.	
o Pragmatischer Aspekt: Bedeutsamkeit für das Gewinnen von Kompetenz und die praktische Bewältigung von Alltagssituationen.	
- Zugänglichkeit (Köhnlein, 2012, S. 29,30)	Zugänglichkeit
o Interessenbezogener Aspekt: Der Lerninhalt ist in der Lebenswirklichkeit der Kinder anzutreffen und kann ihnen in fasslicher Weise vorgestellt werden.	
o Methodischer Aspekt: Der Lerninhalt entspricht der Verstehensfähigkeit der Kinder oder kann ihr entsprechend aufbereitet werden.	
o Lehr- und lernstrategischer Aspekt: Der Lerninhalt enthält fruchtbare Möglichkeiten für die Ausgestaltung und weiterführende Anknüpfungen.	
- Ergiebigkeit (Köhnlein, 2012, S. 30)	Ergiebigkeit
o Intentionaler Aspekt: Der Lerninhalt, welcher die Intention der Lernziele[sic!] und dem Erfordernis der Nachhaltigkeit des Gelernten am besten entspricht (bei gleicher Bedeutsamkeit und Zugänglichkeit).	
o Ökonomischer Aspekt: Zeitlicher und materieller Aufwand muss gegenüber dem zu erwarteten Unterrichtsergebnis vertretbar sein.	
o Funktionaler Aspekt: Der Lerninhalt muss ergiebig sein für das Weltverstehen und für Verwendungssituationen des privaten und öffentlichen Lebens.	
Subjektive Bedeutsamkeit (Köhnlein, 2012, S. 67): Für Lernende etwas Neues, die Neugier herausfordendes oder ein Beispiel vorstellen, auf das man (in der Erinnerung und in der Kommunikation) im Fortgang des Curriculums zurückgreift.	Subjektive Bedeutsamkeit
Inhaltlich ergiebig sind Unterrichtseinheiten, wenn sie thematisieren:	
- Ein typisches Phänomen (Köhnlein, 2012, S. 67)	Typisches Phänomen
- Eine allgemeine Regel (Köhnlein, 2012, S. 67)	Allgemeine Regel
- Einen (natur-)gesetzlichen Zusammenhang (Köhnlein, 2012, S. 67)	(natur-)gesetzlichen Zusammenhang
- Ein Denk- oder Verhaltensmodell (Köhnlein, 2012, S. 67)	Denk-/Verhaltensmodell
- Einen zentralen Begriff (Köhnlein, 2012, S. 67)	Zentraler Begriff
Bildungswirksam wird der Sachunterricht vor allem durch solche Phänomene, Beispiele und Einsichten, die exemplarische Qualität im Sinne der Dimensionen und Kriterien haben und geeignet sind, dem Wissen der Lernenden Substanz, Kohärenz und Dauerhaftigkeit zu verleihen (Köhnlein, 2012, S. 68).	
- Dimensionen des Sachunterrichts (Köhnlein, 2012, S. 64): Lebensweltliche, historische, geografische, ökonomische, gesellschaftliche, physikalische und chemische, technische, biologische und ökologische Dimension. Dabei: keine >innerfachliche Abgrenzung oder Segmentierung< (Köhnlein, 2012, S. 68)	Dimensionen des Sachunterrichts
- Hilfreiche Kriterien zum Auffinden und für die Auswahl (Köhnlein, 2012, S. 67):	
o Horizontalkriterium Verschiedene inhaltliche Bereiche enthalten korrespondierende Grundideen, Denkmodelle und -figuren, begriffliche Konzepte usw., die vielfältig erkennbar, anwendbar und in diesem Sinne elementar sind.	Horizontalkriterium Inhalt Bereiche (der Fachwissenschaft)

Köhnlein (2012): Sachunterricht und Bildung

Beschreibungen	Schlüsselbegriffe
Vertikalkriterium ○ Grundlegende Idee kann auf unterschiedlichen curricularen und intellektuellen Niveaus aufgezeigt und angewandt werden.	Abbildung 12: Das Horizontalkriterium. Grafik eigene Erstellung. Struktur und Inhalte leicht verändert nach Schwill (1993, S. 5) Vertikalkriterium
	Abbildung 13: Das Vertikalkriterium. Grafik eigene Erstellung. Struktur und Inhalte leicht verändert nach Schwill (1993, S. 6)
Zeitkriterium ○ Die Idee oder der Wissensgehalt ist in der kulturellen Entwicklung verankert und längerfristig relevant.	Zeitkriterium
Sinnkriterium ○ Die Idee hat einen Bezug zu Sprache und Denken in der Lebenswelt und gewinnt Bedeutung für das Weltbild der Person.	Sinnkriterium
Immer sind zur Gewinnung eines Allgemeinen Prozesse der Analogisierung, der Diskriminierung und der Kategorisierung erforderlich" (Köhnlein, 2012, S. 127).	Analogisierung, Diskriminierung, Kategorisierung

Lohrmann et al. (2013): Exemplarisches Lehren und Lernen durch das Arbeiten mit Beispielen

Beschreibungen	Schlüsselbegriffe
Auswahl von passenden Beispielen beinhaltet (S. 163)	
- Variationsmöglichkeiten der Strukturmerkmale eines Beispiels	Variationsmöglichkeiten
- Deutlichkeit und Nachvollziehbarkeit, d.h. es darf in seiner Komplexität nicht überfordern, was v.a. dann der Fall ist, wenn die exemplarisch bedeutsamen Strukturmerkmale durch verschiedene andere Facetten überlagert werden oder nicht gut ersichtlich sind. (S. 164)	Deutlichkeit Nachvollziehbarkeit

Anhang N Ergebnisse der Literaturrecherche: Fachdidaktik Technik

Synopse der Ergebnisse in Bezug auf Fragestellung 1: Kriterien zur Bestimmung des Wesentlichen

Autoren / Schlüsselbegriffe	Pukas (1979)	Pahl (2013)
Gesetzmäßigkeiten	Gesetzmäßigkeiten	
(Grund-)Prinzipien	(Grund-)Prinzipien	
Regeln	Regeln (Pukas, 1979, S. 59)	
Grundbegriffe	Grundbegriffe	
Typische Verfahren und Vorgehensweisen		Typische Verfahren und Vorgehensweisen

Synopse der Ergebnisse in Bezug auf Fragestellung 2: Kriterien zur Auswahl eines geeigneten Exempels

Autoren / Schlüsselbegriffe	Pukas (1979)	Pahl (2013)
Prägnanz	Prägnanz (Pukas, 1979, S. 59)	
	Drastischer Fall	
	In Klarheit verdichteter Fall (Pukas, 1979, S. 63, 64, 66)	
	Konzentriertheit	
	Exponierte Anschaulichkeit	
Markante Bildungselemente	Markante Bildungselemente (Pukas, 1979, S. 59)	
Relevanz	Relevanz (Pukas, 1979, S. 59)	Prozessunabhängige Qualifikationen / Extrafunktionale Qualifikationen / Schlüsselqualifikationen (Pahl, 2013, S. 274, 275)
Einfachheit	Elementare Einfachheit (Pukas, 1979, S. 63, 64, 66)	
Repräsentatives	Objektiv-Allgemeines transparentmachend	Repräsentative Veranschaulichung struktureller Zusammenhänge (Pahl, 2013, S. 274, 275)
Fachwissenschaftliche Struktur		Fachwissenschaftliche Struktur

(Pukas, 1979): Die Anwendung des elementaren und exemplarischen Prinzips in der metallgewerblichen Berufsausbildung

Beschreibungen	Schlüsselbegriffe
Nach dem Prinzip des Exemplarischen Lehrens und Lernens zu unterrichten, das bedeutet den prägnanten Unterrichtsgegenstand auszuwählen und seinen Bildungsgehalt zur Erschließung analoger und ähnlicher Fälle den Lernenden verfügbar zu machen (Pukas, 1979, S. 59).	Prägnanz
Es ist erforderlich, die gesamten Lehrplaninhalte entsprechend ihren immanenten, auf denselben physikalischen und chemischen Gesetzmäßigkeiten und Grundprinzipien beruhenden Elementen in exemplarische Stoffgruppeneinheiten einzuteilen und gemäß diesen Bildungsgehalten zusammenzuordnen (Pukas, 1979, S. 59). Denn das exemplarische Unterrichten anhand markanter Bildungselemente, Gesetzmäßigkeiten, Prinzipien, Regeln, Grundbegriffen, die für ganze Stoffmittelgruppen relevant sind, erweist sich als rationelles und dem natürlichen Erkenntnisgang der Lernenden entsprechendes Vorgehen im Unterricht (Pukas, 1979, S. 59).	Gesetzmäßigkeiten (Grund-)Prinzipien Markante Bildungselemente Regeln Grundbegriffe Relevanz
In Anlehnung an Bühe (1968) und Stenzel (1968): - 1. Schritt Auswahl und Beschreibung des Exemplums: Zu diesem Zweck gilt es, den drastischen, in Klarheit verdichteten Fall auszuwählen, der durch seine elementare Einfachheit und Konzentriertheit das Objektiv-Allgemeine in seiner grundlegenden Beschaffenheit transparent macht, indem es sich aufgrund seiner exponierten Anschaulichkeit derart durchleuchten, durchschauen, durchdenken läßt, daß es von den Schülern leicht überschaubar und begriffen werden kann (Pukas, 1979, S. 63, 64, 66).	Drastischer Fall In Klarheit verdichteter Fall Elementare Einfachheit Konzentriertheit Objektiv-Allgemeines transparentmachend Exponierte Anschaulichkeit

(Pahl, 2013): Bausteine beruflichen Lernens im Bereich „Arbeit und Technik". Band 1: Berufliche Didaktiken auf wissenschaftlicher Basis

Beschreibungen	Schlüsselbegriffe
Im Bereich technischer Inhalte lässt sich das Prinzip des Exemplarischen kennzeichnen durch (Pahl, 2013, S. 274, 275)	
- Aussagen, nach denen mit zunehmender Technisierung spezialisierende Tätigkeiten (wie z.B. Sägen, Feilen, Schaben, Nieten) an Bedeutung verlieren, besonders prozessunabhängige Qualifikationen aber an Bedeutung gewinnen;	Prozessunabhängige Qualifikationen
- Feststellungen, dass Qualifikationen, die nicht auf eine bestimmte Tätigkeit zugeschnitten, sondern auf verschiedene Funktionen im Arbeitsprozess übertragbar sind, für die Beherrschung moderner Produktionsprozesse immer wichtiger werden, diese werden extrafunktionale Qualifikationen (Schad, 1977, S. 370) oder Schlüsselqualifikationen (Mertens, 1974, S. 36) genannt;	Extrafunktionale Qualifikationen Schlüsselqualifikationen
- die bildungstheoretische oder lerntheoretische Forderung nach wissenschaftsorientiertem Lernen, d.h. hier, nach technikwissenschaftlichem sowie fachwissenschaftlichem Lernen und nach der durch die Behandlung exemplarischer Inhalte erlangten Befähigung zur Kritik gegenüber dem im Unterricht vermittelten Sachverhalten;	Fachwissenschaftliche Struktur
- die didaktische Forderung nach repräsentativer Veranschaulichung struktureller Zusammenhänge;	Repräsentative Veranschaulichung struktureller Zusammenhänge
- die Forderungen nach typischen technischen Verfahren und Vorgehensweisen (Traebert, 1976, S. 67)	Typische Verfahren und Vorgehensweisen

Anhang O   Ergebnisse der Literaturrecherche: Fachdidaktik Wirtschaftslehre

Übersicht der Ergebnisse in Bezug auf Fragestellung 1: Kriterien zur Bestimmung des Wesentlichen

Autor	Sievers (1982)
Schlüsselbegriffe	Es wird nicht auf Kriterien zur Bestimmung des Wesentlichen eingegangen.

Übersicht der Ergebnisse in Bezug auf Fragestellung 2: Kriterien zur Auswahl eines geeigneten Exempels

Autor		Sievers (1982)
Schlüsselbegriffe		
Subjektbezug		(Sievers, 1982, S. 755)
Bewältigung beruflicher Anforderungen		(Sievers, 1982, S. 757)
Objektive Bedeutsamkeit		(Sievers, 1982, S. 761)
Subjektive Bedeutsamkeit		(Sievers, 1982, S. 758)

Sievers (1982): Möglichkeiten der Integration von Berufs- und Allgemeinbildung durch das Prinzip des exemplarischen Lernens im Wirtschaftslehre-Unterricht

Beschreibungen	Schlüsselbegriffe
Bereits bei der Begründung und Auswahl der Unterrichtsinhalte sind die Probleme und Interessen der Adressaten zu berücksichtigen (Sievers, 1982, S. 755).	Subjektbezug
Allgemeines: Das objektiv in einer Vielzahl von Erscheinungen und Gegenständen Vorfindbare (Sievers, 1982, S. 757). Identifikation des Allgemeinen: - Für die Bewältigung von beruflichen Anforderungen - Für das Wahrnehmen und Durchschauen von Konflikten und Problemen in der Praxis - Für die Verknüpfung von neuen Informationen mit individuellen Erfahrungen - Für die Veränderung der eigenen Deutungsmuster und Verhaltensweisen	Bewältigung beruflicher Anforderungen
System-/Wissenschaftsbezug: (objektive Bedeutsamkeit) Allgemein im Sinne von objektiv bedeutsam sind diejenigen Inhalte, die die mittelbaren, ,geronnenen' Erfahrungen und die an die Individuen gestellten Anforderungen der Gesellschaft widerspiegeln (Sievers, 1982, S. 758). → Zentraler Stellenwert von Wissenschaft (Sievers, 1982, S. 761)	Objektive Bedeutsamkeit
Praxisbezug: (Subjektive Bedeutsamkeit) Subjektive Bedeutung kommt den Lehrstoffen dann zu, wenn sie mit den eigenen Handlungsmöglichkeiten und -notwendigkeiten und Interessen von den Adressaten in Zusammenhang gebracht werden können (Sievers, 1982, S. 758). → Qualifikationsbedarf aus Sicht der Praxis auf Makro- und Mikroebene sowie subjektive Relevanz.	Subjektive Bedeutsamkeit

Anhang P   Identifikation von Aspekten des Wesentlichen in den ausgewählten Lernsituationen

Lernsituation	1.3.9 Beziehungs- und bedürfnisorientiert handeln – Menschen mit Demenz im Erstkontakt begegnen 4/11	Stunden	16	Ausbildungsdrittel	1	Block	3	Nummer im Block	9

Schritte des Pflegeprozesses	Ausgewählte Inhalte	Zutreffende inhaltliche Kriterien	Identifizierte Aspekte des Wesentlichen
1. Assessment	**Beobachtungen bei Menschen mit Demenz**		
	• Gedächtnisstörungen Verlegte Gegenstände (Brille, Schlüssel) findet der Kranke nicht wieder. (Popp, 2006, S. 23, 24)		
	• Orientierungsstörungen Zuerst ist meist die zeitliche Orientierung gestört (z.B. Uhrzeit, Tag). Im weiteren Krankheitsverlauf kommen auch örtliche, personelle und situative Störungen hinzu. (Popp, 2006, S. 23, 24)		
	• Sprachfindungsstörungen Diejenigen Gegenstände, die nicht benannt werden können, werden weitschweifig umschrieben. (Popp, 2006, S. 23, 24)	3. Typische Phänomene	Hilflosigkeit (Käppeli, 1998, S. 65)
	• Sprachstörungen Die ersten Anzeichen sind Wortfindungsstörungen. Besonders auffällig ist es beim Ansprechen von Bekannten. Der Mensch mit Demenz weiß, wer er ist, kommt aber nicht auf den Namen. So benutzt er Umschreibungen und Füllwörter. Es kann auch sein, dass die Sprache zerhackt und stockend wirkt. (Popp, 2006, S. 23, 24)		
	• Störungen des Erkennens Sowohl bekannte Gegenstände, bekannte Personen oder auch bekannte Situationen werden nicht mehr erkannt. Besonders gefährlich wird es beim Verkennen einer Situation (brennende Kerze). (Popp, 2006, S. 23, 24)		
	• Veränderung der Persönlichkeit Durch die dem Menschen mit Demenz im Anfangsstadium durchaus bewussten Störungen und Defizite zieht er sich aus seinem sozialen Umfeld zurück, weil er verunsichert ist und sich schämt. Wesenseigenschaften können sich verstärken oder in das Gegenteil verwandeln. Auffällig sind entweder oberflächliche, unverbindliche Freundlichkeit, übertriebene Distanzlosigkeit oder Ratlosigkeit, Unruhe, Misstrauen und Aggressivität. (Popp, 2006, S. 23, 24)	5. Prinzipien	Bezugswissenschaften als Begründungswissen integrieren
	Mini Mental State Examination (MMSE) (Folstein, Folstein & McHugh, 1975) Screening-Testverfahren, das häufig in Kombination mit dem Uhrentest zur orientierenden Einschätzung von kognitiven Störungen, des Schweregrads und Verlaufs der Alzheimer-Krankheit eingesetzt. Dabei werden verschiedene kognitiven Leistungsbereiche erfasst: Orientierung, Aufnahmefähigkeit, Aufmerksamkeit und Rechnen, Gedächtnis, Sprache, Ausführen eines dreiteiligen Befehls, Lesen, Schreiben und Reproduktion einer grafischen Form (Schilder & Philipp-Metzen, S. 68).	1. Typische Arbeitsweisen/Techniken 3. Typische Phänomene	Instrumente zum Assessment anwenden Verwirrung (Käppeli, 2000, S. 73)
	Uhrentest (Sunderland et al., 1989) Kurzes kognitives Screeningverfahren, das sowohl visuell-räumliche Fähigkeiten als auch abstraktes Denken und Konzeptbilden erfasst. Es existieren mehrere Versionen mit unterschiedlichen Anwendungs- und Auswertungsformen, denen allen gemeinsam ist, dass das freie Zeichnen einer Uhr und das Einzeichnen einer vorgegebenen Uhrzeit im Mittelpunkt steht. Die Auswertung erfolgt sowohl qualitativ als auch quantitativ (Ahlsdorf & Schröder, 2020, S. 364).	1. Typische Arbeitsweisen/Techniken 3. Typische Phänomene	Instrumente zum Assessment anwenden Verwirrung (Käppeli, 2000, S. 73)

| Lernsituation | I.3.9 Beziehungs- und bedürfnisorientiert handeln – Menschen mit Demenz im Erstkontakt begegnen 4/11 | Stunden | 16 | Ausbildungsdrittel | I | Block | 3 | Nummer im Block | 9 |

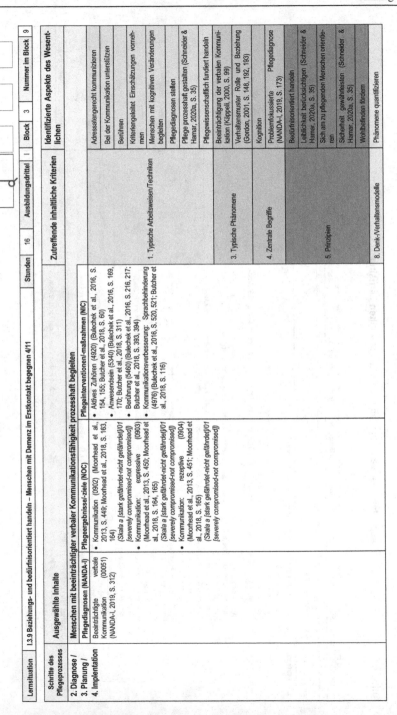

Schritte des Pflegeprozesses	Ausgewählte Inhalte			Zutreffende inhaltliche Kriterien	Identifizierte Aspekte des Wesentlichen
	Menschen mit beeinträchtigter verbaler Kommunikationsfähigkeit prozesshaft begleiten				
2. Diagnose /	Pflegediagnosen (NANDA-I)	Pflegeergebnisse/-ziele (NOC)	Pflegeinterventionen/-maßnahmen (NIC)	1. Typische Arbeitsweisen/Techniken	Adressatengerecht kommunizieren
3. Planung /	Beeinträchtigte verbale Kommunikation (00051) (NANDA-I, 2019, S. 312)	• Kommunikation (0902) (Moorhead et al., 2013, S. 449; Moorhead et al., 2018, S. 163, 164) *(Skala a [stark gefährdet-nicht gefährdet]/01 [severely compromised-not compromised])*	• Aktives Zuhören (4920) (Bulechek et al., 2016, S. 154, 155; Butcher et al., 2018, S. 60)		Bei der Kommunikation unterstützen
4. Implantation			• Anwesendsein (5340) (Bulechek et al., 2016, S. 169, 170; Butcher et al., 2018, S. 311)		Berühren
		• Kommunikation: expressive (0903) (Moorhead et al., 2013, S. 450; Moorhead et al., 2018, S. 164, 165) *(Skala a [stark gefährdet-nicht gefährdet]/01 [severely compromised-not compromised])*	• Berührung (5460) (Bulechek et al., 2016, S. 216, 217; Butcher et al., 2018, S. 393, 394)		Kriteriengeleitet Einschätzungen vornehmen
			• Kommunikationsverbesserung: Sprachbehinderung (4976) (Bulechek et al., 2016, S. 520, 521; Butcher et al., 2018, S. 116)		Menschen mit kognitiven Veränderungen begleiten
		• Kommunikation: rezeptive (0904) (Moorhead et al., 2013, S. 451; Moorhead et al., 2018, S. 165) *(Skala a [stark gefährdet-nicht gefährdet]/01 [severely compromised-not compromised])*			Pflegediagnosen stellen
					Pflege prozesshaft gestalten (Schneider & Hamar, 2020a, S. 35)
					Pflegewissenschaftlich fundiert handeln
				3. Typische Phänomene	Beeinträchtigung der verbalen Kommunikation (Käppeli, 2000, S. 99)
					Verhaltensmuster Rolle und Beziehung (Gordon, 2001, S. 148, 192, 193)
				4. Zentrale Begriffe	Kognition
					Problemfokussierte Pflegediagnose (NANDA-I, 2019, S. 173)
				5. Prinzipien	Bedürfnisorientiert handeln
					Leiblichkeit berücksichtigen (Schneider & Hamar, 2020a, S. 35)
					Sich am zu pflegenden Menschen orientieren
					Sicherheit gewährleisten (Schneider & Hamar, 2020a, S. 35)
					Wohlbefinden fördern
				8. Denk-/Verhaltensmodelle	Phänomene quantifizieren

| Lernsituation | I.3.9 Beziehungs- und bedürfnisorientiert handeln – Menschen mit Demenz im Erstkontakt begegnen 4/11 | Stunden | 16 | Ausbildungsdrittel | I | Block | 3 | Nummer im Block | 9 |

Schritte des Pflegeprozesses	Ausgewählte Inhalte		Zutreffende inhaltliche Kriterien	Identifizierte Aspekte des Wesentlichen
	Menschen mit beeinträchtigter Gedächtnisleistung prozesshaft begleiten			
	Pflegediagnosen (NANDA-I)	Pflegeergebnisse/-ziele (NOC)		
		Pflegeinterventionen/-maßnahmen (NIC)		
2. Diagnose / 3. Planung / 4. Implementation	Beeinträchtigte Gedächtnisleistung (00131) (NANDA-I, 2019, S. 304)	• Kognition (0900) (Moorhead et al., 2013, S. 445, 446; Moorhead et al., 2018, S. 157) *(Skala a [stark gefährdet–nicht gefährdet]/01 [severely compromised–not compromised])* • Kognitive Orientierung (0901) (Moorhead et al., 2013, S. 447, 448; Moorhead et al., 2018, S. 158) *(Skala a [stark gefährdet–nicht gefährdet]/01 [severely compromised–not compromised])* • Gedächtnisleistung (0908) (Moorhead et al., 2013, S. 458; Moorhead et al., 2018, S. 371) *(Skala a [stark gefährdet–nicht gefährdet]/01 [severely compromised–not compromised])* • Ausmaß akuter Verwirrtheit (Moorhead et al., 2013, S. 472, 473) Delirium Level (Moorhead et al., 2018, S. 192) (ist erweitert um Verkennung und Hinweis auf „reversibel") (0916) *(Skala n [schwer–keine]/14 [severe–none])*	**1. Typische Arbeitsweisen/Techniken**	Bewusstsein stimulieren
				Gedächtnis fördern
				Kriteriengeleitet Einschätzungen vornehmen
				Menschen mit kognitiven Veränderungen begleiten
				Orientierung fördern
				Pflegediagnosen stellen
				Pflege prozesshaft gestalten (Schneider & Hamar, 2020a, S. 35)
				Pflegewissenschaftlich fundiert handeln
		• Gedächtnistraining (4760) (Bulechek et al., 2016, S. 427; Butcher et al., 2018, S. 262) • Realitätsorientierung (4820) (Bulechek et al., 2016, S. 646, 647; Butcher et al., 2018, S. 319, 320)	**3. Typische Phänomene**	Reversible Beeinträchtigungen
				Verhaltensmuster Kognition und Perzeption (Gordon, 2001, S. 143, 144, 189)
			4. Zentrale Begriffe	Bewusstsein
				Kognition
				Problemfokussierte Pflegediagnose (NANDA-I, 2019, S. 173)
			5. Prinzipien	Biografieorientiert handeln
				Ressourcenorientiert handeln
				Sicherheit gewährleisten (Schneider & Hamar, 2020a, S. 35)
				Wohlbefinden fördern
			8. Denk-/Verhaltensmodelle	Phänomene quantifizieren

| Lernsituation | I.3.9 Beziehungs- und bedürfnisorientiert handeln – Menschen mit Demenz im Erstkontakt begegnen 4/11 | Stunden | 16 | Ausbildungsdrittel | I | Block | 3 | Nummer im Block | 9 |

Schritte des Pflegeprozesses	Ausgewählte Inhalte	Zutreffende inhaltliche Kriterien	Identifizierte Aspekte des Wesentlichen
4. Implementation	**Empathisch handeln** Pflegende müssen sich in die Welt des Menschen mit Demenz einfühlen und sie so wahrzunehmen, wie der andere sie im Augenblick erlebt. Dazu ist es erforderlich, sich auf die innere Welt des Menschen mit Demenz, ohne diese zu interpretieren, zu beurteilen oder zu bewerten. Sich in den Menschen mit Demenz einzufühlen, bedeutet, ein Stück weit in seinen Schuhen zu gehen und dessen Erleben und dessen Gefühlen in sich selbst Raum zu geben. Es geht nicht darum, zu fühlen, was eine andere Person fühlt, sondern ein Gefühl dafür zu gewinnen, was der Mensch mit Demenz vielleicht erlebt (Kitwood, 2013, S. 223, 224; Welling, 2016, S. 23).	7. Analogien	Interaktionsgestaltung als Schmiermittel für eine Beziehung[16]
	Die drei A für den Auftakt: Ansprechen mit dem Namen – Ansehen – Atmen „In der Begegnung mit einem Menschen, der an Demenz erkrankt ist, gelingt uns der Kontakt am leichtesten, wenn wir die ersten Momente richtig nutzen. Damit er weiß, dass er gemeint ist, spreche ich ihn oder sie mit dem Namen an. Das tue ich immer, egal wie oft am Tag ich Kontakt aufnehmen will. Ich schaue die angesprochene Person an und vergewissere mich so, dass sie sich gemeint fühlt. Ich warte auf die Erwiderung meines Blicks. Dann atme ich ein. Auf diese Weise gebe ich Ihr genug Zeit, sich einzufinden. Das Atmen vor dem Sprechen macht meine Stimme warm und volltönend. Es stärkt meine Konzentration auf das Gegenüber und bewirkt eine Entschleunigung. Beides ist im Kontakt zu einem Menschen mit Demenz von unschätzbarem Wert." (Leuthe, 2010)	5. Prinzipien	Sich am zu pflegenden Menschen orientieren Sicherheit gewährleisten (Schneider & Hamar, 2020a, S. 35)
	Kommunikationsregeln mit Menschen mit Demenz: - Keine Hintergrundgeräusche - Einfache und kurze Sätze - Keine Wenn–Dann-Sätze - Keine abstrakten Begriffe oder neudeutsche Worte (Googlen etc.) - Vermeiden von potentiell stressauslösenden Reizworten (Geld, Krankenhaus etc.) - Vermeiden von Verboten - Deutlich und langsam sprechen - Wichtige Worte betonen - Genügend Zeit zum Verstehen und Reagieren geben	5. Prinzipien	Sich am zu pflegenden Menschen orientieren

---

[16] Zwei physikalische Strukturen (z. B. Zahnräder), die zum gemeinsamen Vorankommen in einem direkten Kontakt miteinander stehen, üben Reibungskräfte aufeinander aus. Diese Reibungskräfte wirken deren Vorankommen bzw. dem Bestreben, voranzukommen, entgegen. Schmiermittel trägt dazu bei, die Reibung zwischen den beiden physikalischen Strukturen herabzusetzen, indem es einen Schmierfilm dazwischen ausbildet, der Reibung und damit Verschleiß unterbindet. (Stoffregen, 2012, S. 257; Kersten et al., 2019b, S. 158)

| Lernsituation | I.3.9 Beziehungs- und bedürfnisorientiert handeln – Menschen mit Demenz im Erstkontakt begegnen 4/11 | Stunden | 16 | Ausbildungsdrittel | 1 | Block | 3 | Nummer im Block | 9 |

Schritte des Pflegeprozesses	Ausgewählte Inhalte	Zutreffende inhaltliche Kriterien	Identifizierte Aspekte des Wesentlichen
	- Zwischen Sätzen Pausen machen und diese durch Absenken der Stimme verdeutlichen, sodass Gedanken nachvollzogen werden können - Sätze bei Bedarf wiederholen - Eine Mitteilung pro Satz - Nicht lauter als nötig reden; leise sprechen hat eine beruhigende Wirkung - Worte durch Körpersprache unterstreichen - Sicherstellen, dass Kommunikationshilfen (Hörgerät, Brille etc.) funktionsfähig sind - Ich und Sie statt Wir verwenden - Muttersprache/Dialekt nutzen - Bei Entscheidungen maximal zwei Auswahlmöglichkeiten (Leuthe, 2010; Welling, 2016, S. 40)		Sicherheit gewährleisten (Schneider & Hamar, 2020a, S. 35)
5. Evaluation	Veränderungen von Menschen mit Demenz, die auf eine Störung der Wahrnehmung, der Gedankeninhalte, der Stimmung oder des Verhaltens zurückgehen, werden unter dem Begriff Behavioral and Psychological Symptoms of Dementia (BPSD) zusammengefasst (Finkel, Costa e Silva, Cohen, Miller & Sartorius, 1996, S. 498; IPA, 2012, S. 1.5). BPSD sind vielfältig und lassen sich grob in verhaltensbezogene Symptome (z. B. Agitation, Fluchen, Umherwandern) und in psychologische Symptome (z. B. Depressivität, Wahnvorstellungen) unterteilen (Finkel et al., 1996, S. 498; IPA, 2012, S. 1.5).	3. Typische Phänomene 4. Zentrale Begriffe	Herausforderndes Verhalten (Bartholomeyczik, Halek & Riesner, 2006, S. 13, 14, 15) Verwirrung (Käppeli, 2000, S. 73) Herausfordernde Situation (Kuckeland, 2020a, S. 53)

| Lernsituation | I.4.8 Beziehungs- und bedürfnisorientiert handeln – Die Beziehung zu und mit Menschen mit Demenz gestalten 5/11 | Stunden | 16 | Ausbildungsdrittel | 1 | Block | 4 | Nummer im Block | 8 |

Schritte des Pflegeprozesses	Ausgewählte Inhalte	Zutreffende inhaltliche Kriterien	Identifizierte Aspekte des Wesentlichen
1. Assessment	**Verhalten von Menschen mit Demenz einschätzen:** - Aktivität: Erinnern / Merkmal: Veränderungen des Kurzzeitgedächtnisses - Aktivität: Erinnern / Merkmal: Veränderungen des Langzeitgedächtnisses - Aktivität: Orientieren / Merkmal: Veränderungen in der Orientierung zur Zeit - Aktivität: Orientieren / Merkmal: Veränderungen in der Orientierung zum Raum / zum Ort - Aktivität: Orientieren / Merkmal: Veränderungen in der Orientierung zur Situation - Aktivität: Orientieren / Merkmal: Veränderungen in der Orientierung zur eigenen Person - Aktivität: Erkennen / Merkmal: Veränderungen beim (Wieder-) Erkennen von Gegenständen, Personen, Gesichtern und Abläufen - Aktivität: Sprechen / Merkmal: Veränderungen bei der sprachlichen Verständigung - Aktivität: Handeln / Merkmal: Veränderungen bei der Durchführung von Bewegungen und Handlungen - Aktivität: Denken / Merkmal: Veränderungen im abstrakten Denken <div align="right">(BMFSFJ, 2006a)</div> **Heidelberger Instrument zur Erfassung der Lebensqualität Demenzkranker (H.I.L.DE.) (BMFSFJ, 2006b)** Erfassung der Lebensqualität von Menschen mit Demenz entlang verschiedener Dimensionen: - Räumliche Umwelt - Betreuungsqualität - Verhaltenskompetenz - Medizinisch-funktioneller Status - Kognitiver Status - Psychopathologie und Verhaltensauffälligkeiten - Subjektives Erleben und emotionale Befindlichkeit Die Erfassung erfolgt auf der Basis verschiedener Methoden: - Gerontopsychiatrische Untersuchung - Bewohnerinterviews - Pflegeinterview - Angehörigeninterview - Beobachtungsinstrument „TESS-NH" (Therapeutic Environment Screening Survey for Nursing Homes) - Analyse von Pflegedokumentation <div align="right">(Becker, Kruse, Schröder & Seidl, 2005, S. 109, 110)</div>	1. Typische Arbeitsweisen/Techniken 3. Typische Phänomene 1. Typische Arbeitsweisen/Techniken 4. Zentrale Begriffe	Instrumente zum Assessment anwenden Verwirrung (Käppeli, 2000, S. 73) Instrumente zum Assessment anwenden Lebensqualität

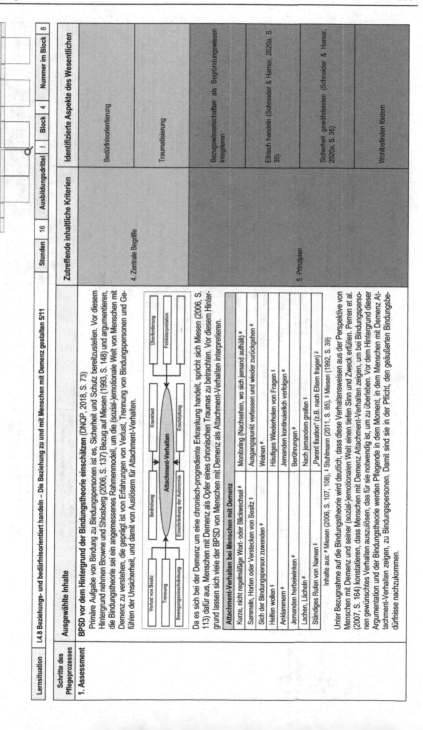

| Lernsituation | I.A.8 Beziehungs- und bedürfnisorientiert handeln – Die Beziehung zu und mit Menschen mit Demenz gestalten 5/11 | Stunden | 16 | Ausbildungsdrittel | I | Block | 4 | Nummer im Block | 8 |

Schritte des Pflegeprozesses	Ausgewählte Inhalte	Zutreffende inhaltliche Kriterien	Identifizierte Aspekte des Wesentlichen
1. Assessment	**BPSD vor dem Hintergrund der Bindungstheorie einschätzen (DNQP, 2018, S. 73)**		
	Primäre Aufgabe von Bindung zu Bindungspersonen ist es, Sicherheit und Schutz bereitzustellen. Vor diesem Hintergrund nehmen Browne und Shlosberg (2006, S. 137) Bezug auf Miesen (1993, S. 148) und argumentieren, die Bindungstheorie sei ein angemessenes Rahmenmodell, um die (sozial-)emotionale Welt von Menschen mit Demenz zu verstehen, die geprägt ist von Erfahrungen von Verlust, Trennung von Bindungspersonen und Gefühlen der Unsicherheit, und damit von Auslösern für Attachment-Verhalten.		Bedürfnisorientierung
		4. Zentrale Begriffe	Traumatisierung
	Da es sich bei der Demenz um eine chronisch-progrediente Erkrankung handelt, spricht sich Miesen (2006, S. 113) dafür aus, Menschen mit Demenz als Opfer eines chronischen Traumas zu betrachten. Vor diesem Hintergrund lassen sich viele der BPSD von Menschen mit Demenz als Attachment-Verhalten interpretieren.		Bezugswissenschaften als Begründungswissen integrieren
	Attachment-Verhalten bei Menschen mit Demenz		
	Kurze, nicht regelmäßige Wort- oder Blickwechsel [#] / Monitoring (Nachsehen, wo sich jemand aufhält) [#]		Ethisch handeln (Schneider & Hamar, 2020a, S. 35)
	Sammeln, Horten oder Verstecken von Besitz [‡] / Ausgangspunkt verlassen und wieder zurückgehen [#]		
	Sich der Bindungsperson zuwenden [#] / Weinen [#]		
	Helfen wollen [‡] / Häufiges Wiederholen von Fragen [‡]		
	Anklammern [#] / Jemandem kontinuierlich verfolgen [#]	5. Prinzipien	Sicherheit gewährleisten (Schneider & Hamar, 2020a, S. 35)
	Jemanden herbeiwinken [#] / Berührungen [#]		
	Lachen, Lächeln [#] / Nach jemandem greifen [‡]		
	Ständiges Rufen von Namen [‡] / „Parent fixation" (z.B. nach Eltern fragen) [‖]		Wohlbefinden fördern
	Inhalte aus: [#] Miesen (2006, S. 107, 108), [‡] Stuhlmann (2011, S. 85), [‖] Miesen (1992, S. 39)		
	Unter Bezugnahme auf die Bindungstheorie wird deutlich, dass diese Verhaltensweisen aus der Perspektive von Menschen mit Demenz und seiner (sozial-)emotionalen Welt einen tiefen Sinn und Zweck erfüllen. Perren et al. (2007, S. 164) konstatieren, dass Menschen mit Demenz Attachment-Verhalten zeigen, um bei Bindungspersonen gewünschtes Verhalten auszulösen, das für sie notwendig ist, um zu überleben. Vor dem Hintergrund dieser Argumentation und der Bindungstheorie werden Pflegende in dem Moment, in dem Menschen mit Demenz Attachment-Verhalten zeigen, zu Bindungspersonen. Damit sind sie in der Pflicht, den geäußerten Bindungsbedürfnisse nachzukommen.		

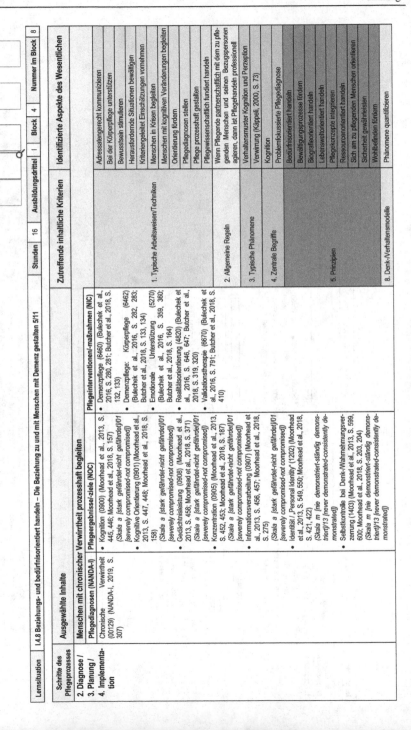

| Lernsituation | I.4.8 Beziehungs- und bedürfnisorientiert handeln – Die Beziehung zu und mit Menschen mit Demenz gestalten 5/11 | | Stunden | 16 | Ausbildungsdrittel | 1 | Block | 4 | Nummer im Block | 8 |

Schritte des Pflegeprozesses	Ausgewählte Inhalte			Zutreffende inhaltliche Kriterien	Identifizierte Aspekte des Wesentlichen

2. Diagnose /
3. Planung /
4. Implementation

Menschen mit chronischer Verwirrtheit prozesshaft begleiten

Pflegediagnosen (NANDA-I)	Pflegeergebnisse/-ziele (NOC)	Pflegeinterventionen/-maßnahmen (NIC)
Chronische Verwirrtheit (00129) (NANDA-I, 2019, S. 307)	• Kognition (0900) (Moorhead et al., 2013, S. 445, 446; Moorhead et al., 2018, S. 157) *(Skala a [stark gefährdet-nicht gefährdet/01 [severely compromised-not compromised])* • Kognitive Orientierung (0901) (Moorhead et al., 2013, S. 447, 448; Moorhead et al., 2018, S. 158) *(Skala a [stark gefährdet-nicht gefährdet/01 [severely compromised-not compromised])* • Gedächtnisleistung (0908) (Moorhead et al., 2013, S. 458; Moorhead et al., 2018, S. 371) *(Skala a [stark gefährdet-nicht gefährdet/01 [severely compromised-not compromised])* • Konzentration (0905) (Moorhead et al., 2013, S. 452, 453; Moorhead et al., 2018, S. 187) *(Skala a [stark gefährdet-nicht gefährdet/01 [severely compromised-not compromised])* • Informationsverarbeitung (0907) (Moorhead et al., 2013, S. 456, 457; Moorhead et al., 2018, S. 275) *(Skala a [stark gefährdet-nicht gefährdet/01 [severely compromised-not compromised])* • Identität / „Personal Identity" (1202) (Moorhead et al., 2013, S. 549, 550; Moorhead et al., 2018, S. 421, 422) *(Skala m [nie demonstriert-ständig demonstriert/13 [never demonstrated-consistently demonstrated])* • Selbstkontrolle bei Denk-/Wahrnehmungsverzerrung (1403) (Moorhead et al., 2013, S. 599, 600; Moorhead et al., 2018, S. 203, 204) *(Skala m [nie demonstriert-ständig demonstriert/13 [never demonstrated-consistently demonstrated])*	• Demenzpflege (6460) (Bulechek et al., 2016, S. 280, 281; Butcher et al., 2018, S. 132, 133) • Demenzpflege: Körperpflege (6462) (Bulechek et al., 2016, S. 282, 283; Butcher et al., 2018, S. 133, 134) • Emotionale Unterstützung (5270) (Bulechek et al., 2016, S. 359, 360; Butcher et al., 2018, S. 164) • Realitätsorientierung (4820) (Bulechek et al., 2016, S. 646, 647; Butcher et al., 2018, S. 319, 320) • Validationstherapie (6670) (Bulechek et al., 2016, S. 791; Butcher et al., 2018, S. 410)

Zutreffende inhaltliche Kriterien	Identifizierte Aspekte des Wesentlichen
1. Typische Arbeitsweisen/Techniken	Adressatengerecht kommunizieren
	Bei der Körperpflege unterstützen
	Bewusstsein stimulieren
	Herausfordernde Situationen bewältigen
	Kriteriengeleitet Einschätzungen vornehmen
	Menschen in Krisen begleiten
	Menschen mit kognitiven Veränderungen begleiten
	Orientierung fördern
	Pflegediagnosen stellen
	Pflege prozesshaft gestalten
	Pflegewissenschaftlich fundiert handeln
2. Allgemeine Regeln	Wenn Pflegende partnerschaftlich mit dem zu pflegenden Menschen und seinen Bezugspersonen agieren, dann ist Pflegehandeln professionell
3. Typische Phänomene	Verhaltensmuster Kognition und Perzeption
	Verwirrung (Käppeli, 2000, S. 73)
4. Zentrale Begriffe	Kognition
	Problemfokussierte Pflegediagnose
5. Prinzipien	Bedürfnisorientiert handeln
	Bewältigungsprozesse fördern
	Biografieorientiert handeln
	Lebensweltorientiert handeln
	Pflegekonzepte integrieren
	Ressourcenorientiert handeln
	Sich am zu pflegenden Menschen orientieren
	Sicherheit gewährleisten
	Wohlbefinden fördern
8. Denk-/Verhaltensmodelle	Phänomene quantifizieren

Lernsituation	I.4.8 Beziehungs- und bedürfnisorientiert handeln – Die Beziehung zu und mit Menschen mit Demenz gestalten 5/11	Stunden	16	Ausbildungsdrittel	I	Block	4	Nummer im Block	8

Schritte des Pflegeprozesses	Ausgewählte Inhalte	Zutreffende inhaltliche Kriterien	Identifizierte Aspekte des Wesentlichen
	Menschen mit eingeschränkter Fähigkeit, an Freizeit- und Erholungsaktivitäten teilzunehmen, prozesshaft begleiten		
2. Diagnose / 3. Planung / 4. Implementation	**Pflegediagnosen (NANDA-I)** Reduziertes Engagement in ablenkenden Aktivitäten (00097) (NANDA-I, 2019, S. 182) **Pflegeergebnisse/-ziele (NOC)** • Soziale Eingebundenheit (1503) (Moorhead et al., 2013, S. 617; Moorhead et al., 2018, S. 546, 547) *(Skala m [nie demonstriert-ständig demonstriert/13 [never demonstrated-consistently demonstrated])* • Freizeitgestaltung (1604) (Moorhead et al., 2013, S. 635, 636; Moorhead et al., 2018, S. 361) *(Skala m [nie demonstriert-ständig demonstriert/13 [never demonstrated-consistently demonstrated])* **Pflegeinterventionen/-maßnahmen (NIC)** • Beschäftigungstherapie (4310) (Bulechek et al., 2016, S. 217, 218, 219; Butcher et al., 2018, S. 61) • Freizeittherapie (5360) (Bulechek et al., 2016, S. 419; Butcher et al., 2018, S. 320) • Tiergestützte Therapie (4320) (Bulechek et al., 2016, S. 757, 758; Butcher et al., 2018, S. 70)	1. Typische Arbeitsweisen/Techniken 3. Typische Phänomene 4. Zentrale Begriffe 5. Prinzipien 8. Denk-/Verhaltensmodelle	Deprivationsprophylaxe gestalten Kriteriengeleitet Einschätzungen vornehmen Pflegediagnosen stellen Pflege prozesshaft gestalten (Schneider & Hamar, 2020a, S. 35) Pflegewissenschaftlich fundiert handeln Einsamkeit (Käppeli, 1998, S. 133) Verhaltensmuster Aktivität und Bewegung (Gordon, 2001, S. 138, 183) Problemfokussierte Pflegediagnose Sozialpflege Bedürfnisorientiert handeln Ressourcenorientiert handeln Sich am zu pflegenden Menschen orientieren Wohlbefinden fördern Phänomene quantifizieren

Lernsituation	I.4.8 Beziehungs- und bedürfnisorientiert handeln – Die Beziehung zu und mit Menschen mit Demenz gestalten 5/11	Stunden	16	Ausbildungsdrittel	I	Block	4	Nummer im Block	8

Schritte des Pflegeprozesses	Ausgewählte Inhalte	Zutreffende inhaltliche Kriterien	Identifizierte Aspekte des Wesentlichen
	2. Diagnose / 3. Planung / 4. Implementation		
	Menschen mit Angst prozesshaft begleiten		

Pflegediagnosen (NANDA-I) / **Pflegeergebnisse/-ziele (NOC)** / **Pflegeinterventionen/-maßnahmen (NIC)**

Pflegediagnosen (NANDA-I)	Pflegeergebnisse/-ziele (NOC)	Pflegeinterventionen/-maßnahmen (NIC)
Angst (00146) (NANDA-I, 2019, S. 378, 379)	• Ausmaß von Angst (1211) (Moorhead et al., 2013, S. 567, 568; Moorhead et al., 2018, S. 97, 98) (Skala n [schwer-keine]/14 [severe-none])	• Angstminderung (5820) (Bulechek et al., 2016, S. 167, 168; Butcher et al., 2018, S. 71) • Anwesendsein (5340) (Bulechek et al., 2016, S. 169, 170; Butcher et al., 2018, S. 311) • Beruhigung (5880) (Bulechek et al., 2016, S. 215, 216; Butcher et al., 2018, S. 97)

Expertenstandard „Beziehungsgestaltung in der Pflege von Menschen mit Demenz" (DNQP, 2018).

Zutreffende inhaltliche Kriterien	Identifizierte Aspekte des Wesentlichen
1. Typische Arbeitsweisen/Techniken	Berühren
	Kriteriengeleitet Einschätzungen vornehmen
	Menschen in Krisen begleiten
	Pflegediagnosen stellen
	Pflege prozesshaft gestalten (Schneider & Hamar, 2020a, S. 35)
	Pflegewissenschaftlich fundiert handeln
3. Typische Phänomene	Verhaltensmuster Selbstwahrnehmung und Selbstbild (Gordon, 2001, S. 190)
4. Zentrale Begriffe	Problemfokussierte Pflegediagnose
	Ungewissheit (Käppeli, 2000, S. 47)
5. Prinzipien	Bedürfnisorientiert handeln
	Lebensweltorientiert handeln
	Leiblichkeit berücksichtigen (Schneider & Hamar, 2020a, S. 35)
	Sich am zu pflegenden Menschen orientieren
	Sicherheit gewährleisten (Schneider & Hamar, 2020a, S. 35)
	Wohlbefinden fördern
8. Denk-/Verhaltensmodelle	Phänomene quantifizieren
1. Typische Arbeitsweisen/Techniken	Pflege prozesshaft gestalten (Schneider & Hamar, 2020a, S. 35)
2. Allgemeine Regeln	Wenn Pflegende eine Verschränkung von interner und externer Evidenz vornehmen, dann ist Pflegehandeln professionell (Behrens & Langer, 2016, S. 29)
4. Zentrale Begriffe	(Pflege-)Qualität
	Expertenstandard
5. Prinzipien	Qualitätssichernd handeln (Schneider & Hamar, 2020a, S. 39)

Lernsituation	I.4.8 Beziehungs- und bedürfnisorientiert handeln – Die Beziehung zu und mit Menschen mit Demenz gestalten 5/11	Stunden	16	Ausbildungsdrittel	1	Block	4	Nummer im Block	8

Schritte des Pflegeprozesses	Ausgewählte Inhalte	Zutreffende inhaltliche Kriterien	Identifizierte Aspekte des Wesentlichen
4. Implementation	**Pflegearbeit bedeutet Beziehungsarbeit** Eine „an den Grundbedürfnissen ansetzende Beziehungsarbeit in existentiellen, die Integrität bedrohenden Lebenssituationen" als „[...] das originär Pflegerische und der Kern der Pflege" (Friesacher, 2008, S. 333). Eine Beziehung gilt es in einem ersten Schritt anzubahnen, aufzubauen und tragfähig auszugestalten, um dann in einem zweiten Schritt die darüber hinausgehenden Pflegeinterventionen gemeinsam mit dem zu pflegenden Menschen realisieren zu können. Ist der Aufbau und Ausbau einer Beziehung nur eingeschränkt möglich, so ist davon auszugehen, dass dies negative Auswirkungen auf die gemeinsame Realisierung von Pflegeleistungen hat (DNQP, 2018, S. 71).	7. Analogien	Die Beziehung zwischen zwei Menschen als ineinandergreifende Zahnräder[17]
	Person-zentrierte Pflege nach Kitwood (2013) Personsein „ist ein Stand oder Status, der dem einzelnen Menschen im Kontext von Beziehung und sozialem Sein von anderen verliehen wird. Er impliziert Anerkennung, Respekt und Vertrauen." (Kitwood, 2013, S. 31)	2. Allgemeine Regeln	Wenn Pflegende partnerschaftlich mit dem zu pflegenden Menschen und seinen Bezugspersonen agieren, dann ist Pflegehandeln professionell
	- Niemand kann somit aus sich alleine heraus Person sein - Personsein wird durch den wertschätzenden und einfühlenden Kontakt zu anderen gebildet und aufrechterhalten - wird ein Mensch mit Demenz in seinem Personsein unterstützt, ist es möglich, dass sie/er sich trotz Demenz wohlfühlt. Eine Person-zentrierte Haltung ist gekennzeichnet durch: Empathie, Akzeptanz und Kongruenz Menschen mit Demenz gewinnen Wohlbefinden durch die Befriedigung folgender zentraler Bedürfnisse:	4. Zentrale Begriffe	Ganzheitlichkeit
	- Trost — Beschäftigung - Primäre Bindung — Identität - Einbeziehung Diese überlappen einander und vereinigen sich in dem übergeordneten Bedürfnis nach Liebe. Positive Arbeit an der Person geschieht in der Interaktion mit dem Menschen mit Demenz: - Erkennen und Anerkennen — Entspannen - Ver-/aushandeln — Validation - Zusammenarbeiten — Halten - Timalation — Erleichtern (Facilitation) - Feiern und sich freuen	5. Prinzipien	Bedürfnisorientiert handeln Biografieorientiert handeln Lebensweltorientiert handeln Pflegekonzepte integrieren (Schneider & Hamar, 2020a, S. 35) Ressourcenorientiert handeln Sich am zu pflegenden Menschen orientieren Wohlbefinden fördern

[17] Zahnräder übertragen das Drehmoment und die Drehzahl einer Welle auf eine zweite, durch Formschluss der im Eingriff befindlichen Zähne. Sie ermöglichen eine schlupffreie (d. h. ohne Geschwindigkeitsverlust) Kraftübertragung mit wechselnder Drehrichtung. (Kersten, Wagner, Tipler & Mosca, 2019a, S. 310, 311; Maierthaler, o. J.)

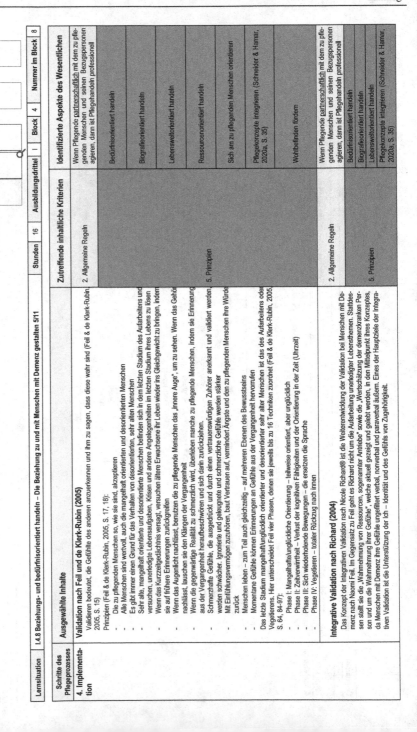

| Lernsituation | I.4.8 Beziehungs- und bedürfnisorientiert handeln – Die Beziehung zu und mit Menschen mit Demenz gestalten 5/11 | Stunden | 16 | Ausbildungsdrittel | 1 | Block | 4 | Nummer im Block | 8 |

Schritte des Pflegeprozesses	Ausgewählte Inhalte	Zutreffende inhaltliche Kriterien	Identifizierte Aspekte des Wesentlichen
4. Implementation	**Validation nach Feil und de Klerk-Rubin (2005)** Validieren bedeutet, die Gefühle des anderen anzuerkennen und ihm zu sagen, dass diese wahr sind (Feil & de Klerk-Rubin, 2005, S. 15) Prinzipien (Feil & de Klerk-Rubin, 2005, S. 17, 18): - Die zu pflegenden Menschen so, wie sie sind, akzeptieren - Alle Menschen sind wertvoll, auch die mangelhaft orientierten und desorientierten Menschen - Es gibt immer einen Grund für das Verhalten von desorientierten, sehr alten Menschen - Sehr alte, mangelhaft orientierte und desorientierte Menschen befinden sich in dem letzten Stadium des Aufarbeitens und versuchen, unerledigte Lebensaufgaben, Krisen und andere Angelegenheiten im letzten Stadium ihres Lebens zu lösen - Wenn das Kurzzeitgedächtnis versagt, versuchen ältere Erwachsene ihr Leben wieder ins Gleichgewicht zu bringen, indem sie auf frühere Erinnerungen zurückgreifen - Wenn das Augenlicht nachlässt, benutzen die zu pflegende Menschen das „innere Auge", um zu sehen. Wenn das Gehör nachlässt, lauschen sie den Klängen der Vergangenheit - Wenn die gegenwärtige Realität zu schmerzlich wird, überleben manche zu pflegende Menschen, indem sie Erinnerung aus der Vergangenheit heraufbeschwören und sich darin zurückziehen. - Schmerzhafte Gefühle, die ausgedrückt und gegenüber einem vertrauenswürdigen Zuhörer anerkannt und validiert werden, werden schwächer. Ignorierte und geleugnete und schmerzliche Gefühle werden stärker - Mit Einfühlungsvermögen zuzuhören, baut Vertrauen auf, vermindert Ängste und den zu pflegenden Menschen ihre Würde zurück - Menschen leben – zum Teil auch gleichzeitig – auf mehreren Ebenen des Bewusstseins - Momentane Gefühle können Erinnerungen an Gefühle aus der Vergangenheit hervorrufen Das letzte Stadium mangelhaft/unglücklich orientierter und desorientierter sehr alter Menschen ist das des Aufarbeitens oder Vegetierens. Hier unterscheidet Feil vier Phasen, denen sie jeweils bis zu 16 Techniken zuordnet (Feil & de Klerk-Rubin, 2005, S. 64, 84-97): - Phase I: Mangelhafte/unglückliche Orientierung – teilweise orientiert, aber unglücklich - Phase II: Zeitverwirrheit – Verlust der kognitiven Fähigkeiten und der Orientierung in der Zeit (Uhrzeit) - Phase III: Sich wiederholende Bewegungen – die ersetzen die Sprache - Phase IV: Vegetieren – totaler Rückzug nach innen	2. Allgemeine Regeln 5. Prinzipien	Wenn Pflegende partnerschaftlich mit dem zu pflegenden Menschen und seinen Bezugspersonen agieren, dann ist Pflegehandeln professionell Bedürfnisorientiert handeln Biografieorientiert handeln Lebensweltorientiert handeln Ressourcenorientiert handeln Sich am zu pflegenden Menschen orientieren Pflegekonzepte integrieren (Schneider & Hamar, 2020a, S. 35) Wohlbefinden fördern
	Integrative Validation nach Richard (2004) Das Konzept der Integrativen Validation nach Nicole Richard© ist die Weiterentwicklung der Validation bei Menschen mit Demenz nach Naomi Feil. Im Gegensatz zu Feil geht es Richard nicht um die Aufarbeitung unerledigter Lebensthemen. Stattdessen stellt sie die „Wahrnehmung von Ressourcen, sogenannter Antriebe" sowie die „Wertschätzung der demenzkranken Person und um die Wahrnehmung ihrer Gefühle", welche aktuell gezeigt und gelebt werden, in den Mittelpunkt ihres Konzeptes, da Menschen mit Demenz ihre Gefühle ungefiltert verbal, nonverbal und paraverbal außen. Eines der Hauptziele der Integrativen Validation ist die Unterstützung der Ich – Identität und des Gefühls von Zugehörigkeit.	2. Allgemeine Regeln 5. Prinzipien	Wenn Pflegende partnerschaftlich mit dem zu pflegenden Menschen und seinen Bezugspersonen agieren, dann ist Pflegehandeln professionell Bedürfnisorientiert handeln Biografieorientiert handeln Lebensweltorientiert handeln Pflegekonzepte integrieren (Schneider & Hamar, 2020a, S. 35)

Lernsituation	I.4.8 Beziehungs- und bedürfnisorientiert handeln – Die Beziehung zu und mit Menschen mit Demenz gestalten 5/11	Stunden	16	Ausbildungsdrittel	1	Block	4	Nummer im Block	8

Schritte des Pflegeprozesses	Ausgewählte Inhalte	Zutreffende inhaltliche Kriterien	Identifizierte Aspekte des Wesentlichen
	Es handelt sich um eine ressourcenorientierte Methode. Ressourcen sind die Gefühle (direkter Ausdruck der momentanen Befindlichkeit als Reaktionen auf Personen und Umwelterfahrungen; z. B. Ärger, Trauer, Hilflosigkeit, Zufriedenheit) und Antriebe (Angelegte Handlungsauslöser aus einem früh erlernten Normen- und Regelgefüge; z. B. Ordnungssinn, Ehrgeiz, Etikette, Strenge, Harmonie) der Menschen mit Demenz. Die Integrative Validation umfasst drei Schritte: 1. Gefühl, Antrieb des Menschen mit Demenz wahrnehmen, 2. Geben eines „persönlichen Echos" und 3. Geben eines „allgemeinen Echos" (Rabes, 2014, o. S.).		Ressourcenorientiert handeln
			Sich am zu pflegenden Menschen orientieren
			Wohlbefinden fördern
5. Evaluation	Klärung der eigenen Haltung zu Menschen mit Demenz: **Dementia Attitude Scale** (Peng, Moor & Schelling, 2011, S. 18,19).	1. Typische Arbeitsweisen/Techniken	Selbstreflexive Prozesse gestalten

Lernsituation	II.5.11 Beziehungs- und bedürfnisorientiert handeln – Menschen mit Demenz begleiten 7/11	Stunden 24	Ausbildungsdrittel II	Block 5	Nummer im Block 11

Schritte des Pflegeprozesses	Ausgewählte Inhalte	Zutreffende inhaltliche Kriterien	Identifizierte Aspekte des Wesentlichen
1. Assessment	**Geriatric Depression Scale (GDS) anwenden (Yesavage et al., 1983)** Instrument, das entweder zur Selbstbeurteilung oder aber zur Fremdbeobachtung geeignet ist. Die GDS erfragt typische Symptome einer Depression, insbesondere werden Fragen zu kognitiven-affektiven Symptomen gestaltet. Sie leistet einen Beitrag einerseits zur Abschätzung der Depressivität und andererseits zur Differenzierung zwischen Depression und Demenz. (Dialog und Transferzentrum Demenz, 2008, S. 31, 32) **Auswirkungen von Demenz auf die Lebensgestaltung** - Unfähigkeit, Bedürfnisse zu kommunizieren - Unfähigkeit, Schmerzen zu kommunizieren - Unfähigkeit, die Selbstversorgung sicherzustellen - Unfähigkeit, ein selbstständiges Leben zu führen (Schilder & Philipp-Metzen, S. 116-142)	1. Typische Arbeitsweisen/Techniken 1. Typische Arbeitsweisen/Techniken 5. Prinzipien	Instrumente zum Assessment anwenden Individuelle Pflegebedarfe erheben Instrumente zur Fremdeinschätzung von Schmerzen anwenden Sicherheit gewährleisten (Schneider & Hamar, 2020a, S. 35)

2. Diagnose / 3. Planung / 4. Implementation	**Menschen mit abnehmender Fähigkeit, sich vor Gefahren zu schützen prozesshaft begleiten**			Zutreffende inhaltliche Kriterien	Identifizierte Aspekte des Wesentlichen
	Pflegediagnosen (NANDA-I)	Pflegeergebnisse/-ziele (NOC)	Pflegeinterventionen/-maßnahmen (NIC)		
	Ineffektiver Selbstschutz (00043) (NANDA-I, 2019, S. 195)	• Gesundheitsförderliches Verhalten (1602) (Moorhead et al., 2013, S. 631, 632; Moorhead et al., 2018, S. 248, 249) *(Skala m [nie demonstriert-ständig demonstriert]/13 [never demonstrated-consistently demonstrated])* • Persönliche Autonomie (1614) (Moorhead et al., 2013, S. 653, 654; Moorhead et al., 2018, S. 418, 419) *(Skala m [nie demonstriert-ständig demonstriert]/13 [never demonstrated-consistently demonstrated])*	• Risikoabschätzung (6610) (Bulechek et al., 2016, S. 656, 657; Butcher et al., 2018, S. 330)	1. Typische Arbeitsweisen/Techniken 3. Typische Phänomene 4. Zentrale Begriffe 5. Prinzipien 8. Denk-/Verhaltensmodelle	Kriteriengeleitet Einschätzungen vornehmen Pflegediagnosen stellen Pflege prozesshaft gestalten (Schneider & Hamar, 2020a, S. 35) Pflegewissenschaftlich fundiert handeln Verhaltensmuster Wahrnehmung und Umgang mit der eigenen Gesundheit (Gordon, 2001, S. 130, 175, 176, 177) Problemfokussierte Pflegediagnose (NANDA-I, 2019, S. 173) Prophylaktisch handeln (Schneider & Hamar, 2020a, S. 39) Sicherheit gewährleisten (Schneider & Hamar, 2020a, S. 35) Phänomene quantifizieren

| Lernsituation | II.5.11 Beziehungs- und bedürfnisorientiert handeln – Menschen mit Demenz begleiten 7/11 | Stunden | 24 | Ausbildungsdrittel | II | Block | 5 | Nummer im Block | 11 |

Schritte des Pflegeprozesses	Ausgewählte Inhalte		Zutreffende inhaltliche Kriterien	Identifizierte Aspekte des Wesentlichen
	Menschen mit Relokalisationsstresssyndrom prozesshaft begleiten			
2. Diagnose / 3. Planung / 4. Implementation	Pflegediagnosen (NANDA-I)	Pflegeergebnisse/-ziele (NOC)	Pflegeinterventionen/-maßnahmen (NIC)	
	Relokalisationsstresssyndrom (00114) (NANDA-I, 2019, S. 373)	• Ausmaß von Einsamkeit (1203) (Moorhead et al., 2013, S. 551, 552; Moorhead et al., 2018, S. 364) *(Skala n [schwer-keine]/14 [severe-none])* • Ausmaß von Angst (1211) (Moorhead et al., 2013, S. 567, 568; Moorhead et al., 2018, S. 97, 98) *(Skala n [schwer-keine]/14 [severe-none])* • Persönliche Resilienz (1309) (Moorhead et al., 2013, S. 590, 591, 592; Moorhead et al., 2018, S. 422, 423) *(Skala m [nie demonstriert-ständig demonstriert]/13 [never demonstrated-consistently demonstrated])*	• Aggressionskontrolle (4640) (Bulechek et al., 2016, S. 153, 154; Butcher et al., 2018, S. 69, 70) • Emotionale Unterstützung (5270) (Bulechek et al., 2016, S. 359, 360; Butcher et al., 2018, S. 164) • Relokalisationsstress: Reduktion (5350) (Bulechek et al., 2016, S. 654, 655; Butcher et al., 2018, S. 324)	**1. Typische Arbeitsweisen/Techniken** Kriteriengeleitet Einschätzungen vornehmen Herausfordernde Situationen bewältigen Menschen in Krisen begleiten Pflegediagnosen stellen Pflege prozesshaft gestalten (Schneider & Hamar, 2020a, S. 35) Pflegewissenschaftlich fundiert handeln **3. Typische Phänomene** Bewältigung/Coping (Käppeli, 2000, S. 125) Krise (Käppeli, 1998, S. 45) Verhaltensmuster Rolle und Beziehung (Gordon, 2001, S. 148, 192, 193) **4. Zentrale Begriffe** Problemfokussierte Pflegediagnose (NANDA-I, 2019, S. 173) **5. Prinzipien** Bewältigungsprozesse fördern Sicherheit gewährleisten (Schneider & Hamar, 2020a, S. 35) Wohlbefinden fördern **8. Denk-/Verhaltensmodelle** Phänomene quantifizieren

Lernsituation	II.5.11 Beziehungs- und bedürfnisorientiert handeln – Menschen mit Demenz begleiten 7/11	Stunden	24	Ausbildungsdrittel	II	Block	5	Nummer im Block	11

Schritte des Pflegeprozesses	Ausgewählte Inhalte			Zutreffende inhaltliche Kriterien	Identifizierte Aspekte des Wesentlichen
	Menschen mit dem Risiko eines Relokalisationsstresssyndroms prozesshaft begleiten				
	Pflegediagnosen (NANDA-I)	Pflegeergebnisse/-ziele (NOC)	Pflegeinterventionen/-maßnahmen (NIC)		
2. Diagnose / 3. Planung / 4. Implementation	Risiko eines Relokalisationsstresssyndroms (00149) (NANDA-I, 2019, S. 374)	Ausmaß von Stress (1212) (Moorhead et al., 2013, S. 569, 570; Moorhead et al., 2018, S. 549, 550) (Skala n [schwer-keine]/14 [severe-none])	• Entlassungs-/Verlegungsplanung (7370) (Bulechek et al., 2016, S. 367; Butcher et al., 2018, S. 139, 140) • Relokalisationsstress: Reduktion (5350) (Bulechek et al., 2016, S. 654, 655; Butcher et al., 2018, S. 324)	1. Typische Arbeitsweisen/Techniken	Kriteriengeleitet Einschätzungen vornehmen
					Menschen in Krisen begleiten
					Pflegediagnosen stellen
					Pflege prozesshaft gestalten (Schneider & Hamar, 2020a, S. 35)
					Pflegewissenschaftlich fundiert handeln
					Überleitungsmanagement gestalten (Schneider & Hamar, 2020a, S. 35)
				3. Typische Phänomene	Verhaltensmuster Rolle und Beziehung (Gordon, 2001, S. 148, 192, 193)
				4. Zentrale Begriffe	Risikopflegediagnose (NANDA-I, 2019, S. 173)
				5. Prinzipien	Bewältigungsprozesse fördern
					Sicherheit gewährleisten (Schneider & Hamar, 2020a, S. 35)
					Wohlbefinden fördern
				8. Denk-/Verhaltensmodelle	Phänomene quantifizieren
3. Planung	Maßnahmen auf Basis einer Verhaltenshypothese planen (DNQP, 2018, S. 43, 44, 45)			1. Typische Arbeitsweisen/Techniken	Pflege prozesshaft gestalten (Schneider & Hamar, 2020a, S. 35)
				5. Prinzipien	Bezugswissenschaften als Begründungswissen integrieren
					Forschend handeln

| Lernsituation | II.5.11 Beziehungs- und bedürfnisorientiert handeln – Menschen mit Demenz begleiten 7/11 | Stunden | 24 | Ausbildungsdrittel | II | Block | 5 | Nummer im Block | 11 |

Schritte des Pflegeprozesses	Ausgewählte Inhalte	Zutreffende inhaltliche Kriterien	Identifizierte Aspekte des Wesentlichen
4. Implementation	**Umgang mit Desorientierung** (Stechl, Knüvener, Lämmler, Steinhagen-Thiessen & Brasse, 2013, S. 134)	1. Typische Arbeitsweisen/Techniken	Menschen mit kognitiven Veränderungen begleiten
	– Einfache und übersichtliche Gestaltung des Wohnbereichs.		
	– Deutlich lesbare Schilder oder bekannte Symbole an den Türen.		Orientierung fördern
	– Reduzieren von Reizen (unruhige Muster auf Teppichen usw.).		
	– Nutzung von Kontrastfarben für Schalter oder Gegenstände (weiße Toilette auf weißen Fliesen wird womöglich nicht gesehen).	3. Typische Phänomene	Verwirrung (Käppeli, 2000, S. 73)
	– Nachts beleuchteter Weg z. B. zur Toilette; auch tagsüber für gute Beleuchtung sorgen.		
	– Kleidung mit eingenähten Schildern; Zettel mit Adresse in Taschen und Kleidungsstücke stecken.	5. Prinzipien	Gewaltfrei handeln (Schneider & Hamar, 2020a, S. 39)
	– Umfeld informieren, Lagepläne entwerfen.		Ressourcenorientiert handeln
	– Digitaluhr mit Datumsanzeige.		Wohlbefinden fördern
	– Tagesstrukturierung vornehmen.		
	Umgang mit Körperpflege und Kleidung (Stechl et al., 2013, S. 137)	1. Typische Arbeitsweisen/Techniken	Bei der Körperpflege unterstützen (Schneider & Hamar, 2020a, S. 35)
	– Eigeninitiative fördern – automatisierte Handlungen sind auch bei schwerer Demenz noch vorhanden. Das sollte zugelassen werden, selbst wenn das Ergebnis nicht den Vorstellungen eines gesunden Menschen entspricht.		Beim An- und Auskleiden unterstützen (Schneider & Hamar, 2020a, S. 35)
	– Waschen unter Anleitung, einzelne Schritte erklären.		
	– Für Sicherheit sorgen (rutschfeste Unterlagen, Haltegriffe, Wassertemperatur).		
	– Technische Hilfsmittel nutzen (z. B. Badewannenlifter, Haltegriffe, aufklappbare Wandstühle in Duschen).		Menschen mit kognitiven Veränderungen begleiten
	– Rituale beachten (Bad am Samstag).		
	– Baden soll auch entspannend sein und Freude machen (Schaumbad, Öle etc. nutzen).		
	– Auf Raumtemperatur achten und hohe Luftfeuchtigkeit vermeiden (Gefahr von Kreislaufproblemen).		Bedürfnisorientiert handeln
	– Wanne nicht zu voll machen, um Atemnot oder Angstgefühle zu vermeiden.		
	– Hautzustand beobachten und ggf. bei Irritationen Pflegeartikel einsetzen.		
	– Regelmäßige aber diskrete Inspektion von Mund und Zähnen.		Gewaltfrei handeln (Schneider & Hamar, 2020a, S. 39)
	– Veränderungen der Zunge (trocken oder bräunlich) gibt Hinweise auf Infektionen (Pilze) oder auch Austrocknung.		
	– Regelmäßige Zahnarztbesuche (bei schwerer Demenz oder Bettlägerigkeit nach Hausbesuchen fragen – oder bei umfangreichen und notwendigen Behandlungen Zahnklinik aufsuchen, Behandlung unter Narkose), Zahnersatz muss gut sitzen, Entzündungen oder Druckstellen können behandelt werden.		Lebensweltorientiert handeln
	– Intimsphäre so weit wie möglich wahren – je nach individuellem Schamgefühl, auch Umgang mit der Intimsphäre innerhalb der Familie oder Ehepartner beachten.	5. Prinzipien	Ressourcenorientiert handeln
	– Körperpflege evtl. von einer neutralen Person durchführen lassen, Präferenz nach männlichen oder weiblichen Akteuren beobachten.		
	– Verschmutzte Kleider sofort wegpacken.		Sich am zu pflegenden Menschen orientieren
	– Kleidung anpassen (Klettverschlüsse anstatt Knöpfe oder Gummizüge).		
	– Vorbereitete Kleidung für den nächsten Morgen gut sichtbar bereitlegen.		
	– Gemeinsam anziehen, Betroffener kann durch Nachahmen indirekte Hilfestellung bekommen.		
	– Auf körperliche Beschwerden beziehen, wenn geholfen werden muss.		Wohlbefinden fördern
	– Konfrontationen vermeiden, Toleranz üben, wenn die Kleidung nicht zusammenpasst oder auch mal verschmutzt ist.		
	– Bei Bettlägerigkeit auf richtige Kleidung achten. Keine Faltenbildung oder schwere Stoffe.		

Lernsituation	II.5.11 Beziehungs- und bedürfnisorientiert handeln – Menschen mit Demenz begleiten 7/11	Stunden	24	Ausbildungsdrittel	II	Block	5	Nummer im Block	11

Schritte des Pflegeprozesses	Ausgewählte Inhalte	Zutreffende inhaltliche Kriterien	Identifizierte Aspekte des Wesentlichen
4. Implementation	**Umgang mit Inkontinenz** (Stechl et al., 2013, S. 139) - Auf Zeichen wie Nesteln an der Kleidung oder Unruhe achten, evtl. werden so die Bedürfnisse angezeigt. - Toilette muss leicht zu finden sein – uriniert ansonsten am falschen Ort. - Evtl. liegt eine Apraxie vor – Betroffener kann Kleidung nicht öffnen (Kleidung anpassen, z. B. Klettverschlüsse). - Sicherstellen, dass der Mensch mit Demenz die Toilette erkennt (bei fortgeschrittener Demenz wird u. a. eine weiße Toilette auf weißen Fliesen nicht erkannt). - „Ergotherapeutisches" Toilettentraining (nach individuellem Ausscheidungsplan Toilettengänge initiieren, in Tagesstruktur einbinden). - Wenn Toilettentraining nicht greift, Hilfsmittel einsetzen (Einlagen, Netzhosen, Matratzenschoner). - Es ist viel Geduld und Nachsicht erforderlich.	1. Typische Arbeitsweisen/Techniken 5. Prinzipien	Bei der Ausscheidung unterstützen (Schneider & Hamar, 2020a, S. 35) Bedürfnisorientiert handeln Ressourcenorientiert handeln Sich am zu pflegenden Menschen orientieren Wohlbefinden fördern
	Umgang mit Ernährungsproblemen (Stechl et al., 2013, S. 140) - Biografische Anamnese über Essgewohnheit und Vorlieben ist sehr wichtig. Das kann später bei Nahrungsverweigerung helfen. - Trinkplan erstellen, immer wieder ans Trinken erinnern, evtl. Rituale nutzen. - Bestecke mit großem Griff erleichtern die Handhabung, evtl. Esstraining durch ergotherapeutische Interventionen. - Temperatur der Speisen überprüfen, Gefahr von Verbrennungen. - Geschirr sollte sich von Tischdecken abheben, keine gemusterten Tischdecken, dass stellt u. U. eine Reizüberflutung dar. - Auf Tischmanieren verzichten – Fingerfood und mehrmals kleinere Portionen. - Sicherstellen, dass nicht Zahnschmerzen, schlecht sitzende Zahnprothesen oder Magendarmerkrankungen für die Nahrungsverweigerung verantwortlich sind. Allerdings sind Zahnarztbesuche bei fortgeschrittener Demenz z. T. schwierig. Ggf. muss die Untersuchung und v. a. Behandlung in einer Zahnklinik bei Vollnarkose erfolgen. - Nebenwirkungen von Medikamenten, die Übelkeit oder Appetitlosigkeit verursachen, beachten. - Evtl. steckt psychotisches Erleben hinter der Nahrungsverweigerung (Vergiftungswahn) nach fachärztlicher Abklärung (falls Exploration noch möglich) ggf. Gabe eines Neuroleptikums. - Essen ist nicht appetitlich angerichtet; passiertes Essen. - Bei Nahrungsaufnahme in späteren Stadien auf eine aufrechte Sitzposition achten, Vermeidung von Ablenkung, Beobachtung der Atmung, Diätmaßgaben sind zweitrangig. - Andicken von Getränken bei Schluckstörung. - Versuch eines gezielten Schlucktrainings durch einen Therapeuten (Logopäden), um die Fähigkeit zu essen wiederherzustellen. - Kalorische Anreicherung der Nahrung durch Trinknahrung oder Nahrungsergänzungsmittel.	1. Typische Arbeitsweisen/Techniken 5. Prinzipien	Bei der Nahrungsaufnahme unterstützen (Schneider & Hamar, 2020a, S. 35) Menschen mit kognitiven Veränderungen begleiten Bedürfnisorientiert handeln Biografieorientiert handeln Gewaltfrei handeln (Schneider & Hamar, 2020a, S. 39) Ressourcenorientiert handeln Sich am zu pflegenden Menschen orientieren Wohlbefinden fördern

Lernsituation	II.5.11 Beziehungs- und bedürfnisorientiert handeln – Menschen mit Demenz begleiten 7/11	Stunden	24	Ausbildungsdrittel	II	Block	5	Nummer im Block	11

Schritte des Pflegeprozesses	Ausgewählte Inhalte	Zutreffende inhaltliche Kriterien	Identifizierte Aspekte des Wesentlichen
4. Implementation	**Biografisches Arbeiten bei Menschen mit Demenz**		
	- Funktionen in Bezug auf Menschen mit Demenz:	4. Zentrale Begriffe	Lebensqualität
	o Verarbeiten von Alltagserfahrungen (sich mit Unbekanntem vertraut machen, Identität schaffen)		Selbstbestimmung
	o Verwandeln und Gestalten (Unterstützung bei notwendigen entwicklungsbedingten Anpassungen)		Wohlbefinden
	o Bewältigen von Ausnahmesituationen (Integration belastender Lebensaspekte)		
	- Ziele in Bezug auf Menschen mit Demenz:	5. Prinzipien	Bewältigungsprozesse fördern
	o Wiederbeleben vergangener Gefühlszustände		Biografieorientiert handeln
	o Bewusstwerden der gesellschaftlichen, politischen und kulturellen Wurzeln		Ressourcenorientiert handeln
	o Erleben von Bedeutsamkeit und Wertschätzung		
	o Bewusstwerden der einzelnen Lebensstationen		Sich am zu pflegenden Menschen orientieren
	(Specht-Tomann, 2009, S. 10, 17, 18)		Wohlbefinden fördern
	Es geht um Wohlbefinden und die Sicherung von Lebensqualität, möglichst auf einer weitgehend selbstbestimmten Basis, und nicht um Orientierung, um die Wiederherstellung eines (vermeintlich) klaren Bezugs zur Gegenwart (Wickel, 2011, S. 254).		
	Snoezelen		Bedürfnisorientiert handeln
	Ansprechen aller Sinne von Menschen mit Demenz mit Hilfe sensorischer Stimulation (Licht, Geräusche, Berührungen etc.). (DNQP, 2018, S. 137-142).	5. Prinzipien	Bezugswissenschaftliche Konzepte integrieren
			Sicherheit gewährleisten (Schneider & Hamar, 2020a, S. 35)
	Einsatz von Sozial-Robotern in der Pflege von Menschen mit Demenz		Bedürfnisorientiert handeln
	Als Interaktions- und Kommunikationsangebot für Menschen mit Demenz (DNQP, 2018, S. 142, 143, 144).	5. Prinzipien	Technologie in der Pflege reflektieren
	Einsatz von Tieren in der Pflege von Menschen mit Demenz		Bedürfnisorientiert handeln
	Unterscheidung von ‚Animal-assistant Activities' (ungezwungenes Zusammentreffen zwischen Mensch und Tier ohne Zielsetzung, z. B. Tierbesuchsdienste) und ‚Animal-assisted Therapy' (Tiere als integraler Bestandteil eines therapeutischen Konzeptes, um wünschenswerte Verhaltensweisen zu fördern). (Stechl et al., 2013, S. 97, 98).	5. Prinzipien	

| Lernsituation | II.5.11 Beziehungs- und bedürfnisorientiert handeln – Menschen mit Demenz begleiten 7/11 | Stunden | 24 | Ausbildungsdrittel | II | Block | 5 | Nummer im Block | 11 |

Schritte des Pflegeprozesses	Ausgewählte Inhalte	Zutreffende inhaltliche Kriterien	Identifizierte Aspekte des Wesentlichen
4. Implementation	**Humorvoll handeln** **Funktionen von Humor** Kommunikative Funktion — Kommunikation gestalten / Kommunikation erleichtern Psychologische Funktion — Sich emotional entlasten / Sich psychisch entlasten / Sich kognitiv entlasten Soziale Funktion — Bindungen aufbauen und festigen / Sich in Gruppen und soziale Systeme einfügen / Zusammengehörigkeitsgefühl stärken / Verlegenheit und soziale Konflikte bewältigen / Kontrolle bewahren Inhalte von Robinsohn (2002, S. 46, 49, 51, 54, 55, 58, 60) Humor trägt dazu bei, sowohl Interaktionen zwischen Menschen als auch Integrationsprozesse reibungslos zu gestalten (Lotze, 2013, S. 33). Menschen mit Demenz verlieren ihren Sinn für Humor nicht, lediglich die Fähigkeit, abstrakte Zusammenhänge, z. B. Wortspielen oder bei Ironie, zu erfassen, ist nicht mehr so stark ausgeprägt (Sachwerk, 2008, S. 164).	7. Analogien	Interaktionsgestaltung als Schmiermittel für eine Beziehung[16 auf S. 208]
	Umwelt- und Umgebungsgestaltung in der Pflege von Menschen mit Demenz - Gestaltung der sozialen Umgebung - Tagesstrukturierung - Bauliche und räumliche Gestaltung (Popp, 2006, S. 104-110)	1. Typische Arbeitsweisen/Techniken 5. Prinzipien	Bei der Wohnraumgestaltung mitwirken Bedürfnisorientiert handeln Ressourcenorientiert handeln Sicherheit gewährleisten Wohlbefinden fördern
	In der Kommunikation die **zu erläuternden Handlungsabläufe in Einzelschritte zerlegen:** Handlungsanweisungen und Handlungen wechseln sich ab	1. Typische Arbeitsweisen/Techniken	Adressatengerecht kommunizieren
	Morgenhoch nutzen für das Besprechen von wichtigen Dingen/Entscheidungen	1. Typische Arbeitsweisen/Techniken	Adressatengerecht kommunizieren

| Lernsituation | II.5.11 Beziehungs- und bedürfnisorientiert handeln – Menschen mit Demenz begleiten 7/11 | Stunden | 24 | Ausbildungsdrittel | II | Block | 5 | Nummer im Block | 11 |

Schritte des Pflegeprozesses	Ausgewählte Inhalte	Zutreffende inhaltliche Kriterien	Identifizierte Aspekte des Wesentlichen

4. Implementation	**Stadien einer demenziellen Entwicklung**
	
	 - Leichte Demenz
	   ○ Kognition: Komplizierte, umfassende Handlungen, die ein großes Maß an Planung erfordern, können nicht mehr oder nur sehr eingeschränkt ausgeführt werden.
	   ○ Lebensführung: Die selbstständige Lebensführung ist zwar eingeschränkt, ein unabhängiges Leben ist mit Abstrichen aber noch möglich.
	   ○ Störung von Antrieb und Affekt: Die Spontanität ist reduziert, der Antrieb reduziert. Es kann zu Depressionen und Antriebsmangel kommen, aber auch zu Stimmungslabilität mit einer veränderten (erhöhten) Reizbarkeit.
	
	 - Mittelschwere Demenz
	   ○ Kognition: Nur einfache Tätigkeiten werden beibehalten; andere werden nicht, nicht mehr vollständig oder aber unangemessen ausgeführt.
	   ○ Lebensführung: Ein unabhängiges Leben ist nicht mehr möglich. Patienten sind auf fremde Hilfe angewiesen, eine selbstständige Lebensführung ist aber teilweise noch möglich.
	   ○ Störung von Antrieb und Affekt: Zusätzlich zu den Störungen bei einer leichten Demenz kommt es zu Unruhe, Wutausbrüchen und aggressiven Verhaltensweisen.
	
	 - Schwere Demenz
	   ○ Kognition: Es können keine Gedankengänge mehr nachvollziehbar kommuniziert werden.
	   ○ Lebensführung: Die selbstständige Lebensführung ist gänzlich aufgehoben.
	   ○ Störung von Antrieb und Affekt: Zusätzlich zu den Störungen bei einer leichten und mittelschweren Demenz kommt es zu Nesteln und Störungen des Tag-Nacht-Rhythmus.
	
	 (DEGAM, 2008, S. 18).
		1. Typische Arbeitsweisen/Techniken	Individuelle Pflegebedarfe erheben

			Bezugswissenschaften als Begründungswissen integrieren
	5. Prinzipien	Prophylaktisch handeln
	8. Denk-/Verhaltensmodell	Entwicklungsmodelle

| Lernsituation | II.5.11 Beziehungs- und bedürfnisorientiert handeln – Menschen mit Demenz begleiten 7/11 | | Stunden | 24 | Ausbildungsdrittel | II | Block | 5 | Nummer im Block | 11 |

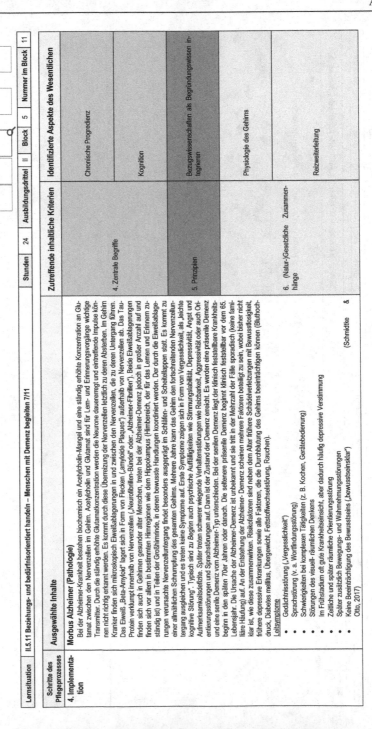

Schritte des Pflegeprozesses	Ausgewählte Inhalte	Zutreffende inhaltliche Kriterien	Identifizierte Aspekte des Wesentlichen
4. Implementation	**Morbus Alzheimer (Pathologie)** Bei der Alzheimer-Krankheit bestehen biochemisch ein Acetylcholin-Mangel und eine ständig erhöhte Konzentration an Glutamat zwischen den Nervenzellen im Gehirn. Acetylcholin und Glutamat sind für Lern- und Erinnerungsvorgänge wichtige Transmitter. Durch die ständig erhöhte Glutamatkonzentration werden die Neurone dauererregt und eintreffende Impulse können nicht richtig erkannt werden. Es kommt durch diese Überreizung der Nervenzellen letztlich zu deren Absterben. Im Gehirn Kranker finden sich mikroskopisch Eiweißablagerungen in und zwischen den Nervenzellen, die zu deren Untergang führen. Das Eiweiß „Beta-Amyloid" lagert sich in Form von Flecken („amyloide Plaques") außerhalb von Nervenzellen ab. Das Tau-Protein verklumpt innerhalb von Nervenzellen („Neurofibrillen-Bündel" oder „Alzheimer-Fibrillen"). Beide Eiweißablagerungen finden sich auch in Gehirnen gesunder alter Menschen, treten bei der Alzheimer-Demenz jedoch in großer Anzahl auf und finden sich vor allem in bestimmten Hirnregionen wie dem Hippokampus (Hirnbereich, der für das Lernen und Erinnern zuständig ist) und in Teilen der Großhirnrinde, in denen bewusste Handlungen koordiniert werden. Der durch die Eiweißablagerungen verursachte Nervenzelluntergang findet besonders ausgeprägt im Schläfen- und Scheitellappen statt. Es kommt zu einer allmählichen Schrumpfung des gesamten Gehirns. Mehrere Jahre kann das Gehirn den fortschreitenden Nervenzelluntergang ausgleichen und es treten keine Symptome auf. Erste Symptome zeigen sich in Form von Vergesslichkeit, als leichte kognitive Störung". Typisch sind *zu Beginn* auch psychische Auffälligkeiten wie Stimmungslabilität, Depressivität, Angst und Aufmerksamkeitsdefizite. *Später* treten schwerer wiegende Verhaltensstörungen wie Reizbarkeit, Aggressivität oder auch Orientierungsstörungen und Sprachstörungen auf. Dann ist der Zustand der Demenz erreicht. Es werden eine präsenile Demenz mit Krankheitsbeginn in den späten 70er Jahren oder danach. Die seltenere präsenile Demenz beginnt klinisch feststellbar vor dem 65. Lebensjahr. Die Ursache der Alzheimer-Demenz ist unbekannt und sie tritt in der Mehrzahl der Fälle sporadisch (keine familiäre Häufung) auf. An der Entstehung der Alzheimer- Demenz scheinen mehrere Faktoren beteiligt zu sein, wobei bisher nicht klar ist, wie diese zusammenwirken. Risikofaktoren sind neben dem Alter frühere Schädelverletzungen mit Bewusstlosigkeit, frühere depressive Erkrankungen sowie alle Faktoren, die die Durchblutung des Gehirns beeinträchtigen können (Bluthochdruck, Diabetes mellitus, Übergewicht, Fettstoffwechselstörung, Rauchen). *Leitsymptome* • Gedächtnisstörung („Vergesslichkeit") • Sprachstörung (v. a. Wortfindungsstörung) • Schwierigkeiten bei komplexen Tätigkeiten (z. B. Kochen, Gerätebedienung) • Störungen des visuell- räumlichen Denkens • Im Frühstadium oft gute Krankheitseinsicht, aber dadurch häufig depressive Verstimmung • Zeitliche und später räumliche Orientierungsstörung • Später zusätzlich Bewegungs- und Wahrnehmungsstörungen • Keine Beeinträchtigung des Bewusstseins („bewusstseinsklar") (Schmidtke & Otto, 2017)	4. Zentrale Begriffe 5. Prinzipien 6. (Natur-)Gesetzliche Zusammenhänge	Chronische Progredienz Kognition Bezugswissenschaften als Begründungswissen integrieren Physiologie des Gehirns Reizweiterleitung

| Lernsituation | II.5.11 Beziehungs- und bedürfnisorientiert handeln – Menschen mit Demenz begleiten 7/11 | Stunden | 24 | Ausbildungsdrittel | II | Block | 5 | Nummer im Block | 11 |

Schritte des Pflegeprozesses	Ausgewählte Inhalte	Zutreffende inhaltliche Kriterien	Identifizierte Aspekte des Wesentlichen
4. Implementation	**Vaskuläre Demenz (Pathologie)** Basiert auf Erkrankungen der Hirngefäße, wie subkortikal vaskuläre Enzephalopathien, Multiinfarktdemenz und Einzelinfarkte. Ist durch einen raschen Beginn, starke Schwankungen und eine stufenweise Verschlechterung gekennzeichnet. Leitsymptome • Affektlabilität (unkontrolliertes Lachen/Weinen), Ängstlichkeit, emotionale Labilität, Reizbarkeit • Konzentrationsschwäche • Antriebsminderung, Verlangsamung, Interessenverlust, Wesensveränderungen • Häufig sind auch zusätzlich Gangstörungen, Bewegungsunsicherheiten und Harndrang (Dranginkontinenz) • Gedächtnis, Sprache und visuell- räumliches Denken sind anfangs noch gut erhalten • Aphasie • Schluckstörungen • Lähmungen, Akinese (Hamann, 2017) **Lewy Body-Demenz (Pathologie)** Basiert auf einer Schädigung der Substantia nigra: die Botenstoffe Dopamin und Acetylcholin werden nicht mehr ausreichend gebildet. Es wird zwischen einer „reinen" Form und einer Form, die mit Morbus Parkinson oder Morbus Alzheimer gekoppelt ist, unterschieden. Typisch ist ein Einsetzen im hohen Lebensalter und ein kontinuierlich progredienter Verlauf. Leitsymptome • Gedächtnisstörung (mehr Abruf- als Speicherstörung) • Störung des visuell- räumlichen Sehens und Denkens • Schwierigkeiten bei komplexen Tätigkeiten (z. B. Kochen, Gerätebedienung) • Schwankende Aufmerksamkeit, Konzentration und Wachheit • Verlangsamung • Vorübergehende Bewusstseinsverluste und Sturzneigung • Antriebsminderung bis Apathie • Lebhafte visuelle Halluzinationen, die detailliert und angstvoll erlebt werden • Systematisierter Wahn • Hohe Empfindlichkeit gegenüber Neuroleptika • Frühe Urin-Inkontinenz • Parkinson-Symptomatik: Rigor, Tremor, Hypo- bzw. Akinese, Haltungsinstabilität (Wallesch & Förstl, 2017)	4. Zentrale Begriffe 5. Prinzipien 6. (Natur-/Gesetzliche Zusammenhänge 4. Zentrale Begriffe 5. Prinzipien 6. (Natur-/Gesetzliche Zusammenhänge	Chronische Progredienz Kognition Bezugswissenschaften als Begründungswissen integrieren Infarkt Physiologie des Gehirns Chronische Progredienz Kognition Bezugswissenschaften als Begründungswissen integrieren Reizweiterleitung

| Lernsituation | II.5.11 Beziehungs- und bedürfnisorientiert handeln – Menschen mit Demenz begleiten 7/11 | Stunden | 24 | Ausbildungsdrittel | II | Block | 5 | Nummer im Block | 11 |

Schritte des Pflegeprozesses	Ausgewählte Inhalte	Zutreffende inhaltliche Kriterien	Identifizierte Aspekte des Wesentlichen
4. Implementation	**Frontotemporale Demenz/Morbus Pick (Pathologie)** Es handelt sich um eine frontale oder linkstemporale Großhirnatrophie unbekannter Genese. Ist durch einen frühen Beginn und einen schleichenden Verlauf gekennzeichnet. Leitsymptome • Reduziertes Urteilsvermögen, frühe fehlende Krankheitseinsicht • Orientierung, Gedächtnisleistungen und visuokonstruktive Fähigkeiten bleiben lange erhalten • Initiativlos, Teilnahmslosigkeit, Fehlende affektive Beteiligung, Mentale Rigidität und Inflexibilität • Verlust des sozialen Bewusstseins mit Taktlosigkeiten oder Vernachlässigung der persönlichen Hygiene • Enthemmung, ruheloses Umherwandern, Witzelsucht, Distanzlosigkeit • Vorliebe für kohlenhydratreiche Süßspeisen, Hyperoralität • Ritualisierte Beschäftigungen, Ablenkbarkeit, Impulsivität und mangelnde Ausdauer • Frühe Beeinträchtigung des Sprachvermögens • Frühes Auftreten von Primitivreflexen, Inkontinenz und Bewegungsverlangsamung • Späteres Auftreten von Akinese, Rigor und Tremor • Persönlichkeitsveränderungen (Diehl-Schmid, 2017) **Sekundäre Demenzen** • Unerwünschte Wirkungen von Pharmaka (z. B. Antidepressiva, Antihypertonika, Antiarrhythmika, Antibiotika) • Hirntumoren und andere Malignome (z. B. Lymphome, Leukämien) • Stoffwechselerkrankungen (Hyperthyreose, Hypothyreose, Hypoglykämie, Hyper- und Hyponatriämie, Hyperkalzämie, Leber- und Nereninsuffizienz) • Direkte Gewalteinwirkung auf den Kopf (Schädel-Hirn-Trauma) • Infektionen des Gehirns (Enzephalitis / Meningitis durch Bakterien, Viren, Pilze), v. a. auch bei HIV-Infektionen • Umwelt- und Industriegifte (Blei, Mangan, Quecksilber, Arsen, Lösungsmittel, Insektengifte) • Chronischer Alkoholabusus • Vitamin B 1-, Vitamin B 6-, Vitamin B 12- und Folsäure-Mangel • Begleitend bei Depressionen, Schizophrenie und anderen Psychosen, Encephalomyelitis disseminata (Feis, 2012, S. 243)	4. Zentrale Begriffe 5. Prinzipien 6. (Natur-)Gesetzliche Zusammenhänge	Chronische Progredienz Kognition Sozialverhalten Bezugswissenschaften als Begründungswissen integrieren Physiologie des Gehirns
		5. Prinzipien	Bezugswissenschaften als Begründungswissen integrieren

Stunden	24	Ausbildungsdrittel	II	Block	5	Nummer im Block	11

Lernsituation	II.5.11 Beziehungs- und bedürfnisorientiert handeln – Menschen mit Demenz begleiten 7/11

Schritte des Pflegeprozesses	Ausgewählte Inhalte	Identifizierte Aspekte des Wesentlichen
		Zutreffende inhaltliche Kriterien	Identifizierte Aspekte des Wesentlichen
5. Evaluation	Unterscheidung zwischen Demenz, Delir und Depression	

Unterscheidung zwischen Demenz, Delir und Depression

Krankheitsbilder / Merkmale	Demenz	Delir	Depression
Beginn	Schleichend		Akut
Dauer Verlauf	Chronisch progredient bis Lebensende	Reversibel, Tagen/Wochen	Reversibel, Monate
Körperliche Krankheit	Möglich	Meistens	Möglich
Erregung Ansprechbarkeit	Normal, verändert je nach Stadium	schwankend	Reduzierte Stimmung Schuldgefühle, Grübelneigung
Aufmerksamkeit	Normal, verändert je nach Stadium	Reduziert	Ohne Befund
Kognition	Eingeschränkt, zudem auch Halluzinationen und Wahn	Eingeschränkt, zudem häufig Halluzinationen	Geringe Beeinträchtigung
Sprache	Aphasie	Langsam, nicht zusammenhängend	Erhalten
Gedächtnis Orientierung	Kurz- und Langzeitgedächtnis betroffen	Zeitweise betroffen	Nicht beeinträchtigt
Verhalten	Brüche in Handlungsabläufen, Unruhe, Umtriebigkeit, Abnahme der Alltagskompetenz	Wechselhaft zwischen Hypo- und Hyperaktivität	Reduziert in Aktivitäten, klagend, alltagskompetent, Schlafstörungen

Inhalte von Evangelisches Krankenhaus Alsterdorf gGmbH (2017, S. 12, 13)

Identifizierte Aspekte des Wesentlichen

Zutreffende inhaltliche Kriterien	Identifizierte Aspekte des Wesentlichen
1. Typische Arbeitsweisen/Techniken	Kriteriengeleitet Einschätzungen vornehmen
3. Typische Phänomene	Verwirrung (Käppeli, 2000, S. 73)
5. Prinzipien	Bezugswissenschaften als Begründungswissen integrieren

| Lernsituation | II.7.10 Beziehungs- und bedürfnisorientiert handeln – Bezugspersonen von Menschen mit Demenz begleiten 8/11 | Stunden | 16 | Ausbildungsdrittel | II | Block | 7 | Nummer im Block | 10 |

Schritte des Pflegeprozesses	Ausgewählte Inhalte	Zutreffende inhaltliche Kriterien	Identifizierte Aspekte des Wesentlichen
1. Assessment	Neudefinierung der Rolle als erwachsene Kinder (**Rollenumkehrung bezüglich Pflege- und Hilfeleistung**), die nicht selten als krisenhaft empfunden wird. Konfrontation mit Erwartungen sowohl seitens der zu pflegenden Menschen und der Familie als auch der Gesellschaft bezüglich filialer Hilfe und Unterstützung. Diese Erwartungen stehen im Widerspruch zu den Möglichkeiten und den Lebensplänen der Bezugspersonen. (Perrig-Chiello, 2012, S. 145, 146)	2. Allgemeine Regeln	Wenn Pflegende partnerschaftlich mit dem zu pflegenden Menschen und seinen Bezugspersonen agieren, dann ist Pflegehandeln professionell
		3. Typische Phänomene	Belastungen der Angehörigen (Käppeli, 2000, S. 9) Schuld und Schuldgefühle (Käppeli, 2000, S. 157, 158)
		4. Zentrale Begriffe	Rollenwechsel
		5. Prinzipien	Bewältigungsprozesse fördern
	Zentrale Herausforderungen für Bezugspersonen von Menschen mit Demenz: - Ständige Wiederholungen - Nicht-Erinnern-können - Abnehmende Fähigkeit, ein Gesprächsfaden aufrecht zu erhalten - Vermischung von Zeitebenen - Unterschiedliches Realitätserleben (DNQP, 2018, S. 49)	3. Typische Phänomene	Belastungen der Angehörigen (Käppeli, 2000, S. 9) Herausforderndes Verhalten (Bartholomeyczik et al., 2006, S. 13, 14, 15)
	Auf Bezugspersonen einwirkende Stressoren: - Finanzielle Aspekte - Soziale Aspekte - Physische Aspekte - Psychische Aspekte (Müller-Hergl, 2008, S. 12)	3. Typische Phänomene	Belastungen der Angehörigen (Käppeli, 2000, S. 9) Schuld und Schuldgefühle (Käppeli, 2000, S. 157, 158)
		5. Prinzipien	Bewältigungsprozesse fördern
	Verschiedene Populationen von **Bezugspersonen unterscheiden sich in Bezug auf das Zulassen von Hilfe** durch Pflegende. (Dröes, Meiland, Schmitz & van Tilburg, 2006)	3. Typische Phänomene	Belastungen der Angehörigen (Käppeli, 2000, S. 9)
	Mit Bezugspersonen nach Zugängen zu und Ressourcen in der Welt des Menschen mit Demenz suchen Menschen mit Demenz hängen zunehmend von dem eigenen Gefühl von Sicherheit ab – die damit einhergehende Suche nach Bindung muss von den Bezugspersonen adäquat beantwortet werden. Dazu ist den Bezugspersonen nach Zugängen zu und Ressourcen in der Welt des Menschen mit Demenz zu suchen (DNQP, 2018, S. 50)	1. Typische Arbeitsweisen/Techniken	Beratungsprozesse gestalten Soziales Netzwerk einbeziehen (Schneider & Hamar, 2020a, S. 35)
		2. Allgemeine Regeln	Wenn Pflegende partnerschaftlich mit dem zu pflegenden Menschen und seinen Bezugspersonen agieren, dann ist Pflegehandeln professionell

Lernsituation	II.7.10 Beziehungs- und bedürfnisorientiert handeln – Bezugspersonen von Menschen mit Demenz begleiten 8/11	Stunden	16	Ausbildungsdrittel	II	Block	7	Nummer im Block	10

Schritte des Pflegeprozesses	Ausgewählte Inhalte			Zutreffende inhaltliche Kriterien	Identifizierte Aspekte des Wesentlichen
2. Diagnose / 3. Planung / 4. Implementation	**Pflegende Bezugspersonen mit Rollenüberlastung prozesshaft begleiten**				
	Pflegediagnosen (NANDA-)	Pflegeergebnisse/-ziele (NOC)	Pflegeinterventionen/-maßnahmen (NIC)		
	Rollenüberlastung der pflegenden Bezugsperson (00061) (NANDA-I, 2019, S. 339)	• Persönliche Resilienz (1309) (Moorhead et al., 2013, S. 590, 591, 592; Moorhead et al., 2018, S. 422, 423) (Skala m [nie demonstriert-ständig demonstriert]/13 [never demonstrated-consistently demonstrated]) • Rollenverhalten (1501) (Moorhead et al., 2013, S. 613, 614; Moorhead et al., 2018, S. 476) (Skala f [nicht adäquat-vollständig adäquat]/06 [not adequate-totally adequate]) • Störung der Lebenssituation der/des pflegenden Angehörigen (2203) (Moorhead et al., 2013, S. 963, 964; Moorhead et al., 2018, S. 122) (Skala n [schwer-keine]/14 [severe-none] +Skala a [stark gefährdet-nicht gefährdet]/01 [severly compromised-not compromised]) • Beziehung zwischen dem/der pflegenden Angehörigen und dem Patienten (2204) (Moorhead et al., 2013, S. 965, 966; Moorhead et al., 2018, S. 123) (Skala k [niemals positiv-ständig positiv]/11 [never positive-consistently positive]) • Verhalten der/des pflegenden Angehörigen: direkte Versorgung (2205) (Moorhead et al., 2013, S. 967, 968; Moorhead et al., 2018, S. 123, 124) (Skala f [nicht adäquat-vollständig adäquat]/06 [not adequate-totally adequate]) • Verhalten der/des pflegenden Angehörigen: indirekte Versorgung (2206) (Moorhead et al., 2013, S. 969, 970; Moorhead et al., 2018, S. 124, 125) (Skala f [nicht adäquat-vollständig adäquat]/06 [not adequate-totally adequate]) • Belastungsfaktoren der/des pflegenden Angehörigen (2208) (Moorhead et al., 2013, S. 971, 972; Moorhead et al., 2018, S. 127, 128) (Skala n [schwer-keine]/14 [severe-none]) • Beständigkeit der/des pflegenden Angehörigen (2210) (Moorhead et al., 2013, S. 973, 974; Moorhead et al., 2018, S. 127) (Skala f [nicht adäquat-vollständig adäquat]/06 [not adequate-totally adequate]) • Emotionale Gesundheit der/des pflegenden Angehörigen (2506) (Moorhead et al., 2013, S. 986, 987; Moorhead et al., 2018, S. 120)	• Copingverbesserung (5230) (Bulechek et al., 2016, S. 267, 268; Butcher et al., 2018, S. 122, 123) • Edukation: Krankheitsprozess (5602) (Bulechek et al., 2016, S. 303, 304; Butcher et al, 2018, S. 371) • Gesundheitssystemorientierung (7400) (Bulechek et al., 2016, S. 442, 443; Butcher et al., 2018, S. 205, 206) • Haushaltsführungsunterstützung (7180) (Bulechek et al., 2016, S. 461; Butcher et al., 2018, S. 210) • Kurzzeitpflege (7260) (Bulechek et al., 2016, S. 536, 537; Butcher et al., 2018, S. 327, 328) • Missbrauchsprävention: alte Menschen (6404) (Bulechek et al., 2016, S. 565, 566, 567; Butcher et al., 2018, S. 53, 54) • Rollenförderung (5370) (Bulechek et al., 2016, S. 660, 661; Butcher et al., 2018, S. 332) • Unterstützung pflegender Bezugspersonen (7040) (Bulechek et al., 2016, S. 785, 786; Butcher et al., 2018, S. 101)	1. Typische Arbeitsweisen/Techniken 2. Allgemeine Regeln 3. Typische Phänomene 4. Zentrale Begriffe 5. Prinzipien	Beratungsprozesse gestalten Kriteriengeleitet Einschätzungen vornehmen Pflegediagnosen stellen Pflege prozesshaft gestalten (Schneider & Hamar, 2020a, S. 35) Pflegewissenschaftlich fundiert handeln Soziales Netzwerk einbeziehen (Schneider & Hamar, 2020a, S. 36) Wenn Pflegende partnerschaftlich mit dem zu pflegenden Menschen und seinen Bezugspersonen agieren, dann ist Pflegehandeln professionell Belastungen der Angehörigen (Käppeli, 2000, S. 9) Bewältigung/Coping (Käppeli, 2000, S. 125) Krise (Käppeli, 1998, S. 45) Schuld und Schuldgefühle (Käppeli, 2000, S. 157, 158) Verhaltensmuster Rolle und Beziehung (Gordon, 2001, S. 148, 192, 193) Gewalt Health Literacy (Nutbeam, 2008, S. 2074, 2075) Problemfokussierte Pflegediagnose (NANDA-I, 2019, S. 173) Bewältigungsprozesse fördern Sicherheit gewährleisten (Schneider & Hamar, 2020a, S. 35)

| Lernsituation | II.7.10 Beziehungs- und bedürfnisorientiert handeln – Bezugspersonen von Menschen mit Demenz begleiten 8/11 | | Stunden | 16 | Ausbildungsdrittel | II | Block | 7 | Nummer im Block | 10 |

Schritte des Pflegeprozesses	Ausgewählte Inhalte	Zutreffende inhaltliche Kriterien	Identifizierte Aspekte des Wesentlichen
	(Skala a [stark gefährdet-nicht gefährdet]/01 [severly compromised-not compromised] + Skala n [schwer-keine]/14 [severe-none]) • Physische Gesundheit der/des pflegenden Angehörigen (2507) (Moorhead et al., 2013, S. 988, 989; Moorhead et al., 2018, S. 126) *(Skala a [stark gefährdet-nicht gefährdet]/01 [severly compromised-not compromised])* • Wohlbefinden der/des pflegenden Angehörigen (2508) (Moorhead et al., 2013, S. 990, 991; Moorhead et al., 2018, S. 128, 129) *(Skala s [unzufrieden-vollkommen zufrieden]/19 [not at all satisfied-completly satisfied])*	8. Denk-/Verhaltensmodelle	Phänomene quantifizieren

| Lernsituation | II.7.10 Beziehungs- und bedürfnisorientiert handeln – Bezugspersonen von Menschen mit Demenz begleiten 8/11 | Stunden | 16 | Ausbildungsdrittel | II | Block | 7 | Nummer im Block | 10 |

Schritte des Pflegeprozesses	Ausgewählte Inhalte		Zutreffende inhaltliche Kriterien	Identifizierte Aspekte des Wesentlichen
2. Diagnose / 3. Planung / 4. Implementation	**Pflegende Bezugspersonen mit dem Risiko einer Rollenüberlastung prozesshaft begleiten**			
	Pflegediagnosen (NANDA-I)	Pflegeergebnisse/-ziele (NOC)	Pflegeinterventionen/-maßnahmen (NIC)	
	Risiko einer Rollenüberlastung der pflegenden Bezugsperson (00062) (NANDA-I, 2019, S. 337, 338)	• Ruhe (0003) (Moorhead et al., 2013, S. 254; Moorhead et al., 2018, S. 444, 445) (Skala a [stark gefährdet-nicht gefährdet]/01 [severely compromised-not compromised])	• Familienunterstützung (7140) (Bulechek et al., 2016, S. 399, 400; Butcher et al., 2018, S. 185)	1. Typische Arbeitsweisen/Techniken	Beratungsprozesse gestalten
				Kriteriengeleitet Einschätzungen vornehmen
		• Schlaf (0004) (Moorhead et al., 2013, S. 255, 256; Moorhead et al., 2018, S. 542, 543) (Skala a [stark gefährdet-nicht gefährdet]/01 [severly compromised-not compromised] + Skala n [schwer-keine]/14 [severe-none])	• Resilienzförderung (8340) (Bulechek et al., 2016, S. 655, 656; Butcher et al., 2018, S. 326)		Pflegediagnosen stellen
				Pflege prozesshaft gestalten (Schneider & Hamar, 2020a, S. 35)
				Pflegewissenschaftlich fundiert handeln
		• Ausmaß von Depression (1208) (Moorhead et al., 2013, S. 561, 562; Moorhead et al., 2018, S. 194) (Skala n [schwer-keine]/14 [severe-none])	• Rollenförderung (5370) (Bulechek et al., 2016, S. 660, 661; Butcher et al., 2018, S. 332)	2. Allgemeine Regeln	Wenn Pflegende eine systematische Betrachtungsweise des zu pflegenden Menschen und seiner Situation vornehmen, dann ist Pflegehandeln professionell
		• Ausmaß von Stress (1212) (Moorhead et al., 2013, S. 569, 570; Moorhead et al., 2018, S. 549, 550) (Skala n [schwer-keine]/14 [severe-none])	• Unterstützungssystemförderung (5440) (Bulechek et al., 2016, S. 786, 787; Butcher et al., 2018, S. 363)		Wenn Pflegende partnerschaftlich mit dem zu pflegenden Menschen und seinen Bezugspersonen agieren, dann ist Pflegehandeln professionell
		• Persönliche Resilienz (1309) (Moorhead et al., 2013, S. 590, 591, 592; Moorhead et al., 2018, S. 422, 423) (Skala m [nie demonstriert-ständig demonstriert]/13 [never demonstrated-consistently demonstrated])		3. Typische Phänomene	Belastungen der Angehörigen (Käppeli, 2000, S. 9)
		• Wissen: Gesundheitsverhalten (1805) (Moorhead et al., 2013, S. 728, 729; Moorhead et al., 2018, S. 318, 319) (Skala u [kein Wissen-umfangreiches Wissen]/20 [no knowledge-extensive knowledge])			Bewältigung/Coping (Käppeli, 2000, S. 125)
				Krise (Käppeli, 1998, S. 45)
		• Bereitschaft der/des pflegenden Angehörigen für die häusliche Versorgung (2202) (Moorhead et al., 2013, S. 961, 962; Moorhead et al., 2018, S. 121) (Skala f [nicht adäquat-vollständig adäquat]/06 [not adequate-totally adequate])			Schuld und Schuldgefühle (Käppeli, 2000, S. 157, 158)
				Verhaltensmuster Rolle und Beziehung (Gordon, 2001, S. 148, 192, 193)
		• Coping-Verhalten der Familie (2600) (Moorhead et al., 2013, S. 1004, 1005; Moorhead et al., 2018, S. 214, 215) (Skala m [nie demonstriert-ständig demonstriert]/13 [never demonstrated-consistently demonstrated])		4. Zentrale Begriffe	Health Literacy (Nutbeam, 2008, S. 2074, 2075)
				Lebensqualität
		• Funktionsfähigkeit der Familie (2602) (Moorhead et al., 2013, S. 1008, 1009; Moorhead et al., 2018, S. 215, 216)			Risikopflegediagnose (NANDA-I, 2019, S. 173)

| Lernsituation | II.7.10 Beziehungs- und bedürfnisorientiert handeln – Bezugspersonen von Menschen mit Demenz begleiten 8/11 | Stunden | 16 | Ausbildungsdrittel | II | Block | 7 | Nummer im Block | 10 |

Schritte des Pflegeprozesses	Ausgewählte Inhalte	Zutreffende inhaltliche Kriterien	Identifizierte Aspekte des Wesentlichen
	(Skala m [nie demonstriert-ständig demonstriert]/13 [never demonstrated-consistently demonstrated]) • Resilienz der Familie (2608) (Moorhead et al., 2013, S. 1018, 1019, 1020; Moorhead et al., 2018, S. 223, 224) (Skala m [nie demonstriert-ständig demonstriert]/13 [never demonstrated-consistently demonstrated])	5. Prinzipien	Bewältigungsprozesse fördern
		8. Denk-/Verhaltensmodelle	Phänomene quantifizieren
4. Implementation	Anleitung von Bezugspersonen zur Erinnerungspflege (angemessene Gestaltung der Inhalte --> Steigerung der Gegenseitigkeit der Beziehung und damit Wohlbefinden auf Seiten des Menschen mit Demenz und auf Seiten der Bezugspersonen (DNQP, 2018, S. 50).	1. Typische Arbeitsweisen/Techniken	Beratungsprozesse gestalten
		2. Allgemeine Regeln	Wenn Pflegende partnerschaftlich mit dem zu pflegenden Menschen und seinen Bezugspersonen agieren, dann ist Pflegehandeln professionell
	Schulung zum Verlauf des Krankheitsbildes Demenz und der daraus resultierenden Erlebniswelt (DNQP, 2018, S. 50).	1. Typische Arbeitsweisen/Techniken	Beratungsprozesse gestalten
		2. Allgemeine Regeln	Wenn Pflegende partnerschaftlich mit dem zu pflegenden Menschen und seinen Bezugspersonen agieren, dann ist Pflegehandeln professionell
	Entlastungsangebote für pflegenden Angehörige: - Tages-/Nachtpflege - Kurzzeitpflege - Familien-/Freundeskreis - Selbsthilfegruppen - Ehrenamt - Betreuung - Pflegestützpunkte (DNQP, 2018, S. 51)	1. Typische Arbeitsweisen/Techniken	Beratungsprozesse gestalten
		2. Allgemeine Regeln	Wenn Pflegende partnerschaftlich mit dem zu pflegenden Menschen und seinen Bezugspersonen agieren, dann ist Pflegehandeln professionell
		3. Typische Phänomene	Schuld und Schuldgefühle (Käppeli, 2000, S. 157, 158)
5. Evaluation	Bezugspersonen als wichtigste Ansprechpartner für Menschen mit Demenz (DNQP, 2018, S. 48).	2. Allgemeine Regeln	Wenn Pflegende partnerschaftlich mit dem zu pflegenden Menschen und seinen Bezugspersonen agieren, dann ist Pflegehandeln professionell
		4. Zentrale Begriffe	Familie
	Bezugspersonen als gesetzliche Vertreter für Menschen mit Demenz (DNQP, 2018, S. 48).	6. (Natur-)Gesetzliche Zusammenhänge	Grundrechte des Menschen
			Rechtliche Betreuung
		2. Allgemeine Regeln	Wenn Pflegende partnerschaftlich mit dem zu pflegenden Menschen und seinen Bezugspersonen agieren, dann ist Pflegehandeln professionell
	Bezugspersonen Reflexionsmöglichkeiten bieten (DNQP, 2018, S. 49)	5. Prinzipien	Bewältigungsprozesse fördern
		1. Typische Arbeitsweisen/Techniken	Beratungsprozesse gestalten

| Lernsituation | II.7.10 Beziehungs- und bedürfnisorientiert handeln – Bezugspersonen von Menschen mit Demenz begleiten 8/11 | Stunden | 16 | Ausbildungsdrittel | II | Block | 7 | Nummer im Block | 10 |

Schritte des Pflegeprozesses	Ausgewählte Inhalte	Zutreffende inhaltliche Kriterien	Identifizierte Aspekte des Wesentlichen
	Bezugspersonen auf das abnehmende Interaktionsangebot von Seiten der Bezugspersonen gegenüber Menschen mit Demenz bei fortschreitender Erkrankung aufmerksam machen (DNQP, 2018, S. 49)	2. Allgemeine Regeln	Wenn Pflegende partnerschaftlich mit dem zu pflegenden Menschen und seinen Bezugspersonen agieren, dann ist Pflegehandeln professionell
		6. (Natur-)Gesetzliche Zusammenhänge	Umgekehrte Proportionalität
	BPSD als Belastung für pflegende Angehörige (Nichols et al., 2008, S. 7).	3. Typische Phänomene	Belastungen der Angehörigen (Käppeli, 2000, S. 9) Herausforderndes Verhalten (Bartholomeyczik et al., 2006, S. 13, 14, 15)
		4. Zentrale Begriffe	Herausfordernde Situation (Kuckeland, 2020a, S. 53)
5. Evaluation	**Voraussetzungen auf Seiten der Bezugspersonen für eine gelingende Zusammenarbeit mit der Pflege:** - Bezugspersonen müssen einen bewussten Wechsel in ihren Lebensprioritäten vollziehen - Bezugspersonen müssen über positive Copingstrategien für Konfliktsituationen verfügen (Hellström, Nolan & Lundh, 2005)	1. Typische Arbeitsweisen/Techniken	Beratungsprozesse gestalten
		5. Prinzipien	Bewältigungsprozesse fördern
	Die Qualität der **Beziehung zwischen Menschen mit Demenz und ihren Bezugspersonen** hat eine hohe Bedeutung, sowohl für die Funktionsfähigkeit des Menschen mit Demenz als auch auf die wahrgenommene Belastung und Zufriedenheit der Bezugspersonen (Ball et al., 2010; DNQP, 2018, S. 48)	7. Analogien	Die Beziehung zwischen zwei Menschen als ineinandergreifende Zahnräder[17 auf S. 215]

| Lernsituation | III.9.9 Beziehungs- und bedürfnisorientiert handeln – Herausfordernde Situationen mit Menschen mit Demenz bewältigen 11/11 | Stunden | 16 | Ausbildungsdrittel | III | Block | 9 | Nummer im Block | 9 |

Schritte des Pflegeprozesses	Ausgewählte Inhalte	Zutreffende inhaltliche Kriterien	Identifizierte Aspekte des Wesentlichen
1. Assessment	**BPSD als Belastung für Pflegende** (Nichols et al., 2008, S. 7).	3. Typische Phänomene	Herausforderndes Verhalten (Bartholomeyczik et al., 2006, S. 13, 14, 15)
		4. Zentrale Begriffe	Herausfordernde Situation (Kuckeland, 2020a, S. 53)
	Cohen-Mansfield-Assessment-Instrument (CMAI) Das CMAI widmet sich ausschließlich der Messung agitierten Verhaltens. Solches Verhalten – definiert als „unangemessene verbale, vokale oder motorische Aktivität, welche sich nicht direkt durch die Bedürfnisse oder die Verwirrung der agitierten Person erklärt" – äußert sich zusammenfassend in vier Dimensionen und beinhaltet 29 Verhaltensweisen. Diese treten miteinander auf oder korrelieren. *(Skala von nie-mehrmals in der Stunde/never-several times an hour)* (Cohen-Mansfield, Marx & Rosenthal, 1989)	1. Typische Arbeitsweisen/Techniken	Kriteriengeleitet Einschätzungen vornehmen
		8. Denk-/Verhaltensmodelle	Phänomene quantifizieren
	Herausfordernde Verhaltensweisen sind ein Resultat der Unfähigkeit „sich verständlich zu machen", eine Reaktion auf eine Welt, die einem nicht mehr vertrauensvoll und verlässlich ist (Bartholomeyczik et al., 2006, S. 14). Herausforderndes Verhalten kann: 1. ein medizinisch identifizierbares Symptom der Erkrankung sein, 2. neben einem verzweifelten Ausdruck von Selbstbestimmung, 3. ein Kommunikationsmittel, 4. eine kreative Adaptation an eine Umwelt, die von der Person nur schwer zu ertragen ist und für sie unverständlicher wird, und 5. schließlich als Übergriff, Beleidigung, Beschmutzung oder Beschämung gegenüber Pflegenden auf der Beziehungsebene missverstanden werden. (Höwler, 2007, S. 50)	3. Typische Phänomene	Herausforderndes Verhalten (Bartholomeyczik et al., 2006, S. 13, 14, 15)
	Beispiele: Schlagen (auch selbst), treten, anfassen anderer (mit schmutzigen Händen), stoßen (mit Gefahr von Stürzen), werfen mit harten Gegenständen, beißen, kratzen/kneifen, bespucken (anderer), sich selbst verletzen (heiße Getränke usw.), zerreißen von Kleidungsstücken oder zerstören des eigenen oder fremden Eigentums, sexuelle körperliche Annäherungsversuche, Eindringen in fremde Räume/liegen in fremden Betten, inadäquates (Anziehen) Ausziehen, Gefährdung durch das Weglaufen, „Absichtliches" Fallen, Essen oder trinken ungeeigneter Substanzen, Nahrungsverweigerung, Urinieren/Einkoten in den Wohnräumen (nicht als Folge der Inkontinenz), verstecken/verlegen oder sammeln von Gegenständen (aus fremden Zimmern), Ausführen von Manierismen, Klopfen, Klatschen usw., intensive Beweglichkeit, extrem aufdringlich sein oder stören, verbal nicht beeinflussbar, anhaltendes Schreien, abweichende Vokalisation (Fluchen, verbale Aggressivität, wiederholte Fragen oder Klagen, ungewöhnliche Geräuschproduktion wie Stöhnen oder eigenartiges Lachen usw.), Gefährden anderer durch Fehlhandlungen (Zerren aus dem Bett durch die Bettgitter usw.), ständiges, nicht beeinflussbares Suchen nach Zuwendung oder Hilfe (Cohen-Mansfield, 1991, S. 12, 13)	4. Zentrale Begriffe	Herausfordernde Situation (Kuckeland, 2020a, S. 53)

| Lernsituation | III.9.9 Beziehungs- und bedürfnisorientiert handeln – Herausfordernde Situationen mit Menschen mit Demenz bewältigen 11/11 | Stunden | 16 | Ausbildungsdrittel | III | Block | 9 | Nummer im Block | 9 |

Schritte des Pflegeprozesses	Ausgewählte Inhalte	Zutreffende inhaltliche Kriterien	Identifizierte Aspekte des Wesentlichen

2. Diagnose	**Erklärung des Verhaltens von Menschen mit Demenz entlang des „Need driven dementia-compromised behaviour model" nach Algase, Beck und Kolanowski (1996):**
	
	Hintergrundfaktoren
	- Neurologischer Status:
	  o Tages-/Nachtrhythmus,
	  o Motorische Fähigkeiten,
	  o Gedächtnis/ Merkfähigkeit,
	  o Sprache,
	  o sensorische Fähigkeiten
	  o Gesundheitsstatus,
	- demographische Variablen:
	  o Allgemeinzustand
	  o Funktionsfähigkeit (ADL, IADL),
	  o Affekt,
	  o Geschlecht,
	  o Ethnie,
	  o Familienstand,
	  o Schulbildung, Beruf
	- Psychosoziale Variablen:
	  o Persönlichkeit,
	  o Verhaltensreaktion auf Stress
	
	Direkte Faktoren
	- Physiologische Bedürfnisse:
	  o Hunger und Durst, Ausscheidung, Schmerz, Unwohlsein,
	  o Schlafstörungen
	- Psychosoziale Bedürfnisse:
	  o Affekt,
	  o Emotionen (Angst, Langeweile),
	  o Anpassung der Unterstützung an die Fähigkeiten
	- Physikalische Umgebung:
	  o Gestaltung,
	  o Design,
	  o Routine/Stationsalltag,
	  o Licht-, Geräusche- und Wärmelevel
	- Soziale Umgebung:
	  o Personalausstattung und- stabilität,
	  o Umgebungsatmosphäre,
	  o Präsenz anderer
		1. Typische Arbeitsweisen/Techniken	Pflegewissenschaftlich fundiert handeln

Lernsituation	III.9.9 Beziehungs- und bedürfnisorientiert handeln – Herausfordernde Situationen mit Menschen mit Demenz bewältigen 11/11			Stunden	16	Ausbildungsdrittel	III	Block	9	Nummer im Block	9

Schritte des Pflegeprozesses	Ausgewählte Inhalte		Zutreffende inhaltliche Kriterien	Identifizierte Aspekte des Wesentlichen
2. Diagnose / 3. Planung / 4. Implementation	**Menschen mit Hinlauftendenz prozesshaft begleiten**			
	Pflegediagnosen (NANDA-I)	Pflegeergebnisse/-ziele (NOC)		
	Ruheloses Umhergehen (00154) (NANDA-I, 2019, S. 275)	• Risiko einer Fluchtneigung (1920) (Moorhead et al., 2013, S. 850, 851; Moorhead et al., 2018, S. 210) *(Skala m [nie demonstriert-ständig demonstriert]/13 [never demonstrated-consistently demonstrated])* • Sicherheit bei ruhelosem Umhergehen (1926) (Moorhead et al., 2013, S. 862, 863; Moorhead et al., 2018, S. 479) *(Skala m [nie demonstriert-ständig demonstriert]/13 [never demonstrated-consistently demonstriert]/19 [consistently demonstriert]-never demonstrated])*		
		Pflegeinterventionen/-maßnahmen (NIC)		
		• Demenzpflege: Ruheloses Umhergehen (6466) (Bulechek et al., 2016, S. 283, 284; Butcher et al., 2018, S. 134) • Räumliche Einschränkung (6420) (Bulechek et al., 2016, S. 644, 645, 646; Butcher et al., 2018, S. 72) • Umgebungsmanagement: Sicherheit (6486) (Bulechek et al., 2016, S. 781; Butcher et al., 2018, S. 170)	1. Typische Arbeitsweisen/Techniken	Kriteriengeleitet Einschätzungen vornehmen Menschen mit kognitiven Veränderungen begleiten Pflegediagnosen stellen Pflege prozesshaft gestalten Pflegewissenschaftlich fundiert handeln
			3. Typische Phänomene	Verhaltensmuster Aktivität und Bewegung
			4. Zentrale Begriffe	Problemfokussierte Pflegediagnose
			5. Prinzipien	Ethisch handeln (Schneider & Hamar, 2020a, S. 39) Ressourcenorientiert handeln Sicherheit gewährleisten Wohlbefinden fördern
			8. Denk-/Verhaltensmodelle	Phänomene quantifizieren
	Menschen mit labiler emotionaler Kontrolle prozesshaft begleiten			
	Pflegediagnosen (NANDA-I)	Pflegeergebnisse/-ziele (NOC)		
	Labile emotionale Kontrolle (00251) (NANDA-I, 2019, S. 303)	• Stimmungsgleichgewicht (1204) (Moorhead et al., 2013, S. 553, 554; Moorhead et al., 2018, S. 373, 374) *(Skala m [nie demonstriert-ständig demonstriert]/13 [never demonstrated-consistently demonstriert]/19 [consistently demonstriert]-never demonstrated])*		
		Pflegeinterventionen/-maßnahmen (NIC)		
		• Stimmungsmanagement (5330) (Bulechek et al., 2016, S. 725, 726, 727; Butcher et al., 2018, S. 263, 264)	1. Typische Arbeitsweisen/Techniken	Kriteriengeleitet Einschätzungen vornehmen Menschen in psychischen Problemlagen begleiten Menschen mit kognitiven Veränderungen begleiten Pflegediagnosen stellen Pflege prozesshaft gestalten (Schneider & Hamar, 2020a, S. 35) Pflegewissenschaftlich fundiert handeln
			3. Typische Phänomene	Verhaltensmuster Bewältigungsverhalten und Stresstoleranz (Gordon, 2001, S. 154, 198)
			4. Zentrale Begriffe	Problemfokussierte Pflegediagnose (NANDA-I, 2019, S. 173)
			5. Prinzipien	Ressourcenorientiert handeln Sicherheit gewährleisten (Schneider & Hamar, 2020a, S. 35) Wohlbefinden fördern
			8. Denk-/Verhaltensmodelle	Phänomene quantifizieren

| Lernsituation | III.9.9 Beziehungs- und bedürfnisorientiert handeln – Herausfordernde Situationen mit Menschen mit Demenz bewältigen 11/11 | Stunden | 16 | Ausbildungsdrittel | III | Block | 9 | Nummer im Block | 9 |

Schritte des Pflegeprozesses	Ausgewählte Inhalte	Zutreffende inhaltliche Kriterien	Identifizierte Aspekte des Wesentlichen
4. Implementation	**Umgang mit Unruhe und Hinlauftendenz** (Stechl et al., 2013, S. 127) - Menschen mit Demenz nicht von vergleichsweise harmlosen Tätigkeiten, die lediglich Unordnung hervorbringen (wühlen in Schränken), abbringen. - Bei Erregung beruhigen. Wenn es der Sache dient, sind Notlügen durchaus angebracht (z. B. die – bereits seit Jahrzehnten verstorbenen – Eltern wissen Bescheid, dass sich der Betroffene an einem bestimmten Ort aufhält; die Kinder wurden heute vom Ehemann abgeholt). - Einen strukturierten Tagesablauf bieten, Mahlzeiten und Tätigkeiten nach festem Zeitschema gestalten, Orientierungshilfen geben, regelmäßige Toilettengänge. - Bei notwendigem Umgebungswechsel möglichst viele vertraute Gegenstände mitnehmen (Schlafanzug, Bilder, etc.). - Den Menschen tagsüber Gelegenheit zur körperlichen Betätigung und Bewegung geben, z. B. durch lange Spaziergänge. Nachhaltige Effekte in Bezug auf die Unruhezustände zeigen sich in vielen Fällen bei regelmäßigen Spaziergängen erst nach Wochen. - Die Umgebung beruhigend und vertraut ("Biografiegerecht") gestalten, Geräusche oder grelles Licht vermeiden. - Bei mobilen Patienten die Kontaktdaten in Form von Armband, eingenähten Hinweisen oder Anhänger bereitstellen. - Darüber hinaus ist es wichtig, das Umfeld zu informieren und um Mithilfe zu bitten. - Evtl. Bewegungsmelder oder Klangspiele einsetzen. So kann vermieden werden, dass Betroffene unbemerkt das Haus verlassen. - Verbergen der Haustür hinter einem Vorhang oder tarnen (Poster eines Bücherregals). Vorsicht bei der Methode des schwarzen Lochs" (es werden Barrieren vor Ausgängen mit Hilfe von Kontrasten, wie z. B. einem schwarzen Teppich oder einem entsprechenden Fliesenmuster simuliert). Sind die Motive zum Hinlaufen groß genug, versucht der Betroffene evtl. darüber zu springen, Verletzungen sind dann vorprogrammiert. - Einen Notfallplan zurechtlegen. Bild der vermissten Person mit Beschreibung der Kleidung, Orte von Bedeutsamkeit zusammenstellen (früherer Arbeitsplatz, Wohnung der Eltern, Stammkneipe), ungewaschenes Kleidungsstück für Hundestaffel bereithalten; wichtige Medikamente benennen (z. B. insulinpflichtig). - Gehen Betroffene verloren, die Polizei informieren (es muss nicht erst 24 Stunden gewartet werden; die Polizei entscheidet im Einzelfall). - Einsatz einer Hundestaffel – Bundesverband Rettungshunde e. V. Diese Staffel kann von Institutionen aber auch von Angehörigen angerufen werden. Der Einsatz ist kostenlos. - Kultur des Spazierengehens – Gehen ist Therapie – Ressourcen schaffen, damit Menschen mit Demenz auf ihren Spaziergängen begleitet werden können. **Umgang mit Aggression** (Stechl et al., 2013, S. 130) - Eine gute Möglichkeit einen wütenden Menschen zu beruhigen ist, seinen Ärger ernst zu nehmen und Verständnis zu zeigen. - Versuchen, den Betroffenen abzulenken. - Den Betroffenen mit Namen ansprechen, ggf. auch mit Titel. - Vermeidung von Konfrontationen, Diskussionen (ggf. Schuld auf sich nehmen) und Streit. - Vermeiden von Lachen oder Necken, Vorsicht bei direktem Blickkontakt. - Mehr zuhören als sprechen, langsam in normaler Lautstärke sprechen.	1. Typische Arbeitsweisen/Techniken 5. Prinzipien 1. Typische Arbeitsweisen/Techniken	Herausfordernde Situationen bewältigen Menschen mit kognitiven Veränderungen begleiten Gewaltfrei handeln (Schneider & Hamar, 2020a, S. 39) Ressourcenorientiert handeln Sich am zu pflegenden Menschen orientieren Wohlbefinden fördern Adressatengerecht kommunizieren Herausfordernde Situationen bewältigen Menschen in psychischen Problemlagen begleiten

Lernsituation	III.9.9 Beziehungs- und bedürfnisorientiert handeln – Herausfordernde Situationen mit Menschen mit Demenz bewältigen 11/11	Stunden	16	Ausbildungsdrittel	III	Block	9	Nummer im Block	9

Schritte des Pflegeprozesses	Ausgewählte Inhalte	Zutreffende inhaltliche Kriterien	Identifizierte Aspekte des Wesentlichen
	- In manchen Fällen hilft Körperkontakt, nicht selten verstärkt er aber die Aggressionen (z. B. bei Abwehr der Körperpflege), deshalb ist es ratsam, sich selbst in Sicherheit zu bringen, auch auf Fluchtweg achten. - Darauf achten, dass er den Raum verlassen kann – geschlossene Türen können Ärger verstärken. - Keine Drohungen (z. B. „wenn du das nicht lässt, komme ich nicht wieder zurück") oder Bestrafungen (Einsperren, Zuwendung verweigern). - Körperpflege evtl. geschlechtsspezifisch durchführen lassen. - Für Ausgleich durch Bewegung und Sport sorgen, so kann Frustration abgebaut werden.	5. Prinzipien	Menschen mit kognitiven Veränderungen begleiten Gewaltfrei handeln (Schneider & Hamar, 2020a, S. 39)
4. Implementation	**Umgang mit wirklichkeitsfremden Überzeugungen und Sinnestäuschungen** (Stechl et al., 2013, S. 132) - Für die Versorgung und Pflege dieser Menschen gilt, dass ihre Realität und ihr Erleben ernst genommen und wertgeschätzt werden. Deshalb ist die Biografiearbeit in den fortgeschrittenen Stadien so wichtig. - Realitätsverkennungen ernst nehmen, nicht diskutieren. - Sich auf die Gefühlsebene der Betroffenen begeben, den Wahrheitsgehalt der Äußerungen nicht anzweifeln, sondern beruhigen. - Anregen, über die jeweiligen Lebensphasen zu sprechen (was haben die Eltern gemacht). - Pause einlegen, beruhigen und ablenken. - Recht geben und bestätigen. - Schuld auf sich nehmen, nicht diskutieren z. B. bei Diebstahlsbeschuldigung. - Überblick bewahren, wo gewöhnlicherweise Dinge versteckt werden. Beim „gemeinsamen" Suchen den Betroffenen den vermissten Gegenstand finden lassen. - Hör- und Sehhilfen kontrollieren und einsetzen. - Gegenstände, die Illusionen und Realitätsverkennungen hervorrufen, entfernen.	1. Typische Arbeitsweisen/Techniken 5. Prinzipien	Herausfordernde Situationen bewältigen Menschen in psychischen Problemlagen begleiten Menschen mit kognitiven Veränderungen begleiten Gewaltfrei handeln (Schneider & Hamar, 2020a, S. 39) Lebensweltorientiert handeln Sich zu pflegenden Menschen orientieren
	Umgang mit Enthemmung (Stechl et al., 2013, S. 133) - Das Umfeld informieren – also Nachbarn oder Mitarbeiter im Restaurant, Supermarkt oder in der Bank über den Zustand des Betroffenen aufklären. - Evtl. mit kurzen Mitteilungen arbeiten, wenn z. B. öffentliche Verkehrsmittel genutzt werden. Möglicher Text: „Danke für ihr Verständnis – mein/e Frau/Mann/Mutter/Vater leidet unter einer Demenz und hat sich nicht mehr unter Kontrolle." - Diese Mitteilungen an Menschen geben, die einen genervten Eindruck machen oder sich belästigt fühlen. - Bei Diebstahl – Ladeninhaber informieren, Vereinbarungen treffen, dass die Ware zurückgebracht wird bzw. nachträglich bezahlt wird. - Diskussionen mit den Patienten über das Fehlverhalten sind sinnlos, das Rechtsempfinden ist oftmals erheblich eingeschränkt.	1. Typische Arbeitsweisen/Techniken 5. Prinzipien	Herausfordernde Situationen bewältigen Menschen in psychischen Problemlagen begleiten Menschen mit kognitiven Veränderungen begleiten Gewaltfrei handeln (Schneider & Hamar, 2020a, S. 39)
	Umgang mit Schlafstörungen (Stechl et al., 2013, S. 135) - Ausreichende Bewegung (z. B. Gartenarbeit) fördert Schlaf. - Beschäftigung am Tag fördern – zu viele Nickerchen vermeiden. - Vermeiden von Koffeingenuss nach 17 Uhr. - Vermeiden von großen Mahlzeiten, nicht zu fett oder blähend.	1. Typische Arbeitsweisen/Techniken	Herausfordernde Situationen bewältigen Menschen in psychischen Problemlagen begleiten

| Lernsituation | III.9.9 Beziehungs- und bedürfnisorientiert handeln – Herausfordernde Situationen mit Menschen mit Demenz bewältigen 11/11 | Stunden | 16 | Ausbildungsdrittel | III | Block | 9 | Nummer im Block | 9 |

Schritte des Pflegeprozesses	Ausgewählte Inhalte	Zutreffende inhaltliche Kriterien	Identifizierte Aspekte des Wesentlichen
	- Kein helles Licht, unmittelbar vor dem Zubettgehen (helle Badezimmer etc.), Zimmer ggf. verdunkeln (Vollmond, Laternen etc.). - Individuelle Schlafzeiten berücksichtigen (z. B. ist 20.00 Uhr für viele Erwachsenen zu früh, um schlafen zu gehen). - Individuelle und vertraute Bettwäsche. - Tageskleidung nachts unzugänglich machen. - Gleichbleibende Rituale (evtl. biografiebezogen das Glas Milch oder Bier) des Zubettgehens. - Einsamkeit (manche haben nie alleine in einem Zimmer geschlafen, schon Schlafgeräusche von anderen können beruhigend sein). - Kalte Extremitäten (evtl. Socken mit Noppen, damit die Betroffenen nicht ausrutschen, wenn sie nachts aufstehen). - Sicherheitsvorkehrungen (Nachtlichter anbringen, Türen, die ins Freie führen verschließen, Stolperfallen beseitigen). - Harndrang: Vor dem Zubettgehen erinnern, auf die Toilette zu gehen. - Abends keine aufregenden Aktivitäten. - Mittel letzter Wahl: Schlafförderndes Antidepressivum. Schlafmittel können auch noch morgens wirken und erhöhen die Sturzgefahr. Langsames Aufstehen und evtl. Sitzgymnastik machen.	5. Prinzipien	Menschen mit kognitiven Veränderungen begleiten Gewaltfrei handeln (Schneider & Hamar, 2020a, S. 39) Ressourcenorientiert handeln
4. Implementation	**Umgang mit Apathie** (Stechl et al., 2013, S. 137) - Oft reicht ein Anstoß für eine Tätigkeit, z. B. ein Einkaufsbummel oder Spaziergang. Dabei ist auf persönliche Vorlieben zu achten, evtl. kann eine Belohnung zur Aktivität motivieren (z. B. ein Lieblingsessen). - Oftmals brauchen Menschen mit Demenz einen Beschäftigungsanreiz. Es können Gegenstände zur Beschäftigung bereitgelegt werden (Handtücher zum Zusammenlegen, Kartoffelschäler in die Hand drücken, ein Puzzle auf den Tisch legen, Gartengeräte bereitstellen usw.).	1. Typische Arbeitsweisen/Techniken 5. Prinzipien	Herausfordernde Situationen bewältigen Menschen in psychischen Problemlagen begleiten Menschen mit kognitiven Veränderungen begleiten Gewaltfrei handeln (Schneider & Hamar, 2020a, S. 39) Ressourcenorientiert handeln
5. Evaluation	**Freiheitsentziehende Maßnahmen** Verletzungen des Rechtsgutes „Freiheit" (geschützt durch Art. 2 Abs. 1 GG) können insbesondere im Bereich der Pflege Bedeutung erlangen bei ungerechtfertigten, freiheitsentziehenden Maßnahmen. § 823 Abs. 1 BGB schützt allgemein vor Beschränkungen der persönlichen Freiheit als auch vor ihrer vollständigen Entziehung (Fixierung eines Patienten mit Gurten oder ähnlichem). Es muss zu einer Einschränkung der körperlichen Bewegungsfreiheit gekommen sein. Obwohl es hierfür irrelevant ist, ob sich die geschädigte Person aktuell tatsächlich fortbewegen will, haben komatöse oder sonst wie körperlich willenlose Patienten keinen aktuellen Freiheitswillen, so dass es nach allgemeiner Auffassung keine deliktisch relevante Verletzung des Rechtsguts Freiheit darstellt, wenn diese Patienten an ein Bett fixiert sind. Anders verhält es sich bei	5. Prinzipien	Ethisch handeln (Schneider & Hamar, 2020a, S. 39)

| Lernsituation | III.9.9 Beziehungs- und bedürfnisorientiert handeln – Herausfordernde Situationen mit Menschen mit Demenz bewältigen 11/11 | Stunden | 16 | Ausbildungsdrittel | III | Block | 9 | Nummer im Block | 9 |

Schritte des Pflegeprozesses	Ausgewählte Inhalte	Zutreffende inhaltliche Kriterien	Identifizierte Aspekte des Wesentlichen
	orientierungslosen Patienten, denen z. B. die Zimmertür abgeschlossen wird. Tatbestandlich liegt eine Verletzung des Rechtsguts Freiheit vor, die aber möglicherweise gerechtfertigt sein kann. (Howald, 2018, S. 305, 306) Freiheitsentziehend ist eine Maßnahme immer dann, wenn sie einem Menschen umfassend den Gebrauch der persönlichen Fortbewegungsfreiheit nimmt, d. h. die Möglichkeit entzieht, nach seinem natürlichen Willen einen Raum zu verlassen. (Helf, 2018, S. 287, 288) Weitere Beispiele: - Fixierung, einschließlich Anbinden oder Angurten - Verwendung eines Bettgitters oder eines Stecktisches - Maßnahmen der Sedierung, insbesondere ohne medizinische Notwendigkeit - Türen verschließen - Trickschlösser - Schließen einer Schranke an einem Treppenaufgang (mit dem Ziel des Schutzes verwirrter zu pflegender Menschen) - Zu pflegenden Menschen in einen tiefen Sessel setzen, aus dem sie/er nicht alleine aufstehen kann - Wegnahme von Rollatoren, Rollstühlen usw. (Howald, 2018, S. 306; Sulmann & Väthjunker, 2019, o. S.) Auch Ortungssysteme, GPS-Sender, Armbänder o. ä. stellen eine tatbestandliche Verletzung des Rechtsguts Freiheit dar, die einer Rechtfertigung bedarf (Howald, 2018, S. 306). Ziel von FEM ist es, die Sturzgefahr von zu pflegenden Menschen mit Demenz zu reduzieren bzw. herausforderndes Verhalten zu kontrollieren. Die FEM bewirkt jedoch eine erhöhte Immobilität und Verletzungsgefahr. Gleichzeitig nimmt herausforderndes Verhalten unter FEM zu. Dies bedingt einen erhöhten Einsatz von psychotroper Medikationen, damit die FEM (besser) toleriert werden. Die Medikationen gehen jedoch gerade bei älteren Menschen mit ausgeprägten Nebenwirkungen einher, sodass es in der Konsequenz zu einer erhöhten Sturzgefahr und weiteren medizinischen Komplikationen kommt (z. B. Exsikkose, Pneumonie etc.), ggf. sogar zum Tode. Diese Negativspirale führt zu starkem Stress aller Beteiligter, auch auf Seiten der Pflegenden, die sich in einem Dilemma wiederfinden, denn aus den FEM resultieren genau die Negativfolgen, die durch die FEM verhindert hätten werden sollen. (Robert Bosch Gesellschaft für medizinische Forschung, 2008, S. 31) Sturzbedingte Verletzungsgefahr und fordernde Verhaltensweisen Fixierung → Autonomieverlust durch Freiheitsentziehung → psychischer Stress → Gegenwehr → direkte Verletzungen → die Mobilität sinkt und Verhaltensauffälligkeiten steigen → Psychopharmaka werden gegeben bzw. erhöht → Sturzgefährdung steigt und Nahrungs- und Flüssigkeitsaufnahme sinken → medizinische Komplikationen wie Kontrakturen, Dekubitus, Pneumonie, der Allgemeinzustand verschlechtert sich → die Lebensqualität sinkt → die Arbeitszufriedenheit des Personals sinkt → Angehörige und Personal entwickeln Schuldgefühle.	6. (Natur-)Gesetzliche Zusammenhänge	Gewaltfrei handeln (Schneider & Hamar, 2020a, S. 39) Prophylaktisch handeln (Schneider & Hamar, 2020a, S. 39) Grundrechte des Menschen

Anhang Q   Zuordnung der identifizierten Aspekte des Wesentlichen zur Pflege- und ihren Bezugswissenschaften

Inhaltliche Kriterien zur Bestimmung des Wesentlichen	Identifizierte Aspekte des Wesentlichen	Pflegewissenschaft	Bezugswissenschaften	
			Geisteswissenschaften	Naturwissenschaften
1. Typische Arbeitsweisen/Techniken	Adressatengerecht kommunizieren		x	
	Bei der Ausscheidung unterstützen	x		
	Bei der Kommunikation unterstützen		x	
	Bei der Körperpflege unterstützen	x		
	Bei der Nahrungsaufnahme unterstützen	x		
	Bei der Wohnraumgestaltung mitwirken	x		
	Beim An- und Auskleiden unterstützen	x		
	Beratungsprozesse gestalten		x	
	Berühren			x
	Bewusstsein stimulieren		x	
	Deprivationsprophylaxe gestalten	x		
	Gedächtnis fördern		x	
	Herausfordernde Situationen bewältigen		x	
	Individuelle Pflegebedarfe erheben	x		
	Instrumente zum Assessment anwenden		x	
	Instrumente zur Fremdeinschätzung von Schmerzen anwenden		x	
	Kriteriengeleitet Einschätzungen vornehmen		x	
	Menschen in Krisen begleiten		x	
	Menschen in psychischen Problemlagen begleiten		x	
	Menschen mit kognitiven Veränderungen begleiten	x		
	Orientierung fördern	x		
	Pflege prozesshaft gestalten	x		
	Pflegediagnosen stellen	x		
	Pflegewissenschaftlich fundiert handeln	x		
	Selbstreflexive Prozesse gestalten		x	

Inhaltliche Kriterien zur Bestimmung des Wesentlichen	Identifizierte Aspekte des Wesentlichen	Pflegewissenschaft	Bezugswissenschaften	
			Geisteswissenschaften	Naturwissenschaften
1. Typische Arbeitsweisen/Techniken	Soziales Netzwerk einbeziehen	x		
	Überleitungsmanagement gestalten	x		
2. Allgemeine Regeln	Wenn Pflegende eine systematische Betrachtungsweise des zu pflegenden Menschen und seiner Situation vornehmen, dann ist Pflegehandeln professionell		x	
	Wenn Pflegende eine Verschränkung von interner und externer Evidence vornehmen, dann ist Pflegehandeln professionell		x	
	Wenn Pflegende partnerschaftlich mit dem zu pflegenden Menschen und seinen Bezugspersonen agieren, dann ist Pflegehandeln professionell	x		
3. Typische Phänomene	Beeinträchtigung der verbalen Kommunikation	x		
	Belastungen der Angehörigen	x		
	Bewältigung/Coping	x		
	Einsamkeit	x		
	Herausforderndes Verhalten	x		
	Hilflosigkeit	x		
	Krise	x		
	Reversible Beeinträchtigungen			x
	Schuld und Schuldgefühle	x		
	Verhaltensmuster Aktivität und Bewegung	x		
	Verhaltensmuster Bewältigungsverhalten und Stresstoleranz	x		
	Verhaltensmuster Kognition und Perzeption	x		
	Verhaltensmuster Rolle und Beziehung	x		
	Verhaltensmuster Selbstwahrnehmung und Selbstbild	x		
	Verhaltensmuster Wahrnehmung und Umgang mit der eigenen Gesundheit	x		
	Verwirrung	x		
4. Zentrale Begriffe	(Pflege-)Qualität	x		
	Bedürfnisorientierung		x	
	Bewusstsein		x	
	Chronische Progredienz			x

Inhaltliche Kriterien zur Bestimmung des Wesentlichen	Identifizierte Aspekte des Wesentlichen	Pflegewissenschaft	Bezugswissenschaften	
			Geisteswissenschaften	Naturwissenschaften
4. Zentrale Begriffe	Expertenstandard	x		
	Familie		x	
	Ganzheitlichkeit		x	
	Gewalt		x	
	Health Literacy		x	
	Herausfordernde Situation		x	
	Kognition		x	
	Lebensqualität		x	
	Problemfokussierte Pflegediagnose	x		
	Risikopflegediagnose	x		
	Rollenwechsel		x	
	Selbstbestimmung		x	
	Sozialpflege	x		
	Sozialverhalten		x	
	Traumatisierung		x	
	Ungewissheit	x		
	Wohlbefinden		x	
5. Prinzipien	Bedürfnisorientiert handeln		x	
	Bewältigungsprozesse fördern		x	
	Bezugswissenschaften als Begründungswissen integrieren			x
	Bezugswissenschaftliche Konzepte integrieren			x
	Biografieorientiert handeln		x	
	Ethisch handeln		x	
	Forschend handeln			x
	Gewaltfrei handeln		x	
	Lebensweltorientiert handeln		x	
	Leiblichkeit berücksichtigen		x	

Inhaltliche Kriterien zur Bestimmung des Wesentlichen	Identifizierte Aspekte des Wesentlichen	Pflegewissenschaft	Bezugswissenschaften	
			Geisteswissenschaften	Naturwissenschaften
5. Prinzipien	Pflegekonzepte integrieren	x		
	Prophylaktisch handeln		x	
	Qualitätssichernd handeln	x		
	Ressourcenorientiert handeln		x	
	Sich am zu pflegenden Menschen orientieren	x		
	Sicherheit gewährleisten	x		
	Technologie in der Pflege reflektieren	x		
	Wohlbefinden fördern		x	
6. (Natur-)Gesetzliche Zusammenhänge	Grundrechte des Menschen	.	x	
	Infarkt			x
	Physiologie des Gehirns			x
	Rechtliche Betreuung		x	
	Reizweiterleitung			x
	Umgekehrte Proportionalität			x
7. Analogien	Interaktionsgestaltung als Schmiermittel für eine Beziehung[16 auf S. 208]			x
	Die Beziehung zwischen zwei Menschen als ineinandergreifende Zahnräder[17 auf S. 215]			x
8. Denk-/Verhaltensmodelle	Entwicklungsmodelle		x	
	Phänomene quantifizieren		x	
	Summen	41	41+5	8+5

Anhang R Identifizierte Aspekte des Wesentlichen, sortiert nach den inhaltlichen Kriterien zur Bestimmung des Wesentlichen

Inhaltliche Kriterien zur Bestimmung des Wesentlichen — Identifizierte Aspekte des Wesentlichen	I. Ausbildungsdrittel 3. Block I.3.9 Beziehungs- und bedürfnisorientiert handeln - Menschen mit Demenz im Erstkontakt begegnen 4/11	I. Ausbildungsdrittel 4. Block I.4.8 Beziehungs- und bedürfnisorientiert handeln - Die Beziehung zu und mit Menschen mit Demenz gestalten 5/11	II. Ausbildungsdrittel 5. Block II.5.11 Beziehungs- und bedürfnisorientiert handeln - Menschen mit Demenz begleiten 7/11	II. Ausbildungsdrittel 7. Block II.7.10 Beziehungs- und bedürfnisorientiert handeln - Bezugspersonen von Menschen mit Demenz begleiten 8/11	III. Ausbildungsdrittel 9. Block III.9.9 Beziehungs- und bedürfnisorientiert handeln - Herausfordernde Situationen mit Menschen mit Demenz bewältigen 11/11	Gesamt
1. Typische Arbeitsweisen/ Techniken						
Adressatengerecht kommunizieren	1		2		1	5
Bei der Ausscheidung unterstützen			1			1
Bei der Kommunikation unterstützen	2					2
Bei der Körperpflege unterstützen		1	1			2
Bei der Nahrungsaufnahme unterstützen			1			1
Bei der Wohnraumgestaltung mitwirken			1			1
Beim An- und Auskleiden unterstützen			1			1
Beratungsprozesse gestalten				7		7
Berühren	1	1				2
Bewusstsein stimulieren	1	1				2
Deprivationsprophylaxe gestalten		1				1
Gedächtnis fördern	1					1
Herausfordernde Situationen bewältigen		1	1		6	8
Individuelle Pflegebedarfe erheben			2			2
Instrumente zum Assessment anwenden	2	2	1			5
Instrumente zur Fremdeinschätzung von Schmerzen anwenden			1			1
Kriteriengeleitet Einschätzungen vornehmen	2	3	4	2	3	14
Menschen in Krisen begleiten		2	2			4
Menschen in psychischen Problemlagen begleiten					6	6
Menschen mit kognitiven Veränderungen begleiten	2	1	3		8	14
Orientierung fördern	1	1	1			3

Inhaltliche Kriterien zur Bestimmung des Wesentlichen	Identifizierte Aspekte des Wesentlichen	I. Ausbildungsdrittel		II. Ausbildungsdrittel		III. Ausbildungsdrittel	Gesamt
		3. Block I.3.9 – Beziehungs- und bedürfnisorientiert handeln - Menschen mit Demenz im Erstkontakt begegnen 4/11	4. Block I.4.8 – Beziehungs- und bedürfnisorientiert handeln - Die Beziehung zu und mit Menschen mit Demenz gestalten 5/11	5. Block II.5.11 – Beziehungs- und bedürfnisorientiert handeln - Menschen mit Demenz begleiten 7/11	7. Block II.7.10 – Beziehungs- und bedürfnisorientiert handeln - Bezugspersonen von Menschen mit Demenz begleiten 8/11	9. Block III.9.9 – Beziehungs- und bedürfnisorientiert handeln - Herausfordernde Situationen mit Menschen mit Demenz bewältigen 11/11	
1. Typische Arbeitsweisen/ Techniken	Pflege prozesshaft gestalten	2	4	4	2	2	14
	Pflegediagnosen stellen	2	3	3	2	2	12
	Pflegewissenschaftlich fundiert handeln	2	3	3	2	3	13
	Selbstreflexive Prozesse gestalten		1				1
	Soziales Netzwerk einbeziehen				2		2
	Überleitungsmanagement gestalten			1			1
2. Allgemeine Regeln	Wenn Pflegende eine systematische Betrachtungsweise des zu pflegenden Menschen und seiner Situation vornehmen, dann ist Pflegehandeln professionell				1		1
	Wenn Pflegende eine Verschränkung von interner und externer Evidenz vornehmen, dann ist Pflegehandeln professionell		1				1
	Wenn Pflegende partnerschaftlich mit dem zu pflegenden Menschen und seinen Bezugspersonen agieren, dann ist Pflegehandeln professionell		4		10		14
3. Typische Phänomene	Beeinträchtigung der verbalen Kommunikation	1					1
	Belastungen der Angehörigen				7		7
	Bewältigung/Coping			1	2		3
	Einsamkeit		1				1
	Herausforderndes Verhalten	1			2	2	5
	Hilflosigkeit	1					1
	Krise	1		1	1		3
	Reversible Beeinträchtigungen		1				1
	Schuld und Schuldgefühle				4		4
	Verhaltensmuster Aktivität und Bewegung		1	1			2
	Verhaltensmuster Bewältigungsverhalten und Stresstoleranz					1	1
	Verhaltensmuster Kognition und Perzeption	1				1	2

Inhaltliche Kriterien zur Bestimmung des Wesentlichen / Identifizierte Aspekte des Wesentlichen	I. Ausbildungsdrittel 3. Block I.3.9 – Beziehungs- und bedürfnisorientiert handeln - Menschen mit Demenz im Erstkontakt begegnen 4/11	I. Ausbildungsdrittel 4. Block I.4.8 – Beziehungs- und bedürfnisorientiert handeln - Die Beziehung zu und mit Menschen mit Demenz gestalten 5/11	II. Ausbildungsdrittel 5. Block II.5.11 – Beziehungs- und bedürfnisorientiert handeln - Menschen mit Demenz begleiten 7/11	II. Ausbildungsdrittel 7. Block II.7.10 – Beziehungs- und bedürfnisorientiert handeln - Bezugspersonen von Menschen mit Demenz begleiten 8/11	III. Ausbildungsdrittel 9. Block III.9.9 – Beziehungs- und bedürfnisorientiert handeln - Herausfordernde Situationen mit Menschen mit Demenz bewältigen 11/11	Gesamt
3. Typische Phänomene						
Verhaltensmuster Rolle und Beziehung	1		2	2		5
Verhaltensmuster Selbstwahrnehmung und Selbstbild		1				1
Verhaltensmuster Wahrnehmung und Umgang mit der eigenen Gesundheit			1			1
Verwirrung	3	2	2			7
4. Zentrale Begriffe						
(Pflege-)Qualität		1				1
Bedürfnisorientierung		1				1
Bewusstsein	1					1
Chronische Progredienz			4			4
Expertenstandard		1				1
Familie				1		1
Ganzheitlichkeit		1				1
Gewalt				1		1
Health Literacy	1			1		2
Herausfordernde Situation				2	2	4
Kognition	2		4	1		7
Lebensqualität		1	1	1		3
Problemfokussierte Pflegediagnose	2	3	2	1	2	10
Risikopflegediagnose			1	1		2
Rollenwechsel				1		1
Selbstbestimmung			1			1
Sozialpflege		1				1
Sozialverhalten			1			1
Traumatisierung		1				1

Inhaltliche Kriterien zur Bestimmung des Wesentlichen / Identifizierte Aspekte des Wesentlichen	I. Ausbildungsdrittel		II. Ausbildungsdrittel		III. Ausbildungsdrittel	Gesamt
	3. Block I.3.9 – Beziehungs- und bedürfnisorientiert handeln - Menschen mit Demenz im Erstkontakt begegnen 4/11	4. Block I.4.8 – Beziehungs- und bedürfnisorientiert handeln - Die Beziehung zu und mit Menschen mit Demenz gestalten 5/11	5. Block II.5.11 – Beziehungs- und bedürfnisorientiert handeln - Menschen mit Demenz begleiten 7/11	7. Block II.7.10 – Beziehungs- und bedürfnisorientiert handeln - Bezugspersonen von Menschen mit Demenz begleiten 8/11	9. Block III.9.9 – Beziehungs- und bedürfnisorientiert handeln - Herausfordernde Situationen mit Menschen mit Demenz bewältigen 11/11	
4. Zentrale Begriffe						
Ungewissheit		1				1
Wohlbefinden		1				1
5. Prinzipien						
Bedürfnisorientiert handeln	1	6	7			14
Bewältigungsprozesse fördern		1	3	6		10
Bezugswissenschaften als Begründungswissen integrieren	1	1	8			10
Bezugswissenschaftliche Konzepte integrieren			1			1
5. Prinzipien						
Biografieorientiert handeln	1	4	2			7
Ethisch handeln		1			2	3
Forschend handeln			1			1
Gewaltfrei handeln			3		7	10
Lebensweltorientiert handeln		5	1		1	7
Leiblichkeit berücksichtigen	1	1				2
Pflegekonzepte integrieren		4				4
Prophylaktisch handeln			2		1	3
Qualitätssichernd handeln		1				1
Ressourcenorientiert handeln	1	5	6		5	17
Sich am zu pflegenden Menschen orientieren	4	6	4		2	16
Sicherheit gewährleisten	4	3	6	1	2	16
Technologie in der Pflege reflektieren			1			1
Wohlbefinden fördern	2	7	8		3	20

Inhaltliche Kriterien zur Bestimmung des Wesentlichen	Identifizierte Aspekte des Wesentlichen	I. Ausbildungsdrittel		II. Ausbildungsdrittel		III. Ausbildungsdrittel	Gesamt
		3. Block I.3.9 Beziehungs- und bedürfnisorientiert handeln -Menschen mit Demenz im Erstkontakt begegnen 4/11	4. Block I.4.8 Beziehungs- und bedürfnisorientiert handeln - Die Beziehung zu und mit Menschen mit Demenz gestalten 5/11	5. Block II.5.11 Beziehungs- und bedürfnisorientiert handeln - Menschen mit Demenz begleiten 7/11	7. Block II.7.10 Beziehungs- und bedürfnisorientiert handeln - Bezugspersonen von Menschen mit Demenz begleiten 8/11	9. Block III.9.9 Beziehungs- und bedürfnisorientiert handeln - Herausfordernde Situationen mit Menschen mit Demenz bewältigen 11/11	
6. (Natur-) Gesetzliche Zusammenhänge	Grundrechte des Menschen					1	2
	Infarkt						1
	Physiologie des Gehirns			3			3
	Rechtliche Betreuung				1		1
	Reizweiterleitung			2			2
	Umgekehrte Proportionalität				1		1
7. Analogien	Interaktionsgestaltung als Schmiermittel für eine Beziehung[16 auf S. 208]	1		1			2
	Die Beziehung zwischen zwei Menschen als ineinandergreifende Zahnräder[17auf S. 215]		1		1		2
8. Denk-/Verhaltensmodelle	Entwicklungsmodelle			1			1
	Phänomene quantifizieren	2	3	3	2	3	13
	Summen	52	98	119	69	66	404

Anhang S   Identifizierten Aspekte des Wesentlichen, sortiert nach der Anzahl der Lernsituationen, in denen sie vorkommen

Kategorie (Ausgewählte Lernsituationen)	Identifizierte Aspekte des Wesentlichen	Anzahl der Lernsituationen, in denen der Aspekt des Wesentlichen zum Tragen kommt	I. Ausbildungsdrittel – 3. Block I.3.9 Beziehungs- und bedürfnisorientiert handeln – Menschen mit Demenz im Erstkontakt begegnen 4/11	I. Ausbildungsdrittel – 4. Block I.4.8 Beziehungs- und bedürfnisorientiert handeln – Die Beziehung zu und mit Menschen mit Demenz gestalten 5/11	II. Ausbildungsdrittel – 5. Block II.5.11 Beziehungs- und bedürfnisorientiert handeln – Menschen mit Demenz begleiten 7/11	II. Ausbildungsdrittel – 7. Block II.7.10 Beziehungs- und bedürfnisorientiert handeln – Bezugspersonen von Menschen mit Demenz begleiten 8/11	III. Ausbildungsdrittel – 9. Block III.9.9 Beziehungs- und bedürfnisorientiert handeln – Herausfordernde Situationen mit Menschen mit Demenz bewältigen 11/11	Gesamt
1. Typische Arbeitsweisen/Techniken	Kriteriengeleitet Einschätzungen vornehmen	5	2	3	4	2	3	14
1. Typische Arbeitsweisen/Techniken	Pflegediagnosen stellen		2	3	3	2	2	12
1. Typische Arbeitsweisen/Techniken	Pflege prozesshaft gestalten		2	4	4	2	2	14
1. Typische Arbeitsweisen/Techniken	Pflegewissenschaftlich fundiert handeln		2	3	3	2	3	13
4. Zentrale Begriffe	Problemfokussierte Pflegediagnose		2	3	2	1	2	10
5. Prinzipien	Sicherheit gewährleisten		4	3	6	1	2	16
8. Denk-/Verhaltensmodelle	Phänomene quantifizieren		2	3	3	2	3	13
1. Typische Arbeitsweisen/Techniken	Adressatengerecht kommunizieren	4	1	1	2		1	5
1. Typische Arbeitsweisen/Techniken	Menschen mit kognitiven Veränderungen begleiten		2	1	3		8	14
5. Prinzipien	Ressourcenorientiert handeln		1	5	6		5	17
5. Prinzipien	Sich an zu pflegenden Menschen orientieren		4	6	4		2	16
5. Prinzipien	Wohlbefinden fördern		2	7	8		3	20
1. Typische Arbeitsweisen/Techniken	Herausfordernde Situationen bewältigen	3		1	1		6	8
1. Typische Arbeitsweisen/Techniken	Instrumente zum Assessment anwenden		2	2	1			5
1. Typische Arbeitsweisen/Techniken	Orientierung fördern		1	1	1			3
3. Typische Phänomene	Herausforderndes Verhalten		1		2	2		5
3. Typische Phänomene	Verhaltensmuster Rolle und Beziehung		3	2	2			7
3. Typische Phänomene	Verwirrung		1	1		1	2	4
3. Typische Phänomene	Herausfordernde Situation		2	1	4			7
4. Zentrale Begriffe	Kognition		2		1			3
4. Zentrale Begriffe	Lebensqualität							

Ausgewählte Lernsituationen		Anzahl der Lernsituationen, in denen der Aspekt des Wesentlichen zum Tragen kommt	I. Ausbildungsdrittel		II. Ausbildungsdrittel		III. Ausbildungsdrittel	Ge-samt
			3. Block	4. Block	5. Block	7. Block	9. Block	
Identifizierte Aspekte des Wesentlichen			I.3.9 Beziehungs- und bedürfnisorientiert handeln - Menschen mit Demenz im Erstkontakt begegnen 4/11	I.4.8 Beziehungs- und bedürfnisorientiert handeln - Die Beziehung zu und mit Menschen mit Demenz gestalten 5/11	II.5.11 Beziehungs- und bedürfnisorientiert handeln - Menschen mit Demenz begleiten 7/11	II.7.10 Beziehungs- und bedürfnisorientiert handeln - Bezugspersonen von Menschen mit Demenz begleiten 8/11	III.9.9 Beziehungs- und bedürfnisorientiert handeln - Herausfordernde Situationen mit Menschen mit Demenz bewältigen 11/11	
Bedürfnisorientiert handeln			1	6	7			14
Bewältigungsprozesse fördern	5. Prinzipien	3		1	3	6		10
Bezugswissenschaften als Begründungswissen integrieren			1	1	8			10
Biografieorientiert handeln			1	4	2			7
Lebensweltorientiert handeln				5	1		1	7
Bei der Körperpflege unterstützen				1	1			2
Berühren	1. Typische Arbeitsweisen/Techniken		1	1				2
Bewusstsein stimulieren			1	1				2
Menschen in Krisen begleiten				2	2			4
Wenn Pflegende partnerschaftlich mit dem zu pflegenden Menschen und seinen Bezugspersonen agieren, dann ist Pflegehandeln professionell	2. Allgemeine Regeln	2		4		10		14
Bewältigung/Coping					1	2		3
Krise	3. Typische Phänomene				1	2		3
Verhaltensmuster Aktivität und Bewegung				1			1	2
Verhaltensmuster Kognition und Perzeption			1	1				2
Risikopflegediagnose	4. Zentrale Begriffe				1	1		2
Ethisch handeln				1			2	3
Gewaltfrei handeln	5. Prinzipien				3		7	10
Leiblichkeit berücksichtigen			1			1		2
Prophylaktisch handeln					2		1	3
Grundrechte des Menschen	6. (Natur-)Gesetzliche Zusammenhänge					1	1	2

Ausgewählte Lernsituationen	Anzahl der Lernsituationen, in denen der Aspekt des Wesentlichen zum Tragen kommt	I. Ausbildungsdrittel — 3. Block — I.3.9 Beziehungs- und bedürfnisorientiert handeln - Menschen mit Demenz im Erstkontakt begegnen 4/11	I. Ausbildungsdrittel — 4. Block — I.4.8 Beziehungs- und bedürfnisorientiert handeln - Die Beziehung zu und mit Menschen mit Demenz gestalten 5/11	II. Ausbildungsdrittel — 5. Block — II.5.11 Beziehungs- und bedürfnisorientiert handeln - Menschen mit Demenz begleiten 7/11	II. Ausbildungsdrittel — 7. Block — II.7.10 Beziehungs- und bedürfnisorientiert handeln - Bezugspersonen von Menschen mit Demenz begleiten 8/11	III. Ausbildungsdrittel — 9. Block — III.9.9 Beziehungs- und bedürfnisorientiert handeln - Herausfordernde Situationen mit Menschen mit Demenz bewältigen 11/11	Gesamt
Identifizierte Aspekte des Wesentlichen							
Interaktionsgestaltung als Schmiermittel für eine Beziehung[16 auf S. 208]	7. Analogien — 2	1		1			2
Die Beziehung zwischen zwei Menschen als ineinandergreifende Zahnräder[7 auf S. 215]			1		1		2
Bei der Ausscheidung unterstützen	1. Typische Arbeitsweisen/Techniken — 1			1			1
Bei der Kommunikation unterstützen		2					2
Bei der Nahrungsaufnahme unterstützen				1			1
Bei der Wohnraumgestaltung mitwirken				1			1
Beim An- und Auskleiden unterstützen				1			1
Beratungsprozesse gestalten					7		7
Deprivationsprophylaxe gestalten			1				1
Gedächtnis fördern		1					1
Individuelle Pflegebedarfe erheben				2			2
Instrumente zur Fremdeinschätzung von Schmerzen anwenden				1			1
Menschen in psychischen Problemlagen begleiten						6	6
Selbstreflexive Prozesse gestalten			1				1
Soziales Netzwerk einbeziehen					2		2
Überleitungsmanagement gestalten				1			1
Wenn Pflegende eine systematische Betrachtungsweise des zu pflegenden Menschen und seiner Situation vornehmen, dann ist Pflegehandeln professionell	2. Allgemeine Regeln — 1				1		1
Wenn Pflegende eine Verschränkung von interner und externer Evidenz vornehmen, dann ist Pflegehandeln professionell			1				1

Ausgewählte Lernsituationen	Anzahl der Lernsituationen, in denen der Aspekt des Wesentlichen zum Tragen kommt	I. Ausbildungsdrittel		II. Ausbildungsdrittel		III. Ausbildungsdrittel	Gesamt
		3. Block — I.3.9 Beziehungs- und bedürfnisorientiert handeln - Menschen mit Demenz im Erstkontakt begegnen 4/11	4. Block — I.4.8 Beziehungs- und bedürfnisorientiert handeln - Die Beziehung zu und mit Menschen mit Demenz gestalten 5/11	5. Block — II.5.11 Beziehungs- und bedürfnisorientiert handeln - Menschen mit Demenz begleiten 7/11	7. Block — II.7.10 Beziehungs- und bedürfnisorientiert handeln - Bezugspersonen von Menschen mit Demenz begleiten 8/11	9. Block — III.9.9 Beziehungs- und bedürfnisorientiert handeln - Herausfordernde Situationen mit Menschen mit Demenz bewältigen 11/11	Ge-samt
Identifizierte Aspekte des Wesentlichen							
3. Typische Phänomene							
Beeinträchtigung der verbalen Kommunikation		1					1
Belastungen der Angehörigen					7		7
Einsamkeit			1				1
Hilflosigkeit		1					1
Reversible Beeinträchtigungen		1					1
Schuld und Schuldgefühle					4		4
Verhaltensmuster Bewältigungsverhalten und Stresstoleranz						1	1
Verhaltensmuster Selbstwahrnehmung und Selbstbild			1				1
Verhaltensmuster Wahrnehmung und Umgang mit der eigenen Gesundheit	1			1			1
4. Zentrale Begriffe							
(Pflege-)Qualität			1				1
Bedürfnisorientierung			1				1
Bewusstsein		1					1
Chronische Progredienz				4			4
Expertenstandard			1				1
Familie					1		1
Ganzheitlichkeit			1				1
Gewalt					1		1
Health Literacy					1		1
Rollenwechsel					2		2
Selbstbestimmung					1		1
Sozialpflege				1			1
Sozialverhalten			1				1

Ausgewählte Lernsituationen	Anzahl der Lernsituationen, in denen der Aspekt des Wesentlichen zum Tragen kommt	I. Ausbildungsdrittel		II. Ausbildungsdrittel		III. Ausbildungsdrittel	Ge-samt
		3. Block I.3.9 Beziehungs- und bedürfnisorientiert handeln - Menschen mit Demenz im Erstkontakt begegnen 4/11	4. Block I.4.8 Beziehungs- und bedürfnisorientiert handeln - Die Beziehung zu und mit Menschen mit Demenz gestalten 5/11	5. Block II.5.11 Beziehungs- und bedürfnisorientiert handeln - Menschen mit Demenz begleiten 7/11	7. Block II.7.10 Beziehungs- und bedürfnisorientiert handeln - Bezugspersonen von Menschen mit Demenz begleiten 8/11	9. Block III.9.9 Beziehungs- und bedürfnisorientiert handeln - Herausfordernde Situationen mit Menschen mit Demenz bewältigen 11/11	
Identifizierte Aspekte des Wesentlichen							
Traumatisierung			1				1
Ungewissheit *(4. Zentrale Begriffe)*			1				1
Wohlbefinden				1			1
Bezugswissenschaftliche Konzepte integrieren				1			1
Forschend handeln				1			1
Pflegekonzepte integrieren *(5. Prinzipien)*	1		4				4
Qualitätssichernd handeln			1				1
Technologie in der Pflege reflektieren				1			1
Infarkt				1			1
Physiologie des Gehirns *(6. (Natur-)Gesetzliche Zusammenhänge)*				3			3
Rechtliche Betreuung					1		1
Reizweiterleitung				2			2
Umgekehrte Proportionalität					1		1
Entwicklungsmodelle *(8. Denk-/Verhaltensmodelle)*				1			1
Summen		52	98	119	69	66	404

Printed in the United States
by Baker & Taylor Publisher Services

Printed in the United States
by Baker & Taylor Publisher Services